삶과 죽음의 변증법

그리스도와 생명의 정의(正義) 변증법

박형국 지음

· 이 저술은 2014년 정부(교육과학기술부)의 재원으로 한국연구재단의 지원을 받아 수행된 연구임 (NRF-2014S1A6A3A01033504).
· 본문에는 개역개정 성경과 함께 경우에 따라 표준새번역 성경이 사용되었음.

삶과 죽음의 변증법

− 그리스도와 생명의 정의(正義) −

박형국 지음

저자 서언

이 책은 필자의 생명에 대한 탐구를 담아낸 두 번째 저서이다. 필자는 이미 기독교 신학의 시각에서 생명을 이해한 탐구인 『죽음과 고통, 그리고 생명』(도서출판 모시는사람들)을 2015년에 출간한 바 있다. 본 연구는 앞선 연구보다 신학적으로 더욱 짙은 성격을 띠며, 신학의 초점은 더욱 좁혀졌다. 생명과 죽음의 문제를 들여다보면서 그때나 지금이나 여전히 드는 확신은 이 의제가 매우 중요하다는 것이다. 생명은 모든 학문 영역이 참여하고 또 개별 학문들의 울타리를 넘어 학제 간 연구들을 통해 계속 집중해서 수행해야 할 핵심 주제라는 생각이 든다.

이 책의 맹아는 필자가 2012년 가을부터 2015년 봄까지 거의 3년에 걸쳐서 참여한 한림대 생사학연구소의 인문한국 연구 프로젝트인 "한국적 생사학 정립과 자살예방 지역 네트워크 구축"에서 조성되었다고 할 수 있다. 필자는 위 연구 과제의 일환으로 2013년 『한국조직신학논총』 제36집에 "예수 그리스도의 수난과 죽음에서 '생명의 부정'으로서의 죽음에 대한 이해"라는 연구 논문을 게재했다. 필자는 이 논문에서 생명과 죽음의 정의에 대한 기독교 신학의 이해가 한국적 생사관을 보충해 줄 수 있는 길을 밝히는 것을 목표로 삼았다. 이 책은 이 논문을 뼈대로 삼아 저술 형식으로 그 내용의 넓이와 길이와 깊이를 더한 것이다.

책에 대한 아쉬움을 잠시 피력하지 않을 수 없다. 책을 낼 때마다 느껴 온 아쉬움이지만 내용과 형식이 거칠기 이를 데 없는 것 같다. 다 쓰고 나서야 아쉬움을 발견하지만 구조를 전반적으로 수정하기에는 시간이 허락하지 않았다. 단지 앞서 나온 연구를 다소나마 확대한 것으로 아쉬운 마음을 달래야 할 것 같다. 하지만 아쉬움의 내용이 구체적으로 무엇인지를 밝히는 것이 독자들을 위해 도움이 될 것이기에 몇 문장을 덧붙이고 싶다.

필자는 생명과 죽음의 정의에 대한 신학적 이해가 우리 사회의 전통적인 죽음 이해를 보충할 수 있는 핵심 주제라고 판단했다. 전통적인 대속 이해들을 분석하고 설명하는 데 집중하다 보니 기독교 생명 이해의 지평을 좁힌 느낌이 든다. 생명과 죽음의 현실을 더욱 넓고 진취적인 신학의 틀에서 조망하고 조명할 수 있는 보다 나은 길을 놓친 느낌을 지울 수 없다. 좀 더 부연하면 예수 그리스도의 십자가의 죽음에 드러난 죽음과 생명 정의(正義)의 실재를 천착하다 보니 부활과 새 창조라는 광활한 전망을 살려내지 못했다. 다시 기회가 주어진다면 기독교 생명 이해를 이런 방향으로 더욱 깊고 넓게 진척시키고 싶다.

생명이 날마다 새롭게 되어 더욱 풍성한 실재로 나아가기를 고대하면서, 거친 글을 다듬어 책의 꼴을 갖추도록 애써 주신 한국장로교출판사의 모든 분들에게 감사한다.

생명의 새 창조를 고대하면서
2018년 봄 부활의 계절에 잠실에서
저자

차 례

저자 서언   4

서론 : 그리스도와 생명의 정의(正義)   8

1부 성경에서 그리스도의 죽음 이해와 생명의 정의(正義)   19

   1장 구약성서에서의 죽음 이해와 생명의 정의(正義)   20

   2장 신약성서에서 그리스도의 죽음 이해와 생명의 정의(正義)   52

2부 교부신학, 중세신학, 그리고 종교개혁신학에서 그리스도의 죽음과 생명의 정의(正義)   85

   3장 교부신학에서 그리스도의 죽음과 생명의 정의(正義)   86

   4장 중세신학에서 그리스도의 죽음과 생명의 정의(正義)   108

   5장 종교개혁신학에서 그리스도의 죽음과 생명의 정의(正義)   130
         - 루터와 칼뱅을 중심으로 -

3부 현대 철학과 신학에서 그리스도의 죽음, 그리고 죽음의 부정성과 생명의 정의(正義) 149

    6장 근대 철학과 신학에서 그리스도의 죽음, 그리고 죽음의 부정성과 생명의 정의(正義)   150
        -칸트, 헤겔, 그리고 슐라이어마허를 중심으로-

    7장 20세기 전반기 신학에서 그리스도의 죽음, 그리고 죽음의 부정성과 생명의 정의(正義)   178
        -칼 바르트, 칼 라너, 그리고 오스카 쿨만을 중심으로-

    8장 20세기 후반기 신학에서 그리스도의 죽음, 그리고 죽음의 부정성과 생명의 정의(正義)   208
        -위르겐 몰트만, 에버하르트 윙엘, 그리고 헤르베르트 포그리믈러를 중심으로-

**4부 그리스도의 죽음, 그리고 죽음의 부정성과 정의(正義)에 비추어 본 한국인의   243
    삶과 죽음 이해**

    9장 한국 전통 사회의 삶과 죽음 이해 : 유교, 불교, 그리고 무속을 중심으로   244

    10장 대화와 논제 : 한국 사회의 죽음 이해와 실천, 그리고 삶과 죽음의 변증법   270

결론   290

미주   294

참고문헌   312

서론   그리스도와
         생명의 정의(正義)

I. 사회적 고통으로서의 '죽음'

　상식을 지닌 사회 구성원이라면 누구나 현재 우리 사회에 자살의 어두운 그림자가 더욱 짙게 드리워지고 있다는 현실을 부인하기 어려울 것이다. 21세기에 들어서 긴급한 사회 의제로 부상한 자살은 바로 위험사회의 가장 두드러진 징후라 하지 않을 수 없다. 하루가 멀다 하고 자살에 자살이 꼬리를 물고 있다. 자살이란 희망을 상실한 죽음이라 할 수 있다. 그것은 개인이 선택한 죽음이기는 하지만, 죽음의 사회적 의미를 묻게 한다. 새 천년에 들어와서 우리 사회는 1997년 금융위기에서 시작된 사회경제적 충격을 체험하고 있다. 우리 사회는 경제협력개발기구에 속한 국가들(OECD) 가운데 가장 높은 자살률을 기록하고 있으며, 지난 13년 동안 한 해도 빠짐없이 1위를 유지하고 있다. 2015년 기준으로 볼 때, 우리나라의 자살률은 인구 10만 명당

26.5명으로 이는 경제협력개발기구에 속한 국가들의 평균보다 갑절 이상 높은 실정이다.[1] 최근 몇 년간 자살을 예방하기 위한 사회적 공론화와 법제화, 그리고 구체적인 실천 활동의 결실로 자살률이 다소 줄어들고는 있지만, 그래도 여전히 높은 편이다. 통계청의 자료에 따르면 2015년도에 자살한 사람의 수는 13,513명으로 이는 하루 평균 37명에 해당한다. 이렇게 볼 때 자살은 확실히 '삶 속에 도사리고 있는 죽음'의 문제라고 할 수 있다.

위 통계를 볼 때 21세기 초를 살아가는 우리 사회의 구성원들은 그야말로, 이사야가 본 이스라엘의 현실이나 예수께서 세상에 올 때의 현실처럼, "죽음의 그림자가 드리운 땅에 사는 사람들"(사 9 : 2 ; 눅 1 : 79 참조)이라 해도 과언이 아닌 듯하다. 이 사회에서 펼쳐지고 있는 참으로 안타깝고 가슴 아픈 폭력적인 죽음(자살)의 행렬을 멈추게 할 길을 찾아야만 한다. 지금 이 순간에도 우리 주변에는 삶이 주는 무게의 버거움을 훌훌 털어 버릴까 하여 자살을 결심하고 실행에 옮기는 이들이 있을지도 모른다. 앞으로 생명이 존중되는 사회경제 구조와 동반하는 정신문화의 체계를 갖추지 못한다면 이 사회에 드리운 죽음의 그림자를 걷어내고 생명상실의 행렬을 멈추며 그 아픔을 치유하기는 어려울 것이다.[2]

그렇다면 이 문제를 어떻게 접근해야 할 것인가? 높은 자살률이 떨어질 기미를 보이지 않고 해마다 지속되는 이유를 생각해 보지 않을 수 없다. 이 시기에 왜 사회적 죽음이 커다란 문제로 부각될까? 현재 우리 사회가 안고 있는 구조의 불안정성을 마땅히 주목해야 한다. 사회구조의 기반이 불안정하면 그 기반 위에 발 딛고 살아가는 구성원들의 삶이 위태해질 수밖에 없는 것은 당연하다. 먼저 작금의 사회구조를 형성한 지난 반세기의 산업화 역사도 뒤돌아볼 필요가 있다. 작금의 위기는 하루아침에 만들어진 것이 아니라 그동안 누적된 것이기 때문이다. 그렇게도 짧은 시간에 기적과도 같은 근대화를 통해 그 유례를 찾기 힘든 엄청난 발전을 이룩했기에 사회의 구조와 토대가 불안정한 것이다. 20세기 후반 한국 사회는 역사상 가장 역동적이고 희망찬 역사를 이루었다. 세계에서 가장 빈곤한 사회들 가운데 하나였으나 불과 반세기 만에 가장 부유한 선진 사회들에 버금가는 사회가 되었다. 그러나 이만큼 빠른 경제성장은 심각한 부작용을 야기했다. 이런 부작용은 이른바 '돌진적 근대화'라고 불리는 엄청난 경제적 성취의 이면을 성찰할 것을 요구한다. 돌진적 근대화는 성장일변도의 파행적 성격을 지니고 있다. 파행적 성격을 지닌 사회구조에 대한 비판적 성찰이 필요하다.[3]

    게다가 좀 더 깊은 차원에서 우리 사회는 지금 경제 성장과 성숙한 사유 사이에 패인 극심한 간격으로 몸살을 앓고 있다. 지난 반세기 동안 경제는 빠른 속도로 성장했지만, 그에 동반되어야 할 성숙한 사유는 매우 빈곤한 형편이다. 이 간격을 메우는 일이야말로 중차대한 과제이다. 그러나 어떻게 그것을 메울 수 있을까? 많은 사회구성원들은 아직도 이 간격이 야기하는 위기를 제대로 인식하지 못하고 있는 듯하다. 지난 반세기 동안 이룬 극적인 경제 기적을 여전히 동경하고 있기 때문이다. 물론, 가능한 한 경제적 삶의 수준을 높이면 좋겠지만, 그것만이 반드시 더 행복하고 희망찬 삶을 보장해 주는 것은 아니다. 따라서 행복과 희망을 여전히 경제성장에서만 찾으려고 하는 자세는 바람직하지 않다. 생명은 정신과 물질이 아름답게 동반될 때 풍요로워질 수 있다. 정신과 물질 사이의 균형을 무시한 채 오직 물질성장만을 추구하는 것은 혜안일 수 없다. 더 높은 부의 성장이 진정한 행복과 희망을 가져다주지는 못할 것이다. 누가 봐도 우리 사회는 이제 절대 가난에서 벗어났고, 물질적으로 많이 풍요로워졌다. 그런데도 수많은 사람이 자살로 내몰리는 생명상실 사회를 살아가고 있다. 이러한 생명상실 사회로부터 생명사회로 나아가기 위해서는 경제적 향상에 동반되어야 할 정신과 사유의 능력을 함께 배양해야 한다. 이것은 매우 크고도 거시적인 과제임에 틀림없다.

이 책은 바로 이 과제의 한 자락을 붙들고 씨름한다. 삶과 죽음을 바르게 성찰하고 그대로 실천하기 위해 정신과 사유의 능력을 배양하는 과제가 중요하다. 한국 사회에는 정신과 물질 사이에 건강하지 못한 불균형이 도사리고 있으며, 삶과 죽음에 대한 변증법적 인식이 없기 때문에 두 개념 사이에 심각한 간격이 패여 있다. 어찌 보면 그만큼 정신과 물질, 그리고 삶과 죽음 사이에 평행관계를 설정하기 어렵다고 생각하며 산다. 또한 오직 물질에만 삶의 관심을 두는 단선적인 의식이 이 사회에서 생명의 정의(正義) 경시 풍조를 조장하는 듯이 보인다. 성숙한 삶은 아름다운 죽음으로 열매를 맺는 것이 자연의 이치다. 그러나 성숙한 삶은 물질과 정신의 동반 상승이라는 조건에 뿌리를 둔다. 그리고 물질을 다스리는 능력은 성숙한 정신과 사유에 있다. 정신과 사유의 능력을 제대로 배양하지 못한다면 물질을 다스리지 못하고 물질의 노예가 되고 말 것이다.

2. '생명'의 정의(正義)

지금은 지난날에 대한 냉정한 성찰이 필요한 시기이다. 실로 지난 세기의 유례없는 희망이 천길 낭떠러지와 같은 절망의 부메랑이 되어 돌아오고 있다. 그만큼 희망이 역동적이었기에 상대적으로 절망 또한 대단히 크게 와 닿고 있는 것이다. 더 큰 문제는 지금이 아니라 미래다. 앞을 바라보아도 지금의 추세가 바뀌지 않고 지속된다면 많은 사람들이 희망을 찾기는 어려울 것이다.

사회적 고통으로 부상하고 있는 생명상실, 곧 죽음의 문제를 어떻게 접근해야 할까? 실로 죽음에 관한 많은 연구들이 쏟아져 나오고 있다. 이 연구도 그 가운데 하나이다. 본 연구는 이 사회가 위에서 언급한 바 있는 사회구조의 양상들을 바탕으로 하면서 기독교의 전망에서 생명존중을 위한 정신과 사유의 측면을 깊이 생각할 필요가 있음을 제안한다. 높은 자살률이 지속되는 현실은 사회구조의 문제와 밀접하게 연결되어 있지만 그 이유를 그것에서만 찾을 수는 없다. 사회구조의 문제와 더불어 정신과 문화의 영역을 반드시 짚어 보아야 한다. 우리 사회에 깊이 스며들어 있고 널리 퍼져 있는 삶과 죽음에 대한 생각과 태도들을 성찰해 보아야 한다는 뜻이다. 사회구조를 개선하려는 노력과 더불어 엄연히 존재하는 생명에 대한 그릇된 가치관과 태도를 직시하고 극복할 수 있는 사유의 능력을 증진하려는 노력은 함께 가야 한다.

필자는 이러한 노력의 첫걸음으로, 오늘날 우리 사회의 지극히 현세 지향적인 삶과 죽음 이해를 주목한다. 현세에 대한 강한 긍정과 죽음에 대한 강한 부정의 의식을 보이는 생사관을 지닌 한국인들이 높은 자살률을 기록하는 역설에 대해 물음을 던져 보았다. 그럼으로써 현재 한국 사회의 높은 자살률의 원인이, 물론 사회경제적인 원인들과 관계가 깊지만, 정신과 사유의 차원에서 생명과 죽음의 관계에 대한 변증법적 사유가 빈곤한 데 있지 않을까 하는 가정을 제시한다. 말하자면 한국 사회는 전통적으로 죽음을 매우 부정적인 것으로 생각하지만, 죽음의 부정성을 지양하는 생명의 정의(正義) 문제에 대해서는 그다지 관심을 두지 않는다는 것이다.

　이 문제와 관련해서 기독교가 도움을 줄 수 있을 것이다. 기독교는 삶과 죽음에 대한 통합적 이해와 실천의 전망을 제공해 준다. 죽음의 현실을 지양하고 생명갱신의 현실을 만들어 내기 위한 가치창출의 길을 성경과 신학들 속에서 찾아볼 수 있다. 죽음에 대해 매우 예민하면서도 깊이 있는 해석, 죽음의 기원, 원인과 극복, 나아가 생명갱신에 대한 나름의 고유한 해석을 제시한다. 필자는 생명과 죽음에 대한 기독교의 이해가 오늘날 우리 사회가 죽음과 생명상실의 문제를 풀고 생명갱신의 길로 나아가는 데 매우 도움이 될 것으로 생각한다.

　성경과 교리가 말하는 죽음은 반드시 삶 이후의 죽음의 현실, 곧 내세만이 아니다. 기독교가 내세만을 가르친다면 그것은 퇴락의 징후라 할 수 있다. 기독교는 현대 비판의식과 대결하면서 죽음과 내세관에 대한 편향된 접근을 계속 수정해 왔다. 이제는 사람들을 교회의 가르침에 타율적으로 복종시키기 위해 근거 없이 내세에 대한 공포를 조장하는 그릇된 노력들이 발붙일 여지는 거의 없다. 교회가 사람들을 통제하기 위한 수단으로 죽음을 오용하고 신앙 없이 죽은 사람들의 죽음을 무시무시하게 묘사하던 시대는 지나갔다. 또 죽음 후의 세계에 대한 공포에 사로잡혀 있는 사람들은 내세에 대한 집착 때문에 이웃과의 화해나 일상의 삶의 과제를 등한시하기 쉽다.[4]

　그렇다면 성경과 신학들에서 배울 수 있는 독특한 통찰은 무엇일까? 필자는 죽음의 부정성에 대한 숙고와 생명 정의(正義)에 대한 인식에서 통찰을 발견한다. 그러므로 오늘날 기독교는 현재의 삶 속에 도사리고 있는 죽음의 부정성을 극복할 수 있도록 죽음의 정의와 연관한 성경과 전통의 지혜를 더욱 발전시켜야 한다. 기독교에서 죽음을 죄악의 결과로 해석하는 것은 죽음의 부조리성을 예민하게 인식하는 것과 연결된다. 좀 더 깊이 숙고해 보면 죽음은 한순간에 갑자기 닥치는 것이 아니라 이미 삶 속에서 심적·육체적 고통을 통해 조금씩 다가오는 것이다. 기독교에서 죽음을 죄의 맥락에서 보는 것은 삶 속에서 미리 맛보게 되는 죽음의 현실에 예민하게 주의를 기울이고 있다는 것을 의미한다. 특별히 그리스도의 죽음에 대한 이해 속에 '생명의 부정'으로서의 죽음이라는 변증법적 인식이 깊이 각인되어 있다.

필자는 기독교의 대속 교리에 담긴 죽음의 부정성에 대한 깊은 인식이 우리 사회의 현세 중심적 삶과 죽음 이해를 보완해 줄 수 있다고 본다. 이 주제가 우리 사회에서 삶과 죽음에 대한 이해를 풍성하게 하고, 또 실제로 자살로 내몰리는 이들을 생명의 길로 이끄는 길을 보여 줄 수 있다고 생각한다. 삶과 죽음에 대한 한국의 전통적 이해와 견주어 볼 때, 유대–기독교 전통이 제공하는 삶과 죽음 이해의 가장 현저한 특징들 가운데 하나는 죽음을 삶의 부정으로 보는 관점이 아닐까 생각해 본다. 잘 알려진 대로 기독교는 삶의 모순과 죽음의 현실을 죄악의 문제와 결합시켜 이해한다. 그리고 그리스도의 십자가의 죽음을 그러한 죄악과 죽음으로부터의 구원과 해방의 사건으로 믿고 이해한다.

전통적인 대속 교리에서 그리스도의 죽음은 새 생명을 위한 하나님의 의(義)를 가져다주는 죽음(the justifying death of Christ)으로 이해된다. 다시 말하면, 죽음과 정의의 관계를 깊이 천착한다는 말이다. 거꾸로 생각하면 죽음은 불의와 관련이 있다는 뜻이기도 하다. 이러한 죽음과 불의와의 연관성에 대한 명확한 이해가 오늘 이 시대 우리 사회에서 삶과 죽음을 이해하는 데 던져 주는 중요한 의미가 있다. 필자는 이 책에서 예수 그리스도의 죽음에 대한 이해에 나타나는 죽음의 부정성과 그에 상응한 생명의 정의에 대한 사고가 지닌 의미를 살피면서, 죽음에 대한 기독교적 이해가 삶과 죽음의 보다 온전한 이해에 기여할 수 있는 방향을 탐색하려고 한다. 그래서 "죽음의 그림자가 드리운" 우리 사회에서 죽음에 내몰리는 모든 이들에게 생명의 길을 가리켜 보려고 한다. 특히 초기의 기독교 공동체들을 따라 예수 그리스도의 죽음의 의미 중, 공동체를 위해 지닌 공적 죽음의 의미에 주목해 보려고 한다. 기독교 공동체와 신학은 예수 그리스도의 삶과 죽음과 부활을 단순히 일부 그리스도인들만을 위한 것뿐 아니라 모든 생명을 위한 보편적 이야기로 부단히 승화시켜 왔기 때문이다.

필자는 예수 그리스도의 수난과 죽으심이 드러내는 죽음의 폭력성과 부정성을 숙고하되, 비관적이고 우울한 정신이나 관점을 부각하지는 않으려 한다. 오히려 우리 사회의 희망을 이야기할 것이다. 우리 사회가 앞으로 삶을 향한 열정과 성찰을 잘 결합시켜 낼 수 있다면 지구촌에 희망을 줄 수 있는 대안 공동체를 열어 보일 수 있다고 확신한다. 이것은 우리 사회가 나아가야 할 방향을 제대로 모색할 때만이 가능한 것이고 또 지금이 바로 그 방향을 모색할 중요한(critical) 시점이라고 생각한다.

마지막으로 이 연구의 논제를 한 번 더 상기하겠다. 예수 그리스도의 죽음에 대한 신학적 해석에서 드러난 생명의 부정으로서의 죽음에 대한 이해로 부터 삶과 죽음의 변증법적 이해를 통해, 현세의 삶을 지향하면서 죽음을 부정하는 한국인의 삶과 죽음에 대한 인식과 태도를 보충하여 자살예방뿐만 아니라 생명 존중 사상을 갖도록 하며, 보다 온전한 한국적 생사관의 재형성에 기여하고자 한다.

3. 내용과 구조

이 저술은 필자가 기 수행 논문에서 제시한 바 있는 기독교의 생명과 죽음 이해들, 좀 더 구체적으로 말해서 예수 그리스도의 죽음의 교리와 신학적 해석들에 나타나는 삶과 죽음의 변증법, 특히 죽음의 부정성에 대한 숙고와 그에 상응하는 정의에 대한 인식에 비추어 한국 사회의 생사관에서 보이는 현세 중심성을 승화시키기 위한 연구이다. 이 저술에서는 기 수행 논문의 논제를 보다 심화하고 확대하는 방향으로 저술하는 한편, 예수 그리스도의 죽음에 대한 전통적 교리와 그 신학적 해석들을 좀 더 넓게 고찰하고, 다른 한편으로는 한국 사회의 현세 중심적 생사관에 대한 이해를 유교, 불교, 그리고 무속 중심으로 더 넓게 고찰해서 기술한다.

본 연구는 서론과 결론을 빼고 전체 4부 10장으로 구성되어 있다. 먼저 1부는 두 장으로 구성되어 있는데 구약과 신약에 나타나는 속죄, 그리스도의 죽음, 그리고 죽음의 부정성과 생명의 정의에 대해 고찰한다.

2부는 모두 석 장으로 구성되어 있는데 교부신학에서 시작해 중세신학을 거쳐서 종교개혁신학에서 나타나는 그리스도의 죽음, 그리고 죽음의 부정성과 생명의 정의에 대한 신학적 성찰들을 살펴본다. 먼저 3장에서는 이레네우스, 테르툴리아누스, 오리게네스, 크리소스토무스, 아타나시우스, 그리고 아우구스티누스 등 초기 기독교 신학의 초석을 마련한 몇몇 중요한 동·서방 교부들의 해석과 이해를 고찰한다. 4장에서는 중세 가톨릭교회의 기둥과 같은 신학자들인 안셀무스와 아벨라르두스, 그리고 토마스 아퀴나스의 신학에 나타나는 그리스도의 죽음, 그리고 죽음의 부정성과 정의에 대한 해석과 이해를 살펴본다. 그리고 5장에서는 종교개혁신학에서 이 주제에 대한 마르틴 루터와 장 칼뱅의 해석과 이해를 고찰한다.

　3부도 모두 석 장으로 구성되어 있는데 칸트와 헤겔과 슐라이어마허, 그리고 이후 현대의 신학적 해석과 이해를 고찰한다. 먼저 6장에서는 근대 계몽주의, 역사주의, 그리고 낭만주의의 영향 아래 자신들의 고유한 사상을 전개한 칸트, 헤겔, 그리고 슐라이어마허의 그리스도의 죽음, 그리고 죽음의 부정성과 생명의 정의에 대한 해석과 이해를 살펴본다. 7장에서는 20세기 전반기와 중기에 개신교와 가톨릭에서 본 주제와 관련해서 심오한 신학적 탐구를 수행한 칼 바르트, 칼 라너, 그리고 쿨만의 해석과 이해를 살펴볼 것이다. 그리고 8장에서는 20세기 후반의 개신교와 가톨릭 신학에서 본 주제에 대해 연구한 대표적인 세 신학자, 곧 몰트만, 윙엘, 그리고 포그리믈러의 해석과 이해를 살펴본다.

　마지막으로 4부는 모두 두 장으로 구성되어 있는데 기 수행 연구에서 심층적이고도 포괄적으로 다룰 수 없었던 한국 사회의 생사관을 좀 더 심화하고 확대한 후 기독교의 삶과 죽음의 변증법에 비추어 성찰한다. 먼저 9장은 본 저술에서 필자가 제시한 가정과 논제의 타당성을 뒷받침하기 위해 한국 사회의 현세 중심의 생사관을 유교, 불교, 그리고 무속을 중심으로 폭넓게 분석한다. 마지막으로 10장에서는 그리스도의 죽음, 그리고 죽음의 부정성과 생명의 정의에 대한 신학적 이해에 비추어 한국 사회의 현세 중심적 생사관을 조명해 봄으로써 보다 온전한 한국적 생사관을 제공·전망한다.

The dialectic of life and death

1부

성경에서 그리스도의 죽음 이해와

생명의 정의(正義)

1장 구약성서에서의 죽음 이해와 생명의 정의(正義)

I. 죽음, 죄와 타락의 불의한 생명의 현실

구약성서는 본래 히브리인들의 유대교 경전에 속한다. 물론 유대교 경전은 구약성서를 포함해서 더 많은 책들로 이루어져 있다. 구약성서는 죽음을 어떻게 서술하고 설명할까? 구약성서의 죽음 이해에서 생명의 정의(正義)는 어떻게 이해될까? 구약성서는 자연적인 죽음 현실을 외면하고 있지 않으며, 그 기초에서 죽음을 불의한 현실로 예민하게 인식하고 있다. 이런 인식은 죽음을 죄의 맥락에서 이해하는 데서 기인한다. 그래서 죽음의 부정성과 생명의 정의는 속죄와 밀접하게 관련을 가지게 된다. 그렇다면 구약성서는 죄와 죽음, 그리고 속죄에 대해 뭐라고 말하는가? 이제 그에 대한 답을 차례로 해명해 보자.

구약성서의 첫머리를 장식하는 창세기는 창조세계를 아름답고 장엄하며

정의로운 생명 세계로 묘사하고 설명한다. 하지만 창조 후에 곧장 첫 사람들의 범죄와 타락으로 말미암아 어떻게 죽음이 오게 되었는지를 설명해 준다. 즉, "죄를 통해 죽음이 온다."는 것이 죽음과 관련된 성경의 가장 근본 되는 명제라고 할 수 있다. 죽음이 죄를 통해 야기된다는 것은 죽음이란 정의가 상실된 현실, 곧 불의한 현실이라 할 수 있다. 그리고 첫 사람들의 범죄와 타락의 과정에 악마의 유혹이 개입되어 있음도 함께 언급하고 있다. 오경 또는 율법서에는 범죄에 대해 반드시 형벌이 따른다는 가르침, 그리고 범죄에 대해 하나님이 진노한다는 사상과 더불어 죄를 대속하기 위한 체계적인 희생 제사 제도를 가르쳐 주는 계명들이 나타나고 있다.

아래에서는 구약성서가 보여 주는 악마의 유혹과 죄악의 결과로서 나타난 죽음의 부정성과 그에 대한 대리 속죄 사상에 함의된 생명의 정의에 대한 사상을 밝혀 볼 것이다. 구약성서의 죽음의 부정성과 대속 사상의 바탕에 과연 생명의 정의에 대한 관심이 깊이 놓여 있다고 말할 수 있을지 살펴보자.

2. 죽음의 부정성과 생명의 정의

1) 하나님, 생명의 원천

생명의 정의에 대한 강한 긍정은 구약성서 인간들의 야웨 신앙에 의해 규정된다고 할 수 있다. 구약성서의 시작인 창세기는 생명이 하나님께로부터 비롯됨을 분명하게 천명하고 있다. 첫 사람 아담은 흙과 생기가 결합된 생령으로 창조되었다. "여호와 하나님이 땅의 흙으로 사람을 지으시고 생기를 그 코에 불어넣으시니 사람이 생령이 되니라"(창 2 : 7). 첫 사람들은 생명의 동산에서 하나님이 불어넣으신 생명의 기운으로 충일했다.

창세기 2 : 7과 후대의 전도서 12 : 7, 그리고 시편 104 : 29 이하에 나오는 내용을 찬찬히 살펴보면 이스라엘은 하나님의 숨결로 충만해진 사람과 하나님을 떠나 붕괴된 사람을 구별하고 있다.[1] "주께서 낯을 숨기신즉 그들이 떨고 주께서 그들의 호흡을 거두신즉 그들은 죽어 먼지로 돌아가나이다 주의 영을 보내어 그들을 창조하사 지면을 새롭게 하시나이다"(시 104 : 29-30). 우리는 창세기나 시편에서 하나님만이 생명의 원천이라는 고대 이스라엘의 가장 근본적인 신앙의 명제를 만난다. "진실로 생명의 원천이 주께 있사오니"(시 36 : 9). 구약성서의 사람들은 하나님께서 삶과 죽음의 원천이기에 마땅히 삶과 죽음을 주관하신다고 믿는다. 구약성서의 여러 곳에 이런 신앙의 고백과 인식이 등장한다.

> 그가 만일 뜻을 정하시고 그의 영과 목숨을 거두실진대
> 모든 육체가 다 함께 죽으며 사람은 흙으로 돌아가리라[2]

그렇다면 하나님이 생명과 죽음을 주관한다는 신앙은 이스라엘 사람들이 죽음을 담담하게 받아들이는 데 도움이 되었을까. 하나님과 아름다운 교제를 누린 신앙인들은 비록 때로는 고통으로 점철되는 삶을 살기도 했지만 비교적 주어진 수를 다 누린 것으로 기록되고 있다. 아브라함을 비롯해서 신앙의 조상들은 주어진 수를 누린 후에 죽음을 담담히 수용했다(참조. 시 89 : 48). 죽음을 목전에 두고 남기는 '유언'(창 48 : 21 ; 수 23 : 14 ; 왕상 2 : 2 등)에서도

그들은 죽음을 전혀 '낯선 현실'로 여기지 않는다. 죽을 수밖에 없는 아담의 실존이 현실이 된 후에 아담의 후예들 역시 흔히 자연적인 죽음 또는 생물학적인 죽음이라 불리는 생명의 현실을 수용하고 있음을 볼 수 있다. 구약성서 여러 곳에서 제 수명을 다 누린 신앙인들의 죽음을 말하고 있다.[3]

2) 죄와 마귀, 그리고 죽음

구약성서의 첫 장을 장식하는 창세기는 하나님이 생명의 근원이라는 장엄한 선포 후에 모든 사람이 체험하며 부인할 수 없는 죽음의 현실에 대해 말한다. 창세기는 죽음의 기원, 곧 어떻게 죽음이 인간의 현실이 되었는지를 상징적인 내러티브를 통해 심오하게 제시한다. 죽음에 관해 이야기하는 첫 대목에 주목할 필요가 있다. "선악을 알게 하는 나무의 열매"를 먹으면 "반드시 죽으리라"(창 2:17)는 이 구절은 죽음이 처음부터 자명한 현실이었던 것은 아니고, 하나의 가능성이었음을 말해 준다.

이것이 구약성서가 불의한 현실로서 죽음의 출현을 설명하는 방식이다. 먼저 첫 사람들이 하나님의 계명에 순종하지 않았다고 말한다. 그리고 첫 사람들을 향한 뱀의 유혹이라는 해석하기 어려운 상징적인 계기가 등장한다. 창세기의 설명에 따르면 첫 사람들이 나중에 마귀로 불리는 간교한 뱀의 유혹(창 3:1-6)을 받고 선악을 알게 하는 나무의 열매를 먹는 자유로운 선택을 함으로써 영원한 삶을 포기하고 돌이킬 수 없는 죽음의 현실로 들어서고 만다. 결국 불의한 현실로서의 죽음은 인간의 범죄와 마귀의 악한 역사의 합작품으로 출현한 것이다.

죄를 짓고 난 후 고통과 죽음이 인간들에게 삶의 현실이 된다. "너는 흙이니 흙으로 돌아갈 것이니라"(창 3 : 19). 이 한 문장에 구약성서의 인간들이 내린 죽음에 대한 정의(定義)가 들어 있다. 육체는 흙으로 돌아가고 숨(영 또는 호흡 ; 히브리어로 '루아흐')은 하나님께로 돌아가는 것이 바로 고대 이스라엘 사람들이 내린 죽음의 정의라 할 수 있다(참조. 시 104 : 29 ; 전 12 : 7). 죽음은 붕괴된 육체에서 하나님의 호흡이 떠나가는 것이다. 물론 후대 바빌론 포로기 이후 그리스 문화의 영향으로 하나님의 호흡이라는 기존의 핵심적인 개념은 영혼이라는 개념과 더 이상 구별되지 않게 되었다는 주장도 있다.[4]

3) 하나님의 진노와 형벌, 그리고 죽음

죄가 죽음의 원인이라는 구약성서의 두드러진 사유의 신학적 의미를 더욱 깊이 밝혀 볼 필요가 있다. 고대 이스라엘 사람들은 하나님이 지으신 고귀한 생명이 손상된 현실을 예민한 감각을 가지고 직시한다. 이런 인식은 아담의 죽음에 대한 이해에 고스란히 담겨 있다. 아담의 죽음은 자연적 또는 생물학적 죽음을 피할 수 없다는 사실을 부정하지 않으면서도 죽음이 죄의 결과요 벌임을 보여 준다. 이 인식에 따르면 죽음은 매우 어둡고 부정적인 현실이다. 우리가 삶의 가장 두렵고 충격적 사건으로서 당하는 현실인 죽음은 이런 인식의 힘을 체험적으로 또 귀납적으로 뒷받침해 주는 것처럼 보인다. 그 신학적 함의는 매우 독특할 뿐 아니라 심오하기까지 하다. 여기서 죽음은 결코 미화될 수 없는 현실로 이해된다.

아담 서사에서 분명히 죽음은 인간이 겪는 고통으로서 저주이고 실패로 이해되고 있다.[5] 죽음이 저주이고 실패인 이유는 죄 때문이다. 타락 이후 아담의 후손은 모두 죄인으로 태어난다. 다 죄 아래 있고 의인은 하나도 없다(참조. 시 14 : 1 이하, 53 : 1 이하). 이는 인간의 본성에 죄가 깊이 스며들어 있다는 뜻이다. 따라서 자연 또는 본성에 따른 사람의 죽음은 죄인의 죽음이 된다. 이제 죽음의 현실은 죄의 결과로서 벌의 어둡고 고통스러운 그림자로 덮이게 된다. 하나의 예로 창세기에서 최초로 등장하는 죽음은 매우 어둡고 두려울 뿐 아니라 고통스럽다 : "가인이 그의 아우 아벨을 쳐 죽이니라"(창 4 : 8). 아벨의 죽음이 성경에 등장하는 최초의 죽음이라는 사실은 깊은 뜻을 담고 있는 듯하다. 이 첫 죽음은 평화로운 죽음이 아니라 어두운 죽음이요 폭력적 살해, 곧 죽임이다. 남도 아니고 친형제에 의해 저질러진 근친살인이요 부모보다 앞선 죽음이다. 부모의 가슴에 지울 수 없는 상처를 남긴 괴롭고 고통스럽기 그지없는 죽음인 것이다. 이렇게 첫 죽음은 부정적이고 비극적이다.

창세기는 죽음이 죄에 대한 형벌임을 분명하게 말한다. 먼저, 이 끔찍한 형제 살인의 배경을 비교적 상세하게 설명하고 있다. 가인이 죄를 다스리지 못했기 때문에(7절) 분노해서 아벨을 죽이게 되었고, 이 살인으로 인해 '저주'가 생겨났다(11절). 가인의 자손들에 이르러 죽음의 저주는 더욱 악화되었다. 라멕이라는 가인의 후손은 그의 선조가 받을 벌('칠 배')보다 더욱 커다란 벌('칠십칠 배')을 받을 것이라 스스로 토로하고 있다(24절). 창세기 6장에 가면 세상에 만연한 죄악은 결국 땅 위의 모든 생명을 죽음으로 몰아넣는 홍수 재앙을 불러온다. 물론 노아와 그의 가족, 그리고 선택된 가축들은 살아남기는 하지만 죽음, 특별히 폭력적 죽임의 기원에 인간들의 죄악이 도사리고 있다. 이렇게 가인의 후예가 당하는 아담의 죽음은 지극히 어둡고 부정적이며, 비극적이다.

신명기에서도 죽음은 생명과 반대로 죄에 대한 형벌로 설명되고 있다(신 19 : 6, 21). 신명기의 설명은 죽음에 대한 그 어떤 이상적이고 낭만적인 서술이나 설명들이 들어설 여지를 남기지 않는다. 이 세상에서 경험되는 죽음의 부조리나 불의의 문제를 깊이 파고든다. 구약성서가 부정할 수 없는 현실로서의 죽음 이해를 넘어 죽음의 기원과 종말을 묻는 연유가 바로 여기에 있다고 볼 수 있다. 이는 시원으로 돌아가 현재 죽음의 부조리와 불의의 기원을 문제 삼고 종말을 전망하면서, 죽음을 생명 정의 실현을 위한 반제로 삼게 해 준다. 이런 의미에서 성경에서의 죽음은 새로운 생명으로 넘어가는 피할 수 없는 문이 되지만, 결코 막다른 마지막 골목은 아니라고 할 수 있다.

구약성서에서 죽음의 부정성에 대한 또 하나의 독특한 사상은 죽음을 하나님의 진노의 결과로 해석하는 점이다.[6] 하나님은 이스라엘 백성 개인과 공동체뿐만 아니라 죄악을 저지르는 이웃 사람들이나 민족들에게 자주 진노하신다. 하나님의 진노를 사게 되면 죽음이 뒤따르게 된다(레 10 : 1-2). 이집트를 탈출한 이스라엘 백성들이 광야에서 하나님을 불신하고 순종하지 않았을 때 하나님이 진노하셔서 모세와 이스라엘 백성들을 죽게 하셨다(참조. 신 1 : 32 이하). 구체적인 사례로 모세가 시나이 산으로 율법을 받기 위해 올라가서 내려오지 않자 이스라엘 백성들은 금송아지를 만들어 섬기며 하나님께 불순종했다. 하나님은 맹렬한 노를 발하시면서 우상 숭배한 이스라엘 백성들을 멸하려고 하셨다. 모세의 기도로 화를 모면하기는 했지만 하나님의 진노는 죽음을 야기하는 것이었다(참조. 출 32 : 11-14). 또한 이스라엘 백성들이 하나님께 불평하자 하나님은 이스라엘 백성들의 그 악한 말을 들으시고 진노하셔서 불로 진중을 멸하신다(민 11 : 1). 하나님은 이스라엘 백성들만을 벌하고 또 때로는 멸하신 것이 아니다. 하나님은 이스라엘을 황폐하게 한 죄로 인해 진노를 발하셔서 에돔도 멸하신다(욥 1 : 15). 예레미야 선지자도 이스라엘을 멸망시킨 바벨론에게 하나님의 진노의 심판을 내릴 것을 간구한다.

이와 같이 하나님이 진노를 내리신 이유를 여러 가지로 생각해 볼 수 있다. 먼저 이스라엘 공동체가 종교적인 죄를 지었기 때문이다. 이는 하나님과 맺은 언약을 지키지 않고 어긴 것을 뜻한다. 구약성서 여러 곳에서 이런 이유로 인한 하나님의 진노를 확인할 수 있다.[7] 그러나 종교적인 죄 못지않게 사회적 불의로 인해 하나님의 진노가 발해지기도 한다. 구약의 율법과 예언서들에 따르면 하나님은 약자에 대해 커다란 관심을 지니고 계실 뿐만 아니라 약자를 적극적으로 보호할 것을 명하고 계신다.[8] 구약성서에는 약자를 대표하는 세 부류의 사람들이 나온다. 곧 과부, 고아, 그리고 나그네이다.

> 너희는 너희에게 몸 붙여 사는 나그네를 학대하거나 억압해서는 안 된다. 너희도 이집트 땅에서 몸 붙여 살던 나그네였다. 너희는 과부나 고아를 괴롭히면 안 된다. 너희가 그들을 괴롭혀서, 그들이 나에게 부르짖으면, 나는 반드시 그들의 부르짖음을 들어주겠다. 나는 분노를 터뜨려서, 너희를 칼로 죽이겠다. 그렇게 되면, 너희 아내는 과부가 될 것이며, 너희 자식들은 고아가 될 것이다.[9]

특별히 예언자들은 종교적인 죄(사 1 : 10 이하 ; 렘 6 : 20 ; 호 6 : 6 ; 암 5 : 21-27)와 사회적 불의(사 5 : 18 이하 ; 렘 5 : 28-29 ; 암 5 : 7-12 ; 미 3 : 1 참조)가 하나님의 진노의 원인이라고 힘주어 주장한다. 아모스의 예언을 들어 보자.

> 너희는 공의를 쓰디쓴 소태처럼 만들며, 정의를 땅바닥에 팽개치는 자들이다 …… 사람들은 법정에서 시비를 올바로 가리는 사람을 미워하고, 바른말 하는 사람을 싫어한다. 너희가 가난한 사람을 짓밟고 그들에게서 곡물세를 착취하니 …… 너희들이 저지른 무수한 범죄와 엄청난 죄악을 나는 다 알고 있다. 너희는 의로운 사람을 학대하며, 뇌물을 받고 법정에서 가난한 사람들을 억울하게 하였다.[10]

이렇게 구약성서에서 종교적 죄와 사회적 불의는 긴밀한 관련이 있다. 구약성서, 특히 율법서와 예언서에서 하나님의 진노는 종교적 주술의 표현이 아니라 생명을 위한 하나님의 정의(正義)의 다른 이름이라 할 수 있다. 그것은 하나님이 생명을 경시하는 죄와 악인을 벌하시는 공의의 하나님이심을 말해 준다(시 7 : 11).

4) 오경 전승의 죽음의 비신화화

구약성서는 죽음과 죽음 이후의 삶, 그리고 부활에 대한 다양한 해석들에 열려 있다. 그럼에도 불구하고 구약성서만의 두드러진 고유한 성격으로 규정할 수 있는 죽음 이해가 구약성서 전승의 핵이라 할 수 있는 오경 율법 전승에 나타난다. 고대 이스라엘은 주변 세계와 교류하면서 점차 죽음 이해를 깊게 하고 넓혀 갔을 것이다. 그러나 본래의 고유한 성격은 마치 강의 본류처럼 후대로 면면히 전승되었을 것이다. 그렇다면 그 고유한 성격은 무엇일까? 죽음을 기본적으로 불의한 현실로 이해하는 점을 들 수 있을 것이다. 달리 말하면 죽음을 생명의 정의가 파괴된 부정적 현실로 두드러지게 강조한다. 이런 특성은 생명의 정의에 대한 예민한 감각과 의식을 보여 준다.

구약성서에 등장하는 많은 사람들은 삶을 너무 짧게 느낀다는 인상을 받는다. 그들이 오래 살고 싶은 열망이 너무나도 큰 나머지 삶에 대한 집착이 특별히 강하다는 뜻이 아니다. 오히려 그들은 단지 그들에게 마땅히 향유되지 못한 생명의 단절을 예민하게 인식하고 있다는 뜻이다. 이스라엘은 하나님을 생명의 창조자요 원천으로 고백하고 죽음을 하나님과의 관계 또는 교제의 단절로 체험하고 표현하고 있다. 결국 죽음 자체는 슬픈 것이고 나쁜 것이기도 하다. 이렇게 구약성서의 인간들은 죽음을 결코 낭만화하거나 신비화하지 않는 듯하다. 그렇다고 해서 그들이 생명의 수를 다하면 당연히 찾아오는 자연적 또는 생물학적 죽음을 거부하는 것은 또 아니다. 이로써 삶의 자연적인 종결로서의 죽음과 죄의 처벌로서의 죽음 사이에 긴장관계를 확인할 수 있다.[11]

폰 라트(Gerhard von Rad, 1901-1971)는 구약성서, 특히 오경 전승의 이런 죽음 이해를 "죽음의 비신화화"[12]라고 부른다. 구약성서의 모체가 되는 오경은 특별히 죽음을 더욱 "비신화화"하는 것으로 평가되고 있다. 이른바 신명기 전승에서 죽음에 대한 "비신화화"가 더욱 현저한 것으로 평가된다. 죽음의 "비신화화"에서는 죽음에 대한 어떤 낭만적 묘사나 서술을 기대하기 어렵다. 죽음은 매우 부정적이고 불행한 현실일 뿐이다. 이스라엘의 야웨 신앙은 모든 형태의 죽은 자 숭배를 철저하게 배척하는 것으로 알려지고 있다. 죽음과 관련된 것을 모두 다 야웨 앞에서 '더러운' 것으로 표현하고 있다. 그래서 죽은 자 숭배는 철저하게 배척된다(참조. 민 19:11, 16). 아울러 보건학적인 이유에서도 시신과의 접촉을 금하고 있다. 사람의 시신이나 짐승의 시체는 전염병의 진원이 될 수 있기에 접촉해서는 안 된다. 이러한 죽은 자 숭배와 시체의 접촉 금지는 율법에 엄격하게 규정되어 있다.

볼프(Hans Walter Wolff, 1911-1993) 역시 율법의 규정들이 "죽음의 철저한 비신화화와 탈신성화"를 보여 준다고 주장한다.[13] 죽음을 신화화하지 않는 의식은 자연스럽게 사후의 세계에 대한 무관심과 밀접하게 관련될 수밖에 없다. 인간 이해와 관련된 오경의 중심 본문들은 죽음 이후의 세계에 대한 관심과 탐구에 대해 무관심할 뿐 아니라 금하는 편이다. 예컨대 율법 전승은 죽은 자의 영혼에 대해 특별한 의미를 묻는 것을 잘못된 태도로 간주한다.[14]

폰 라트나 볼프와 같은 구약학자들이 제시하는 죽음의 비신화화 논제는 하나님께서 창조하신 생명에 대한 매우 강한 긍정 의식을 웅변해 주는 듯하다.

고대인들의 압도적 다수가 죽음 이후의 삶을 믿었고, 또 그들 가운데 다수가 죽음 이후의 삶에 대한 복잡하고 매력적인 신앙들 및 관습들을 발전시켰다[15]는 역사적 사실에 비추어 볼 때, 고대 이스라엘 사람들의 죽음이나 죽음 이후의 삶에 대한 무관심이나 금기는 매우 독특할 뿐만 아니라 예외적인 것으로 보인다. 이렇게 구약성서의 핵을 이루는 율법 전승은 죽음이나 죽음 이후의 삶에 대한 형이상학적 사변을 부정하는 특징을 지니고 있다. 그러나 오경 전승에 두드러지게 나타나는 비신화화 논제가 구약성서의 죽음과 죽음 이후의 생명에 대한 소망의 전부를 설명해 준다고 볼 수는 없다. 오경의 전승 밖으로 눈을 돌리면 죽음과 죽음 이후의 생명에 대한 소망이 나타난다.

5) 죽음 너머의 생명에 대한 소망

우리의 시야를 오경 밖의 구약성서로 돌리면 죽음과 죽음 너머의 세계, 그리고 부활에 관한 관념이나 소망이 나타남을 확인할 수 있다. 통상적인 해석에 따르면 구약성서의 많은 부분에서 부활이라는 관념은 얼마 등장하지도 않고 또 깊이 잠들어 있었는데 후대의 사람들과 본문들로부터의 반영들에 의해서 깨어났을 뿐이라고 한다. 부활 관념은 성경 자체가 아니라 결코 정경의 지위를 얻지 못한 성경 이후의, 즉 제2성전 시대(BC 516-AD 70) 및 랍비들의 문헌들 속에서나 발견되고 있다고 본다. 구약성서의 초기의 문서들은 죽음 이후의 삶에 대한 신앙을 거의 또는 전혀 지니고 있지 않고, 좀 더 성숙한 일부 문서들 가운데서 그다지 구체적이지 않지만 무덤 너머의 삶을 긍정하는 내용이 나오기 시작하며, 구약성서 시대의 끝부분에 가서야 몇몇 문헌에서 판이하게 다르고 근본적으로 새로운 몸의 부활에 대한 신앙이 등장한다.[16]

죽음 너머의 삶에 관한 고대 이스라엘의 신앙들에 관한 연구들은 세 가지 서로 구별되는 유형들 또는 단계들을 규정하여 왔다. 초기 시대에는 죽음 너머의 기쁨 또는 지복(至福)의 삶에 대한 소망이 거의 또는 전혀 없었다. 연대를 정확히 확정할 수는 없지만 다음 단계에 이르러 몇몇 경건한 이스라엘 사람들은 야웨의 사랑과 권능이 지극히 강하기 때문에 그들이 현재의 세상에서 야웨와 함께 누렸던 관계는 죽음에 의해서조차도 깨뜨려질 수 없다고 생각하게 되었다. 그런 후에 다시 어느 시점에서 판이하게 새로운 관념이 생겨났다 : 죽은 자들은 부활하게 된다. 세 가지 입장의 출현을 다음과 같이 정리할 수 있다. 즉 1) 죽음 이후에 대한 소망이 전혀 없음(비신화화) ; 2) 죽음 이후의 지복의 삶에 대한 소망 ; 그리고 3) "죽음 이후의 삶" 이후의 새로운 몸을 입은 삶에 대한 소망.[17]

물론 비신화화 논제가 보여 주듯이 죽음 이후의 생명에 대한 관심 그 자체는 고대 이스라엘이 아니라 여러 이교적인 세계관들의 특징이었다. 그리고 마침내 부활에 대한 신앙이 출현하였을 때, 그것은 이교 세계에서 들여온 낯선 세계관에 그친 것이 아니라 고대 이스라엘의 세계관을 새롭고 다른 환경 아래에서 새롭게 표현한 것으로 이해해야 한다. 이 신앙은 족장들의 신앙과 같은 토양에 뿌려진다.[18]

6) 스올 – 생명의 정의가 상실된 죽음의 현실

앞서 비신화화 논제가 말해 주듯이, 고대 이스라엘의 야웨 신앙에는 고대 바벨론이나 그리스-라틴 문화에 편만해 있던 죽음이나 죽은 자의 세계와 죽음 이후의 생명의 미래에 대한 사변이 나타나지 않는다. 율법 전승을 따르는 고대 이스라엘 사람들은 죽음과 함께 모든 것이 끝난다고 생각하고 죽음이나 죽은 자의 세계 또는 죽음 이후의 생명의 현실에 대해 적극적인 사유를 펼치지 않는다. 구약성서 어느 곳에서도 죽음 이후에 시각적으로 펼쳐지는 생명의 미래는 언급되지 않는다. 오직 현재의 삶과 하나님과의 관계의 단절이라는 제한적 의미에서 죽음이 언급되고 있을 뿐이다. 구약성서는 임박한 미래에 있게 될 생명의 새 창조를 고려하지 않고, 죽음으로 모든 것이 끝이 나고 완전히 소멸됨을 말한다. 전체적으로 죽음 이후의 삶에 대한 확고한 교리는 나타나지 않고 기껏해야 죽음 이후의 삶에 대한 희미한 희망만이 나타나 있을 뿐이다.[19]

이런 해석은 구약성서가 그리스의 영혼에 대한 형이상학적 이해와 달리 죽음에 대한 현대의 자연적 또는 물리적 이해를 적극적으로 지지하는 것처럼 보이게 한다. 실제로 구약성서에는 죽음에 대한 물리적 이해가 나타난다. 죽음을 흙 또는 티끌로 돌아간다고 표현한다. 욥기에는 "돌아오지 못할 땅 곧 어둡고 죽음의 그늘진 땅"(욥 10 : 21)이라는 표현이 나온다. 욥기와 시편과 잠언과 전도서에는 죽음과 죽음 너머의 세계는 무의미할 뿐이라는 인식이 등장한다. 나무는 찍힐지라도 다시 움이 돋고 소생할 희망이 있지만 인간의 생명은 죽음과 함께 모든 것이 끝날 뿐이다(욥 14 : 1-2, 7-12, 18-22). 어떤 사람이 당하는 고통은 그의 죄악 행위의 결과라는 소발의 주장에 대해 욥은 이렇게 대답하고 있다 :

어떤 사람은 죽을 때까지도 기력이 정정하다. 죽을 때에도 행복하게, 편안하게 죽는다. 평소에 그의 몸은 어느 한 곳도 영양이 부족하지 않으며, 뼈마디마다 생기가 넘친다. 그러나 어떤 사람은 행복 하고는 거리가 멀다. 고통스럽게 살다가, 고통스럽게 죽는다. 그러나 그들 두 사람은 다 함께 티끌 속에 눕고 말며, 하나같이 구더기로 덮이는 신세가 된다.[20]

죽은 자들의 세계는 하나님의 공의를 알 수 없는 망각의 땅에 불과할 뿐이다(시 88 : 12). 죽음은 영원히 망각되는 것이다(전 2 : 16). 산 사람들만이 소망을 지닐 수 있고 살아 있는 개가 죽은 사자보다 나으며, 죽은 자들은 아무것도 모른 채 망각될 뿐이다(전 9 : 4-6). 죽음은 육신이 흙으로 돌아가고 숨은 하나님께로 돌아가는 것이다(전 12 : 7).

하지만 현대의 물리적 이해와 결정적으로 다른 점이 있다. 죽음 또는 죽음의 세계를 매우 부정적인 어두운 현실로 이해한다는 점이다. 구약성서에서 죽음 또는 죽은 자의 세계를 가리키는 단어들, 곧 스올, 아바돈, 구덩이, 무덤, 음부, 어둡고 음침한 곳, 망각의 땅 등은 암울함과 절망의 장소, 곧 더 이상 하나님의 임재와 생명의 기쁨이 없는 곳을 뜻한다.[21] 죽음 또는 죽음의 세계는 어두운 현실이다(참조. 욥 38 : 17). 달리 말하면 구약성서에 죽음 이후의 또는 죽은 자의 세계를 가리키는 단어들은 단순히 물리적인 공간을 의미하기보다는 종교적이고 윤리적으로 부정적인 의미를 함축한다.

죽음의 세계와 관련하여 '스올'이라는 개념이 가장 흔하게 등장하는데 이 단어는 구약성서에 66회 정도 나온다.[22] 오경에 이미 스올에 대한 관념이 나타나며, 스올은 악인들이 머무는 죽음의 세계이다(민 16 : 30, 33 ; 신 32 : 22). 역사서에도 스올에 대한 관념이 등장한다. 야웨는 삶과 죽음을 주관할 뿐만 아니라 죽음의 세계인 스올에 내리게도 하고 거기로부터 올리기도 하신다

(삼상 2 : 6). 그러나 오경의 율법 전승은 죽음이나 죽음 이후의 세계에 대해 별로 관심을 두지 않는 듯하다. 스올은 비교적 욥기, 시편, 그리고 전도서에 꽤 많이 언급되고 있다. 앞서 살핀 대로 죽음과 죽음 너머의 세계에 대한 오경의 적은 관심으로 인해 어떤 구약학자들은 죽음 이후의 세계에 대한 이런 관심이 후대에 바벨론이나 그리스의 영향을 받아 이루어진 것으로 보기도 한다. 이스라엘 역사의 후대에 이르러 주변 세계와 문화와의 접촉으로 인해 죽음 너머의 세계에 대한 관심과 인식이 비로소 생겨나기 시작했다는 것이다. 바벨론 포로기 이후의 묵시문학에 와서야 비로소 죽음으로부터의 부활에 대한 소망을 가지게 되었다는 견해도 있다.

하여튼 그 역사적 추이와 빈도와 상관없이 스올에 대한 관심과 인식은 죽음과 죽음 이후의 세계에 대한 이스라엘의 소망을 이해할 수 있는 중요한 열쇠임은 분명하다. 이스라엘 사람들은 스올을 어떻게 이해할까?[23] 구약성서에서 스올은 한편으로는 유령들의 신화적인 처소로 인식되기도 하고, 다른 한편으로는 무덤의 물리적 실체 — 돌들, 벌레들, 구더기들 등등 — 로서 이중적으로 이해되기도 한다.[24] 구약성서에서 스올은 당연히 죽은 자들의 처소에 대한 형이상학적 사변과 별로 관련이 없다. 먼저 구약성서에서 스올은 종교적으로나 윤리적으로 매우 부정적인 처소로 묘사된다는 공통점을 주목할 수 있다. 즉, 스올은 악인들의 죽음의 처소로 묘사되고 있다. 오경에 속하는 민수기에는 스올이 악인들이 산 채로 묻힐 땅속의 죽음의 세계로 묘사되고 있다(민 16 : 30, 33). 스올은 생명의 행복을 누릴 수 없고 그리로 내려가는 자는 사라져 없어지는 구름처럼 다시 올라오지 못한다(욥 7 : 9). 스올은 악인들이 돌아가는 곳(시 9 : 17)이요 생명이 극단적인 재난을 당할 때 가까운 무덤과 같은 곳이기도 하다(시 88 : 3-4). 또한 잠언에서 스올은 생명의 길과 대척(對蹠)인 악하고 불의한 어리석은 자들이 가는 죽음의 길이다(잠 2 : 18 ; 5 : 5 ; 7 : 27 ; 9 : 18). 계속해서 스올은 우상 숭배하는 자들이 내려가는 곳이다(사 57 : 9). 스올은 어두운 곳이다(욥 17 : 13). 스올은 가끔 티끌(욥 17 : 16 ; 21 : 26 ; 시 7 : 5 ; 참조. 창 3 : 19)이나 매우 자주 침묵(시 31 : 17-18 ; 94 : 17 ; 115 : 17 ; 사 47 : 5)과도 관련된다.

한편, 구약성서의 스올 이해에서 두드러진 특징으로 하나님의 공의가 스올에도 미친다는 점을 들 수 있다. 물론 구약성서에서 스올은 하나님의 다스림이 미치지 않는 영역이라는 견해도 나타난다(시 30 : 9-10 ; 115 : 17 등). 하지만 구약 전승들에서 스올은 생명의 정의가 상실된 현실로도 이해되고 있다. 스올에서도 하나님의 진노를 피할 수 없다(신 32 : 22). 하나님의 사랑과 정의가 스올에도 미친다. 스올도 하나님께서 임재하시고 다스리신다(시 139 : 8). 하나님의 오묘하신 경륜은 스올보다 더 깊은 곳에도 미친다(참조. 욥 11 : 8). 아모스서는 스올을 높은 하늘과 대조적으로 사용하면서 하나님의 심판을 면할 수 없는 악인들의 세계로 묘사한다(암 9 : 2). 아모스는 하나님의 정의가 죽음 너머에까지 미친다고 본다.

그리고 이스라엘의 야웨 신앙에서 스올에 내려가는 죽은 자들은 하나님이 공의로 다스리시는 이 땅에서의 삶과 완전히 단절되는 것으로 여겨진다. 율법의 근본정신을 강조하는 예언서들에서도 스올에 대한 묘사들을 확인할 수 있다. 대표적 본문은 이사야 24~27장과 다니엘 12장이다. 여기에서도 스올은 더 이상 죽음을 통과한 이들의 영원한 거처로 간주되지 않고 있다. 오히려 스올은 메시야가 올 때 하나님이 공의로 다스릴 하나님 나라의 영광이 도래하면 영원히 멸망할 죽음이 지배하는 생명의 정의가 상실된 부정적인 현실로 생각될 뿐이다.

이러한 스올에 대한 이해를 종합적으로 고려해 볼 때 구약성서가 죽음과 죽음 너머의 생명의 미래에 대해 가르치는 교훈은 무엇일까? 구약성서에는 스올이 무의미한 죽음의 세계일 뿐이라는 이해와 함께 하나님의 긍휼과 정의가 미치는 세계라는 이해가 공존하고 있다. 그러나 오경과 오경 전승을 따르는 구약성서 전승들에서 후자가 더욱 두드러지게 나타나고 있는 것으로 보인다. 또한 스올이 그 자체로 끝에 불과한 무의미한 죽음의 세계일 뿐이라는 이해는 생명의 정의를 몹시 강조하는 구약성서 전승의 생명 이해를 부차적으로 수반한다. 이렇듯 구약성서는 생명의 정의 문제를 끝까지 파고든다. 하나님의 신실하신 긍휼과 정의는 악인들과 의인들의 죽음에 무관심하지 않다. 이와 관련해 죽음과 죽음 너머 생명의 미래에 대한 욥기나 전도서의 회의는 죽음의 형이상학에 대한 비판정신을 표현하고 있기는 하지만 생명의 정의가 살아 있다는 오경의 사상을 충분히 반영하고 있다고 보기 어려운 점이 있다. 이런 점에서 회의적이고 소극적인 욥기나 전도서의 일부 통찰을 죽음에 대한 구약성서 이해의 결론으로 삼을 수는 없다. 이스라엘 사람들이 죽음의 세계인 스올을 암울한 현실로 이해한다고 해서 죽음 이후의 세계에 대해서도 침울한 소망을 지녔을 것이라 단정하면 안 된다. 실제로 어떤 학자들이 주장하듯이 구약성경 안에는 죽음 이후의 삶에 대해서는 말할 것도 없고, 부활에 관한 소망이 비록 드물지만 분명히 등장하기 때문이다.[25]

7) 부활 – 정의가 회복된 생명

구약성서에서 부활에 대한 신앙 또는 소망을 담은 본문들은 주로 새 창조 서사에 속한다고 할 수 있다. 새 창조 서사는 역사적으로 포로기 이후 이스라엘 공동체의 멸망으로부터 회복과 갱신에 대한 소망을 그 내용으로 한다. 먼저 구약성서 전승들에서 부활의 희망에 대한 신앙을 암시하는 내용들이 등장하는 대표적인 본문들로는 호세아 6 : 1~2, 이사야 24~27장과 60 : 21, 에스겔 37 : 1~14, 그리고 다니엘 12 : 2~3 등을 들 수 있다. 구약성서 전승의 역사에서 부활에 대한 신앙의 실제 내용에 대한 학자들 사이의 의견에는 다양한 불일치가 있지만, 위 본문들 사이에 어떤 전승과 재해석의 역사가 있다는 것은 틀림없어 보인다. 부활 전승사의 입구에 호세아 6 : 1~2의 본문이 자리하는데 이것이 연대기적으로 가장 이른 시기에 속한다.

> 오라 우리가 여호와께로 돌아가자
> 여호와께서 우리를 찢으셨으나 도로 낫게 하실 것이요
> 우리를 치셨으나 싸매어 주실 것임이라
> 여호와께서 이틀 후에 우리를 살리시며
> 셋째 날에 우리를 일으키시리니 우리가 그의 앞에서 살리라(호 6 : 1-2)

호세아서의 이 본문은 새로운 몸을 입을 생명에 대한 가장 초기의 명시적인 진술로서[26] 생명의 정의보다는 치유의 관점에서 손상을 입은 민족의 부활에 대한 소망을 간절하게 피력하고 있다.

초기 호세아 전승은 이사야서의 부활 전승에 영향을 미친 것으로 평가된다. 이사야 24~27장은 이스라엘 민족의 생명의 정의가 파괴된 현실에서 심판과 회복을 선포하는 내용이다. 생명의 정의를 짓밟은 악한 자들에 대한 심판의 말씀이 선포되고 있다.

> 그들은 죽었은즉 다시 살지 못하겠고
> 사망하였은즉 일어나지 못할 것이니

이는 주께서 벌하여 그들을 멸하사
그들의 모든 기억을 없이하셨음이니이다(사 26 : 14)

이 땅에서 행해진 악행들을 심판하실 야웨 자신의 주권적인 공의에 대해 분명하게 선포한다. 그런 다음 죽은 의인들의 부활을 함의하는 구절이 뒤따른다.

주의 죽은 자들은 살아나고 그들의 시체들은 일어나리이다
티끌에 누운 자들아 너희는 깨어 노래하라
주의 이슬은 빛난 이슬이니
땅이 죽은 자들을 내놓으리로다(사 26 : 19)

"일어날 것이다", "깨어나다", "내놓다" 등의 구약적인 부활 표현들과 함께 육체의 부활 표상이 현저하게 나타난다. 묵시적인 우주적 심판 분위기를 풍기는 이사야의 부활에 대한 비전에서 죽은 자들의 새 창조에 대한 비전이 뚜렷하다.

이스라엘 민족의 생명의 갱신을 보여 주는 에스겔서의 부활 본문은 알레고리적 또는 은유적이다. 마른 뼈들에 하나님의 생명의 기운이 부어지면서 일어나는 생명 회복의 새 창조의 역사는 장엄하고도 신비하다. "내 백성들아 내가 너희 무덤을 열고 너희로 거기에서 나오게 하고 이스라엘 땅으로 들어가게 하리라"(겔 37 : 12). 이와 같이 에스겔서에는 하나님의 정의를 동반하는 생명 회복의 역사가 죽음의 현실에서 일어나리라는 종말론적 부활의 희망이 힘차게 울려 퍼지고 있다. 부당하게 생명을 잃은 죽은 자들의 '마른 뼈들'이 죽음의 골짜기 한가운데서 죽음의 '무덤'을 열고 생명의 영의 역사를

통해 살을 입고 다시 살아날 것이다. 하나님께서 생명의 정의가 상실된 죽음으로부터 정의가 회복된 생명을 새롭게 창조하실 것이다.

구약성서의 부활 전승은 다니엘서에 이르러 최후의 목표에 도달하는 것으로 평가된다. 다니엘 12 : 2~3은 구약성서의 부활에 대한 소망 전승에서 가장 늦게 형성되었지만 그 의미가 가장 뚜렷할 뿐만 아니라 구약성서 전승과 신약성서의 부활에 대한 신앙을 연결해 주는 다리 역할을 하고 있다.[27]

> 땅의 티끌 가운데에서 자는 자 중에서 많은 사람이 깨어나 영생을 받는 자도 있겠고 수치를 당하여서 영원히 부끄러움을 당할 자도 있을 것이며 지혜 있는 자는 궁창의 빛과 같이 빛날 것이요 많은 사람을 옳은 데로 돌아오게 한 자는 별과 같이 영원토록 빛나리라.

다니엘서의 이 본문이 몸의 부활을 가리키는 점에서는 거의 의심을 받지 않는 듯하다. 12장이 부활 사상의 전개 과정에 있어서 중요한 이유 가운데 하나는 처음으로 죽음 이후 의인과 악인 사이의 도덕적 구별을 말하고 있다는 점이다. 의인과 악인 사이의 도덕적 구별은 마지막 심판에서 축복과 형벌로 성취된다. 구약성서의 부활 전승들은 이후 제2 성전 시대 유대교에 이르러 부활이 한편으로는 이스라엘의 회복에 관한 것이고 다른 한편으로는 야웨의 모든 백성이 새로운 몸을 입게 될 생명에 관한 것으로 이해되기에 이른다.[28]

물론 구약성서가 죽은 자의 부활에 관한 내용을 담고 있다는 점은 분명하지만 그 내용이 구체적으로 무엇을 의미하는지에 대해서는 해석이 분분한 것이 사실이다. 그렇다고 부활에 대한 신앙이 구약성서 전승에서 전적으로 낯설다거나 아니면 전적으로 외부에서 유입된 것은 아님이 분명한 듯하다.

그렇다면 구약성서에서 나타나는 부활에 대한 소망은 어떤 성격을 지니고 있을까? 앞서 말한 대로 부활에 대한 신앙은 외부의 무덤 너머의 세계관이 이스라엘 사회에 유입되어 이스라엘 고유의 현세적 소망을 재해석한 결과로 볼 수 있다. 본래 구약성서에 나타나는 소망은 죽음 이후 한 인간의 운명이 아니라 이스라엘 공동체의 생명과 약속의 땅의 운명과 관련이 있다. 민족 공동체의 소망은 현세적인 것으로 세대를 이어 계승되는 전체 공동체의 생명의 번성이었다. 야웨 하나님이 약속하는 생명의 정의에 기초한 공동체의 평화와 번영의 축복에 대한 소망은 점차 민족의 범위를 넘어 온 생명 세계를 향해 확대되어 갔다.[29] 이것이 바로 고대 이스라엘 사회의 생명에 대한 근본적인 소망의 내용이라 할 수 있다.[30]

구약성서에서 부활 소망은 단순한 희망이거나 실존과는 거리가 먼 사변의 결과가 아니라, 인간의 문제들을 해결하는 데서 그 의미를 찾을 수 있다. 인간이 선을 위해 선을 행하여야 한다는 사실과 그가 진리와 이웃의 존엄성을 위해 어떤 보상이나 대가를 바라지 않고 헌신하도록 소명을 받았다는 사실은 죽음을 무력화시키고 자신의 토대를 세우는 데 중요한 근거가 되는 것이다. 만약 인간이 자신의 죽음을 수용하면서 신비한 실존에 대한 불가피한 요구로 평화와 희망을 경험한다면, 그들에게 있어서 근본적으로 중요한 것은 모든 시도들을 능가하는 순수한 희망일 수 있다는 것이다.[31] 이런 의미에서 부활은 "죽음 이후의 삶에 대한 재해석"이 아니라 "죽음 자체의 역전"이라 할 수 있다.[32] 부활은 창조된 생명 그 자체의 새 창조와 재긍정을 바탕에 깔고 있다.

마지막으로 구약성서의 부활에 대한 신앙은 오경 전승에 충실한 고대 이스라엘의 고유하고도 현세적인 소망이 현세뿐만 아니라 무덤 너머의 생명의 현실로 확대된 결과라고 볼 수 있을 것이다. 다시 말하면 이스라엘은 무덤 너머의 생명에 대한 외부 세계의 형이상학적 이해를 야웨의 사랑과 공의에 기초를 둔, 평화와 번영에 대한 약속과 소망으로 바꾼 것이라 해석할 수 있다. 이렇게 구약성서의 부활에 대한 소망은 생명의 정의에 대한 관심과 분리될 수 없다. 부활에 대한 소망은 신정론과 결합되어 생명의 정의는 죄와 죽음과 죽음 너머의 현실에까지 미친다는 인식을 낳았다. 부활에 대한 소망에는 생명의 정의가 죽음으로 끝나지 않는다는 인식이 바탕에 깔려 있다.

이렇게 볼 때 구약성서의 부활 전승은 생명의 정의 담론으로 이해할 수 있다. 이미 구약성서 안에 악한 죄인의 평안한 죽음과 의인의 고통스러운 죽음의 불의함에 대한 물음이 제기된다. 구약성서에서 이러한 생명의 정의에 대한 문제제기와 하나님의 공의에 대한 깊은 성찰은 죽음을 이해하는 방향으로 심화되고 있다.[33] 우리는 구약성서에서 불의하게 당한 고통과 죽음의 문제를 해명하기 위해 죽음의 한계를 파헤치고 하나님의 공의의 문제와 씨름했던 노력들을 확인할 수 있다. 부활 전승은 죽음 너머 피안의 세계에 대한 사변이라기보다는 현세적 생명 정의를 내세로 확장한 담론이라 해석할 수 있다. 달리 말해 부활 신앙을 담고 있는 새 창조의 서사는 생명 정의에 대한 희망의 담론이라고 그 성격을 규정할 수 있다.

3. 구약성서의 속죄 사상과 생명의 정의

1) 죽음의 부정의와 대속, 그리고 생명의 정의

위에서 살핀 대로 불의한 죽음에 대한 구약성서의 이해는 생명의 정의에 대한 이해의 다른 얼굴이라 할 수 있다. 죄악과 마귀의 역사와 불가 분리한 죽음의 부정적 현실은 생명의 정의가 손상되어 있다는 생각에 맞닿아 있다. 구약성서에서 자주 나타나는 하나님의 진노와 심판의 사상 또한 생명의 정의와 긍휼에 대한 신인동형론(神人同形論)의 표현이라 할 수 있다. 죽음의 부정성을 생명의 정의와 연결시키는 생각은 결국 속죄 사상으로 이끈다. 구약성서에서 죄와 죽음의 부정성을 지양하려는 노력은 여러 층의 속죄 사상을 통해 표현되고 있다. 죄의 열매로 죽음이 온다는 생각은 죄를 대신해서 물러야 한다는 생각을 낳는다. 고대 이스라엘 사회에서는 다른 사람을 대신해서 죽는 속죄의 희생에 대해 어떤 생각을 하고 있었을까? 구약성서에서 대속 사상은 율법서에서 동물희생 제도에 관한 규정들 가운데서 확인할 수 있다. 좀 더 상세하게 말하자면, 출애굽과 밀접한 관련을 지닌 유월절 어린양 이야기와 시나이산에서 수여받은 율법에 치밀하게 규정되어 있는 제사장 제도와 각종 희생 제사법을 통해 대속 사상을 파악할 수 있다. 나아가 구약성서에는 사람이 다른 사람을 대신해서 속죄하는 사상이 나타날까? 사람의 대속 사상은 그 유명한, 이른바 이사야 53장의 '고난의 종'에 대한 예언에서 나타난다. 이제 동물희생을 통한 대속과 사람의 대속 사상을 차례로 살펴보자.

2) 동물희생을 통한 대속과 생명의 정의

구약성서에서 동물희생을 통한 속죄 사상은 출애굽의 전야에 있었던 유월절 어린 양의 희생에서 그 기원을 찾을 수 있다. 유월절은 이스라엘 신앙공동체의 기원이 되는 출애굽 사건을 기억하고 기념하는 매우 중요한 절기다. 유월절에 관한 이야기와 규례가 출애굽기 11~13장에 나온다. 이스라엘은 이 절기를 출애굽 직전에 처음으로 지켰다. 그리고 출애굽 이후에는 유월절을 달과 해의 첫 시간으로 삼았을 뿐만 아니라 영원한 규례를 삼아 대대로 기념했다(출 12 : 2, 14, 17). 이스라엘 신앙공동체가 이 절기를 그렇게도 중요하게 여긴 이유는 오랜 이집트의 압제와 굴레에서 이스라엘을 건져 주신 은혜를 잊지 않고 감사하기 위함이었다. 말하자면 유월절은 이스라엘의 해방뿐만 아니라 장차 하나님의 다스림을 받는 백성으로서 이루게 될 언약공동체를 가능하게 하는 기원을 여는 사건이기 때문이었다.

그러면 유월절에 담긴 대속 사상의 면모는 무엇인가? 유월절의 배경은 이스라엘 백성들에 대한 이집트와 바로의 악행을 두고 내리신 하나님의 마지막 경고와 심판이다. 야웨 하나님께서는 바로의 장자를 포함해서 이집트의 모든 처음 난 것들을 죽일 것이라 경고하신다. 이집트의 사람뿐만 아니라 동물들을 포함해서 모든 처음 태어난 생명체가 죽을 것이라고 하신다. 그리고 이스라엘의 맨 처음 태어난 생명체들을 위해서는 그것을 피하고 생명을 구할 길을 알려 주셨다. 이스라엘 백성들은 그 달 10일에 이스라엘 모든 집이 일 년 된 흠 없는 어린 양 한 마리를 택해서 14일까지 간직하였다가 죽이고, 그 피를 취해서 그 피에 우슬초를 담갔다가 그 피를 현관의 좌우 설주와 인방에 뿌리라는 명령을 받는다. 이렇게 죽은 어린 양의 피로 인해 이스라엘의 초태생들은 파멸로부터 생명을 구할 수 있었다. 그래서 이스라엘 백성들은 유월절에 야웨 하나님이 베푸신 구원의 은총을 대대로 후손들에게 가르치도록 명령을 받는다. "이것은 주께 드리는 유월절 제사다. 주께서 이집트 사람을 치실 때에, 이집트에 있던 이스라엘 자손의 집만은 그냥 지나가셔서, 우리의 집들을 구하여 주셨다"(출 12 : 27). 이렇게 유월절에 드려진 유월절 어린 양은 이스라엘의 초태생들을 위한 대리 희생이다.

구약성서에서 출애굽 이후 동물희생을 통한 속죄의 법은 율법서에서 상세하고도 치밀하게 규정되어 있다. 율법서 가운데 제사법을 주로 기록하고 있는 레위기에는 희생제사에 관한 율법이 상세하게 규정되어 있다. 먼저 제사장 제도에 주목할 필요가 있다. 율법에는 이스라엘 공동체의 죄를 속하기 위해 전문적인 사람들이 구별되어 있다. 제사장들이 바로 그들이다. 제사장의 가문은 이스라엘 백성들의 죄를 담당하고 그들을 위하여 하나님 앞에서 그 죄를 대속하는 역할을 수행했다(레 10 : 17). 그리고 이스라엘 회중들의 속죄를 위한 특별한 날, 곧 속죄일을 구별하여 제도화하고 있다. 속죄일에는 이스라엘 공동체 가운데 공적인 선포가 이루어졌다. 그날에 대제사장은 백성 전체를 대신해 자신을 위한 속죄제를 드리기 위해 수송아지를 죽였다. 이스라엘 백성들은 염소를 속죄를 위한 희생 제물로 바쳤다(참조. 레 16장).

동물희생을 통한 대속 사상은 여러 제사 제도들을 통해서도 확인된다. 희생제사는 다양한 목적으로 드려졌다. 죄를 속하기 위해, 언약의 인봉을 위해, 감사를 위해, 출애굽의 역사적 구원을 기억하기 위해, 하나님과의 교제를 위해, 또는 하나님의 선하심에 대한 응답에서 단순히 선물로 드려지기도 했다. 먼저 희생제사는 기본적으로 죄를 대속하는 제도다. 죄를 무르는 방식으로 다양한 제사법을 규정했다. 여러 제사 가운데 속죄제와 속건제는 속죄의 의미를 담고 있다. 율법에서는 인간의 죄를 위해 동물들이 대신 희생제물이 되었다. 특별히 피가 곧 생명을 의미(참조. 창 9 : 4 ; 신 12 : 23)하고 생명을 속하는 것이기 때문에 동물의 피가 사람의 피 대신 희생 제물로 바쳐졌다. 레위기는 말한다.

생물의 생명이 바로 그 피 속에 있기 때문이다. 피는 너희 자신의 죄를 속하는 제물로 삼아 제단에 바치라고, 너희에게 준 것이다. 피가 바로 생명을 지니고 있기 때문에, 죄를 속하는 것이다(레 17 : 11).

이렇게 희생제사에서 이스라엘의 대속 사상을 확인할 수 있다.

그러면 동물희생을 통한 대속 사상의 본질적인 의미는 무엇일까? 그것은 생명의 정의와 관련이 있다. 대속 사상의 바탕에는 생명에 가해진 정의롭지 못한 폭력이 공동체에 가해질 부정적 결과에 대한 생각이 깔려 있다. 예컨대 신명기에는 해결되지 않은 사건을 위해 희생 제사를 드리라는 규정이 나온다. 살인자가 누구인지를 밝히지 못한 살인 사건을 위해 밝혀지지 않은 살인자 대신 어린 암소를 희생함으로 제사를 드리라는 규정이다(신 21 : 1-9). 이스라엘 사회 공동체의 정의와 평화를 위한 속죄의 제사는 이스라엘 역사를 통해 지속적으로 시행되었다. 예컨대 히스기야 왕은 "온 이스라엘의 속죄를 위하여" 속죄제를 드린다(대하 29 : 20-24).

그러나 이스라엘 역사를 통해 속죄의 제사는 점차 생명을 위한 정의와 평화라는 근본정신이 망각되고 형식화되면서, 인류학자들이 주장하는 바와 같이, 신을 달래기 위한 방편으로 오용되었다. 희생 제사의 근본정신은 참회의 마음이요 정의를 행하는 데 있었으나 그러한 정신은 희석되었다. 흔히 다윗의 참회 시편으로 알려진 시편에서 참회의 정신을 확인할 수 있다. "하나님께서 원하시는 제물은 깨어진 마음입니다"(시 51 : 17 ; 참조. 27 : 6 ; 107 : 22). 정의의 선지자 아모스는 공의와 정의가 빠진 희생 제사를 통렬하게 비판하고 있다.

너희가 나에게 번제물이나 곡식제물을 바친다 해도, 내가 그 제물을 받지 않겠다. 너희가 화목제로 바치는 살진 짐승도 거들떠보지 않겠다 …… 너희는, 다만 공의가 물처럼 흐르게 하고, 정의가 마르지 않는 강처럼 흐르게 하여라

(암 5 : 22, 24, 표준새번역)

선지자 미가 역시 정의와 긍휼을 베푸는 것이 희생 제사의 본질임을 가르치고 있다. 우리는 예언자 미가가 정의와 긍휼이 빠진 형식적인 대속의 제사를 질타할 때 이스라엘에서 대속의 제사가 두루 시행되었음을 알 수 있다(미 6 : 6-8). "여호와께서 천천의 수양이나 만만의 강물 같은 기름을 기뻐하실까 내 허물을 위하여 내 맏아들을, 내 영혼의 죄로 말미암아 내 몸의 열매를 드릴까"(미 6 : 7). 선지자 미가는 속죄 제사법의 근본정신이 하나님의 긍휼과 정의에 있음을 가르친다.

마지막으로 동물희생 제도가 지닌 심각한 문제를 지적할 수 있다. 어린 양을 희생해서 사람의 생명을 구한다는 생각을 과연 생명의 법으로 볼 수 있을까? 그것은 분명히 무죄한 동물을 학대하는 내용을 담고 있지 않은가? 왜 무죄한 동물들이, 그것도 어린 양이 사람들의 생명의 해방과 구원을 위해 바쳐져야 하는 것인지에 대한 비판이 제기될 수 있다. 현대에 이르러 무죄한 동물 희생에 대한 많은 비판이 쏟아졌다.

3) 이사야 53장 '고난의 종'의 노래에 담긴 대속 사상

우리는 위에서 구약성서의 이스라엘 신앙공동체에서 시행된 사람을 대신한 가축 희생의 법을 살펴보았다. 사회 안에 화목과 정의의 질서를 지키기 위해 동물희생을 통한 속죄제를 시행한 것을 알 수 있다. 그렇다면 사람이 지은 죄에 대한 형벌을 어떤 다른 사람이 대신 질 수 있는가? 구약성서에서 생명을 위한 속량과 속전에 대한 사상이 분명히 나타나지만 그것을 사람이

대신할 수는 없는 것으로 이해된다. 그러한 속량과 속전이 너무나도 엄청나서 인간이 마련하거나 갚을 수 없다는 사상이 시편과 같은 데서도 단편적으로 나타난다. 시인은 이렇게 고백하고 있다.

> 아무리 갑부라 하여도 사람은 자기의 생명을 속량하지 못하는 법, 하나님께 속전을 지불하고 생명을 속량할 사람은 아무도 없다. 생명을 속량하는 것은 너무나 엄청난 것이어서, 아무리 벌어도 마련할 수 없는 것, 무덤에도 들어가지 않고 영원히 살지 않고서야 어찌 속전을 마련할 수 있으랴?(시 49 : 7-9, 표준새번역)

사람이라면 그 누구도 자신의 속량을 위해 스스로 속전을 마련할 수 없다는 생각은 어떻게 대속 사상으로 이어질까?

예수의 십자가의 죽음을 신학적으로 깊이 연구한 헹엘은 이 물음에 대한 대답을 준다. 그에 따르면 다른 사람들의 죄를 속량하기 위해 어떤 사람이 대리의 죽음을 당한다는 생각은 구약성서에서 주변적이고 낯설다고 한다.[34] 오직 사람은 자신의 죄로 인해 죽을 수 있다는 주장들은 구약성서 여러 군데서 나온다(참조. 신 24 : 16 ; 왕하 14 : 6 ; 대하 25 : 4). "누구든지 내게 범죄하면 내가 내 책에서 그를 지워 버리리라"(출 32 : 30-33). 모세에게서 이스라엘 백성들을 대신하는 속죄의 희생에 대한 생각이 어렴풋이 나타난다. 그렇지만 이런 생각은 구약성서에서 매우 이례적인 것으로 간주된다. 율법을 하나님처럼 소중하게 여겼던 고대 이스라엘에서 이스라엘 공동체, 율법 또는 성소를 위해 죽는 예는 찾을 수 없다. 구약성서에는 에녹과 엘리야가 산 채로 하늘로 올라갔다는 기록은 있어도 순교자에 대한 찬양이나 영웅화는 나타나지 않는다.

그러나 후대의 예언서들을 보면 죄악의 행위에 대한 형벌을 다른 누군가가 대신 짊어질 가능성에 대한 생각이 어렴풋이 드러난다. 이스라엘의 자녀들이 그 조상들이 지은 죄를 짊어지고 광야에서 유리할 것이라고 말한다(민 14 : 33). 예레미야애가에도 자발적이지 않은 대속의 관념이 나타난다. "우리 조상들은 범죄하고 없어졌으며 우리는 그들의 죄악을 담당하였나이다"(애 5 : 7). 하나님은 선지자 에스겔에게 누우라는 상징적인 행위를 통해 "이스라엘 족속의 죄악을 담당하라"고 말씀하신다(겔 4 : 4-5). 또한 후대에 이르러 헬레니즘의 영향을 받아 순교자의 부활에 대한 희망이 등장한다(참조. 단 11 : 33 이하, 12 : 2 이하). 백성을 위한, 율법을 위한 영웅적 죽음의 예가 헬레니즘 시대, 특히 마카비 반란 시기 이후에 발견된다. 일곱 명의 유대 순교자들이 희생의 죽음을 당했다(마카비 4서 17 : 22). 한 가지 흥미로운 점은 그리스 사람들과 로마 사람들에게는 전장에서 죽은 영광스럽고 명예로운 죽음이 이스라엘 사회에서는 하나님의 심판과 신비로 인식되었다는 것이다.

실제로 왕정 시대가 기울어져 가면서 이스라엘 사회에는 많은 예언자들이 등장하게 된다. 많은 예언자들이 왕정의 부패와 폭정을 율법의 정신에 따라 비판하다가 죽임을 당하는 일이 자주 일어나게 된다. 그러나 구약성서에서 사악한 권력자들의 손에 당하는 경건한 신앙인들의 죽음과 고난은 독자적 화제가 되지 못하고 주변적 주제라는 헹엘의 주장을 고려해 볼 때, 과연 이사야서에 나오는 고난의 종의 이야기가 구약성서 전체에서 대속 사상의 비중을 높이는 것으로 해석하는 것이 가능할까? 과연 헹엘이 주장한 대로 이스라엘에는 사람의 대속 사상이 기껏해야 주변적인 것에 불과했던 것일까? 이제 구약성서에서 사람이 사람을 대신해서 고난을 겪거나 속죄한다는 깊은 사상을 담고 있는 고난의 종 이야기를 들여다 보자.

야노프스키에 따르면 시편 72편과 이사야 52：13~53：12의 성경 본문은 독자적인 의미의 대속 사상을 담고 있다.[35] 특별히 후자는 하나님의 종의 대속을 말한다. 이사야 53장의 고난의 종 이야기는 대리 고난 사상이 발원하는 역사적인 원천이다.[36] 이 본문과 긴밀히 결속되어 있는 42：1~4, 44：21 이하, 그리고 49：5 이하의 본문들이 담고 있는 대속은 이중의 의미가 있다고 한다. 먼저 야웨의 종은 민족들과 이스라엘 앞에서 야웨의 정의를 대리하고, 다음 그것을 통해 야웨의 종 이스라엘을 야웨에게로 되돌린다. 고난의 종 이야기에서 대속 이해의 중심은 많은 사람들을 위한 죄과의 말소의 의도를 지닌 야웨와 고난의 종 사이의 긴밀한 의지의 결속이라는 사상에 있다.[37] 야웨의 고난의 종이 기꺼이 겪는 고통은 그 자신의 행위의 결과가 아니라 본문에서 "우리"(이스라엘 백성들)가 표상하는 어떤 사람들의 낯선 행위의 결과를 대신하는 것이다.[38] 여기서 야웨의 종의 대리 고난이 이스라엘 백성들의 구원을 위해 중요하다는 사상은 구약성서의 대속 사상으로 주목할 만한 것이라 할 수 있다.

4. 평가

위에서 살펴본 대로 구약성서에서 죽음의 부정성은 죄악과 악마의 유혹과 연관되어 매우 두드러지게 강조되고 있다. 창세기의 첫 사람들의 범죄와 타락 서사에서 이미 죽음의 어두운 측면이 한껏 부각되고 있음을 확인할 수 있다. 죽음은 죄의 결과로서 마귀의 역사가 빚어내는 불의하고 부정적인 현실로 서술되고 있는 것이다. 그리고 그와 같이 죽음의 부정성에 대한 예민한 인식은 당연히 부활과 속죄 사상과 결합되고 있음을 알 수 있다. 그렇다면 구약성서가 담아 전해 주는 죽음의 부정성과 부활과 속죄에 대한 사상은 생명의 정의와 관련해서 어떤 통찰을 주는가? 구약성서가 서술하는 죽음의 부정성과 부활과 대속 사상의 바탕에는 생명의 정의를 민감하게 여기는 생각이 깔려 있다고 할 수 있다. 그것은 삶 속에서 하나님의 정의가 파괴된 죽음에 대해 예민하게 물음을 제기한다. 생명에 대한 정의는 이 세상에서의 삶에서뿐만 아니라, 나중의 부활 신앙이 말해 주듯이, 죽음 이후에도 생명을 향한 하나님의 정의가 실현될 것을 희망한다. 나중에 예언서들에서 듣게 되는 바와 같이 죽음의 부정성에 대한 예민한 인식과 형식적인 동물희생의 대속에 대한 비판적 인식은 사후세계에 대한 어떤 정교한 교리와 신학을 제공하기보다는 이 세상에서의 정의로운 삶과 회개하는 믿음의 삶이 더욱 중요하다는 점을 강조한다고 볼 수 있다. 구약성서는 이 세상에서의 정의로운 삶이 최선의 '죽음의 기예'(ars moriendi)임을 가르친다고 할 수 있다. 이렇게 구약성서에 나타나는 죽음의 부정성과 부활과 대리 속죄에 대한 이해는 신약성서에 나타나는 예수 그리스도의 죽음에 담긴 죽음의 부정성과 대속 이해와 부활 신앙의 배경이 된다고 할 수 있을 것이다.

The dialectic of life and death

2장 신약성서에서 그리스도의 죽음 이해와 생명의 정의(正義)

1. 생명의 정의

　신약성서는 구약성서의 맥을 계승하면서 죽음의 부정성과 대속에 대한 이해를 신학적으로 더욱 깊고 넓게 전개하고 있다. 특별히 바울신학에서 죽음은 죄악이 야기하는 부정적인 현실로 설명되고 묘사되는 가운데 구약성서의 죽음의 부정성과 대속에 대한 이해가 더욱 심화되고 있음을 확인할 수 있다. 무엇보다 신약성서의 한가운데 예수 그리스도의 죽음이 자리하고 있다. 실로 예수 그리스도의 죽음에서 죽음의 부정성과 대속에 대한 이해가 깊이 있게 전개되고 있다. 바로 여기에서 구약성서에서 발원하는 죽음의 부정성과 대속이 가장 심오한 방식으로 합류한다. 예수 그리스도의 죽음은 신약성서뿐 아니라 기독교의 생명과 죽음 해석의 핵이라 할 수 있다.
　예수 그리스도의 죽음이 그의 구속 사역 중심에 자리하고 있다. 예수의 죽

음은 어둡고 두렵고 고통스러운 인간의 죽음이 바뀌어 생명의 온전한 실현으로 나아가는 교차로가 되는 결정적 사건이다. 그리스도의 죽음은 죄인인 '인간을 위한 죽음'일 뿐만 아니라 죄인의 죽음을 스스로 취한 '인간의 죽음'이기도 하다. 예수 그리스도의 십자가의 죽음을 통해 악마와 죄악의 역사로서의 죽음의 어두운 심연이 수면으로 밝히 드러났다. 이런 의미에서 예수 그리스도는 '인간의 죽음'에 참여하여 일치와 연대를 보여 줌으로써 '인간을 위한 죽음'을 죽었다.

신약성서가 제시하는 죽음의 부정성과 대속에 대한 이해는 생명 갱신과 살림을 위해 어떤 통찰을 제공해 주는 것일까? 신약성서는 예수 그리스도의 대속의 죽음을 통해 죽음의 부정성이 지양되고 생명 갱신과 살림의 역사가 일어남을 힘차게 선포한다. 예수 그리스도의 십자가와 부활을 통해 삶과 죽음의 변증법이 한층 더 힘을 받고 있다고 할 수 있을 것이다. 이제부터 신약성서에서 나타나는 죽음 이해와 예수 그리스도의 죽음에 대한 이해를 차례로 살펴볼 것이다.

2. 신약성서에서의 죽음의 부정성과 생명의 정의

1) 십자가의 죽음에 드리운 죽음의 부정성

예수의 탄생, 공생애, 그리고 십자가의 죽음과 부활을 전해 주는 복음서는 모두 네 권으로 이루어져 있다. 각각의 복음서는 예수의 죽음을 생생하고 고유하게 기록하고 있다. 또 적잖은 부피로 매우 비중 있게 다루고 있다. 그런데 네 복음서는 동일한 예수 죽음을 각각 강조점을 달리하여 기록하면서 다양한 의미를 전달해 준다. 예수의 죽음에 대한 보고와 관련해서 마태복음과 마가복음은 거의 비슷한 특징을 보이기에 마태와 마가의 서술, 누가의 서술, 그리고 요한의 서술 세 가지로 나누기도 한다.[1] 마태복음과 마가복음에서는 "나의 하나님 나의 하나님 어찌하여 나를 버리셨습니까?"(마 27 : 46 ; 막 15 : 34)라는 예수의 십자가 위에서의 처절한 외침이 극적으로 보여 주듯이 예수의 죽음이 담고 있는 예언자적이고 비극적이며,[2] 폭력적인 성격을 도드라지게 부각시킨다. 누가복음은 "저 사람들을 용서하여 주십시오. 저 사람들은 자기네가 무슨 일을 하는지를 알지 못합니다."(눅 23 : 34, 표준새번역)라는 기도가 잘 보여 주듯이 예수의 죽음이 지닌 속죄와 화해와 치유의 의미를 강조해 준다. 그리고 요한복음은 "다 이루었다"(요 19 : 30)는 장엄한 신뢰와 결단의 말로 예수의 죽음이 지닌 역설적 권세와 삶의 완성의 의미를 부각시켜 준다.

그러나 네 복음서가 서술하는 예수의 죽음에서 공통적인 점은 십자가의 폭력적인 죽음에 드리운 부정성이다. 고대 세계에서 십자가 처형은 가장 잔인하고 수치스런 처형 방법 가운데 하나였다.[3] 예수의 죽음이 지닌 부정적인 성격에도 불구하고 그 영향이 매우 강력했다는 사실은 놀라운 것이다. 예수의 죽음을 깊이 연구한 헹엘의 주장이 인상적이다. 사실상 인류의 역사를 통틀어서 그 어떤 인간의 죽음도 "갈릴리의 목수요 순회 설교자로서 기원후 30년에 모반자요 메시야를 참칭한 자로 예루살렘 어귀에서 십자가에 못 박혀 죽은 이 사람 예수보다 더 강력한 영향을 미친 적은 없었다".[4] 실제로 당시의 많은 유대 사람들뿐만 아니라 심지어 예수를 따르던 제자들도 처음에는 예수께서 당한 십자가의 죽음을 매우 비극적인 사건으로 생각한 것이 틀림없다. 그들은 모두 실로 엄청난 충격을 받았다. 그 충격으로 예수의 공생애 기간 동안 그를 따르던 거의 모든 제자들이 뿔뿔이 흩어지게 된다. 복음서에는 예수께서 십자가에 죽은 후에 뿔뿔이 흩어지는 제자들의 이야기가 여러 군데 반복해서 기록되어 있다. 실제로 그랬다. 처음에 제자들은 자신들의 선생이 죽임을 당한 예루살렘을 떠나고자 했다.

네 복음서가 서술하는 예수의 십자가 죽음의 부정적인 성격은 예수께서 죽음을 당하신 이유와 과정 속에 잘 들어 있다. 종교적 이유와 더불어 정치 사회적 이유가 있었다. 먼저, 종교적 이유로 당시 산헤드린으로 대표 되는 유대 종교 지도자들의 음모가 있었다. 초대 교회와 유대교 회당(synagogue)은 매우 불편하고도 갈등적 관계에 있었다. 마태복음은 예수의 죽음의 '모든 탓'을 '유대 종교 지도자 전체'에게 돌리고 있다(참조. 마 27 : 1). 산헤드린뿐만 아니라 회당을 이끄는 많은 수의 지도자들은 예수를 죽이는 것이 유대 사회의 안정뿐만 아니라 더 나아가 하나님을 위해 봉사하는 길이라고 생각했을 것은 분명해 보인다(참조. 요 16 : 2). 그래서 그들은 예수를 신성모독자로, 거짓 예언자로 몰아세워 모욕했다(막 14 : 64). 신명기 13 : 1~5에는 거짓 예언자를 사형에 처하라는 율법 규정이 제시되어 있다. 아울러 그릇된 정치적·종교적 메시야를 대망했던 유대 대중들 또한 부패한 종교 지도자들의 사주를 받아 예수의 죽음을 간접적으로 거들었다.

다른 한편 정치적 이유로 로마 총독 빌라도가 대변하는 로마제국의 정의롭지 못한 재판을 들 수 있다. 요한복음 18 : 3, 12을 보면 예수를 체포한 무리에는 대제사장의 사주를 받은 유대 무리들뿐만 아니라 로마 백부장과 병사들도 포함되어 있었다. 따라서 총독인 빌라도 역시 예수의 체포를 명했을 것이라는 추측을 할 수 있다. 이렇게 정치사회적 이유와 종교적 이유가 함께 결합되어 예수께서 죽음을 당했다고 볼 수 있다. 당시의 정치사회적 모순과 종교적 모순이 함께 작용해서 예수를 죽음으로 몰아갔다고 볼 수 있다.

2) 죽음 - 죄에 대한 심판의 현실

신약성서에서 죽음에 대한 신학적 의미를 가장 두드러지게 밝혀 준 인물은 바로 바울이라 할 수 있다. 바울은 자연적 종말을 의미하는 육체의 죽음뿐만 아니라 죄로 인해 야기되는 죽음의 현실을 신학적으로 깊이 밝혀 준다. 죄를 지음으로 인해 야기된 죽음은 하나님께서 선물로 주신 생명을 파괴함으로 그 생명에 적대적이라는 점에서 더욱 근본적 죽음으로 이해된다. 신약성서에서 죽음이 매우 부정적인 현실로 이해되는 이유가 바로 여기에 있다. 바울은 죄로 인한 죽음 역시 보편적이라고 한다. 그것은 모든 만물에 부정적 영향을 미친다. 아울러 그것은 매우 폭력적 성격을 지닌다.

바울은 인간에 대해 교리적으로 그리고 신학적으로 설명하면서 죄의 본성을 깊이 숙고하였다. 자연 또는 본성에 죄가 깊이 스며들어 있다. 바울은 죄와 죽음의 부정적 동맹을 매우 강조한다. 아담의 범죄와 타락 이후 아담의 후손은 모두 죄인으로 태어난다. 모든 사람은 다 죄 아래 있고 의인은 하나도 없다(롬 3 : 10). 죄가 죽음을 낳는다(롬 5 : 12). 죽음은 "죄의 삯"(롬 6 : 23)이다. 죽음 안에서 왕 노릇하는 것은 바로 죄다(롬 5 : 21). "죄의 몸"은 "사망의 몸"(롬 7 : 24)과 같다. 죄는 죽음의 "쏘는 것"(고전 15 : 55)이요 죽음의 해로운 도구(고전 15 : 56)이다. 죽음은 "맨 마지막에 멸망 받을 원수"(고전 15 : 26)

라고 한다.

　바울에게서 이렇게 죄와 죽음은 친밀한 '동맹자들'이며 인격화된 세력 혹은 실체들로 나타난다.[5] 먼저 죽음이 죄과요 심판이라는 교리는 기독교에 아주 고유한 것으로서 창세기 모두(冒頭)에 나오는 아담 이야기에서 비롯된다. 그리고 그 중심에는 아담의 불신앙과 불순종, 곧 하나님의 명령과 율법에 대한 불신앙과 불순종이 자리하고 있다. 바울은 창세기의 죄와 타락서나 설화를 교리적으로, 신학적으로 정교화한다. 바울은 유대교의 죄 개념을 철저화했다.[6] 바울은 죄와 죽음의 성격과 영향을 매우 비관적이고 현실적으로 묘사한다. 바울의 이런 해명은 그가 쓴 것으로 알려진 서신 도처에 등장한다. 우리는 그 가운데 가장 명료한 형식을 로마서에서 찾을 수 있다. 바울은 로마서에서 죄와 죽음의 역사를 결정적 두 사건, 즉 아담의 불순종과 범죄와 그리스도의 순종과 십자가의 대속으로 환원해서 설명한다. 바울은 첫 사람 아담으로 말미암아 죄가 세상에 들어왔고 그 죄로 말미암아 죽음도 세상에 들어왔다고 주장한다(롬 5 : 12 ; 참조. 고전 15 : 21). 실제로는 모든 사람이 죄를 지었기 때문에 모두 죽는다고 한다. 아담의 범죄에 대한 심판이 뒤따른다(롬 5 : 16). 바울은 죄로 인해 죽음이 세상에 들어왔고 심판이 내려졌다는 것을 율법의 관점으로 설명한다. 이스라엘이 시내산에서 율법을 받기 전에도 죄는 이미 세상에서 지배적인 힘을 발휘하고 있었다. 그러나 율법이 주어진 이후에 비로소 죄의 존재가 인식되기에 이르렀다는 것이다(롬 5 : 13 ; 참조. 창 4-6장 인간 죄악의 원역사). 더 나아가 바울은 그리스도의 복음의 빛 아래에서 아담과 그 후손들에게 닥친 죄와 죽음의 역사를 재해석한다.

　바울은 죽음을 아담의 죄 때까지는 알지 못했던 하나님의 피조질서에 침입한 낯선 적대적 현실 혹은 실재로 이해한다. 죽음을 죽은 자들의 마지막 부활까지 온 우주를 통치하는 "마지막 원수"(고전 15 : 26)로서 규정한다. 죽음을 철저히 부정적 실재로 이해하는 것이 바울의 죽음 이해의 메이저 키라 할 수 있다. 죽음의 부정적 현실은 모든 보편적 현실이다. 아담의 범죄를 통해 죽음이 모든 사람에게 이르렀다(롬 5 : 12). 온 인류(생명)에게 죽음의 재앙이 영향을 미쳤다. 죽음의 권세가 온 우주에 미치게 되었다. 죄와 죽음이 온 생명을 종노릇하게 만든다(참조. 롬 8 : 21). 죄는 인간학적 실재인 데 반해 죽음은 우주론적 실재이다. 인간의 죄로 인해 우주가 죄의 멍에 아래 있게 되었다(참조. 롬 8 : 20 ; 5 : 12-21 ; 8 : 18-27).

3) 죽음 – 악마의 지배 현실

신약성서에서 죄의 삯으로서의 죽음 이해와 더불어 강조되는 또 다른 이해는 죽음이 악마에 의해 지배되는 부정적인 현실이라는 것이다. 앞서 살펴보았듯이, 구약성서에서 악마는 첫 사람들을 유혹해서 하나님을 신뢰하지 못하게 하고 하나님의 명령에 불순종하게 해서 죄를 짓고 죽음의 저주 상태로 떨어지게 한 악한 세력으로 표상되고 있다. 신약성서에서도 악마는 인간을 사로잡고 있을 뿐만 아니라 온 세상을 지배하는 악한 죽음의 세력으로 표상되고 있다. 악마는 그야말로 "죽음의 세력을 잡은 자"(히 2 : 14)이다. 악마는 사람들이 이 세상에서 한평생 죽음의 공포에 휩싸여 살도록 심판에 대한 두려움에 떨게 만들기도 한다. 요한계시록에서는 마귀가 "온 세계를 미혹하는 자"로 "큰 용"으로 "옛 뱀"으로 표상되고 있다. 그리고 마침내 마귀가 결박을 당하고 결국 패배를 당하는 것으로 표상되고 있다(계 12 : 7 이하 참조).

공관복음서에서는 하나님 나라 사역을 펼쳐 가는 예수의 탄생, 공생애,

그리고 십자가의 죽음에 이르기까지 대적한 악한 세력이 바로 악마라고 할 수 있다. 공생애에 앞서 광야에서 예수를 유혹한 자가 바로 이 악마이다(막 1 : 12-13 ; 마 4 : 1-11 ; 눅 4 : 1-13). 공관복음서의 많은 곳에서 악마는 예수의 하나님 나라 사역을 훼방하고 대적하는 악한 죽음의 세력으로 표상되고 있다. 예수께서 하나님 나라의 사역의 일환으로 행한 수많은 치유 이적들 속에서 악마는 죽음의 부정적 권세, 곧 귀신 들림과 가난과 각종 질병을 통해 역사하는 대적으로 표상되고 있다. 공관복음서는 각종 귀신에 들려 있는 사람들과 질병에 걸린 사람들을 악마가 사로잡고 있는 것으로 표상하고 있다. 공관복음서에서 이런 표상들은 매우 많이 나타난다. 예컨대 '바알세불'이라 불리는 귀신에 관해 율법학자들과 벌인 예수의 논쟁(막 3 : 22-26), "악한 귀신의 영에 사로잡힌 사람"의 치유(막 1 : 21-28 ; 눅 4 : 31-37), "열여덟 해 동안이나 몹쓸 병마에 고통을 당한 여인의 치유(눅 13 : 10-17), 그리고 그 외에도 많은 질병에 걸린 사람들과 사악한 귀신 들린 사람들의 치유(막 1 : 29-34 ; 마 8 : 14-17 ; 눅 4 : 38-41) 등 헤아리기 어려울 정도로 많은 치유 이적들 가운데 마귀의 역사가 증언되고 있다.

그리고 마귀의 역사가 가장 극명하게 드러난 경우는 예수의 공생애 사역의 마지막 국면을 장식하는 사건들 속에서이다. 요한복음에 따르면 가룟 유다의 마음에 예수를 팔려는 생각을 넣은 자도 바로 마귀로도 불리는 이 악마이다(요 13 : 2). 마귀가 문맥에서 유혹의 주체로 명시적으로 등장하고 있지는 않지만 예수께서 겟세마네 동산에서 기도할 때 마귀가 역사했음을 짐작할 수 있다(막 14 : 32-42 ; 마 26 : 36-46 ; 눅 22 : 40-46). 실로 예수의 수난과 십자가의 죽음 속에서 악마가 가장 결정적으로 역사했다고 할 수 있다. 특별히 요한문서들에 악마의 권세에 대한 표상들이 많이 등장한다. 죄로 타락한 온 세상이 악마와 죽음의 세력의 지배를 받고 있다는 표상이 자주 등장하고 있음을 볼 수 있다.

공관복음서나 요한문서들과 비교해서 바울서신에서는 악마를 의인적으로, 인격적 실체로 표상하지 않는 듯하다. 또한 악마에 대한 투쟁과 승리와 그로부터의 해방이라는 표상이 직접적으로 두드러지게 나타나는 것 같지도 않다. 그러나 조심스럽게 이른바 "정사와 권세"의 이면에서 역사하는 실체를 바로 악마로 해석해 볼 수 있다고 생각한다. 바울의 유형론적 해석에 따르면 첫째 아담을 유혹해서 죄를 짓게 하고 하나님에게 불순종하게 하여 그로 하여금 죽음 안에서 죄의 노예가 되게 한 자가 바로 악마이듯이, 둘째 아담인 예수를 유혹해서 하나님에게 불순종하게 하여 인간들로 하여금 생명 안에서 죽음을 다스리지 못하게 하려 했던 자가 바로 이 악마라 할 수 있다(참조. 롬 5 : 12-21). 실로 악마는 죽음의 권세 아래 인간을 사로잡고 있다고 이해할 수 있을 듯하다(참조. 롬 16 : 20).

이렇게 신약성서에서 마귀 또는 악마는 부당하게 온 생명과 세상을 사로잡고 지배하는 악한 세력의 실체로 표상되고 있다. 그리고 온 생애를 통해 펼쳐지고 특별히 십자가의 죽음에서 절정에 다다르는 예수 그리스도의 하나님 나라의 사역은 바로 부당하게 온 생명과 세상을 사로잡고 지배하는 악마와 죽음의 세력에 대한 승리와 해방으로 하나님의 공의가 회복되고 실현되는 것으로 이해되고 있다.

3. 그리스도의 죽음과 생명의 정의

1) 악마와 죽음의 권세에서의 해방

신약성서에 나타난 그리스도의 구속 사역, 특별히 십자가의 죽음은 인간을 사로잡은 악마와 악한 세력에 대한 승리와 그것들로부터의 해방으로 이해되고 있다. 십자가의 죽음은 승리와 해방의 드라마에 있어서 절정으로 이해된다. 예수의 십자가의 죽음은 이미 온 생애에 나타나는 승리와 해방의 완결적 사건이다. 죽음의 어두운 재앙의 성격이 가장 극명하게 드러난 자리가 바로 예수의 죽음의 자리인 십자가이다. 그러나 동시에 예수 그리스도의 죽음을 통해 죽음의 권세가 폭로되고 파괴되었다. 그리스도는 십자가의 죽음을 통해 아담 이후 이 세상을 지배해 온 죄와 죽음의 권세를 무너뜨렸다. 예수의 십자가의 죽음과 부활은 우주적인 승리와 해방의 의미를 지닌다. 그리고 이 승리와 해방의 드라마에서는 하나님만이 악마와 죽음의 세력을 물리치는 것이 아니라 인간도 그렇다.[7]

먼저 바울 신학에 나타나는 마귀와 죽음의 세력에 대한 승리의 표상을 살펴보자. 바울 신학에는 마귀에 대한 승리와 해방의 이해가 두드러지게 나타나지 않는 듯이 보이기도 하지만, 비록 공관복음서나 요한문서들에 비해 드물기는 하더라도 바울서신들에도 신학적으로 정제된 방식으로 승리와 해방의 표상이 나타난다. 바울서신에서 가장 주목 받은 표상은 "정사와 권세"이다. 이 표상은 많은 해석을 불러일으켰다. 바울은 이 표상들을 옛 세계 질서의 정치적, 사회적, 경제적, 그리고 종교적 권력 체계를 의미하는 것으로 사용했다. 십자가 위에서 그리스도가 정사들을 무장해제하고 물리쳤다고 말할 때 바울이 말한 정사는 이 땅 위의 실재들을 뜻하는 것이다.[8] 바울은 로마서 8장에서 성령 안에서의 죽음의 권세로부터의 해방을 선포한다.

우리는 종일 주님을 위하여 죽임을 당합니다. 우리는 도살당할 양과 같이 여김을 받았습니다 …… 그러나 우리는 이 모든 일에서 우리를 사랑하여 주신 그분을 힘입어서, 이기고도 남습니다. 나는 확신합니다. 죽음도, 삶도, 천사들도, 권세자들도, 현재 일도, 장래 일도, 능력도, 높음도, 깊음도, 그 밖에 어떤 피조물도, 우리를 우리 주 예수 그리스도 안에 있는 하나님의 사랑에서 끊을 수 없습니다(롬 8 : 36-39, 표준새번역).

예수 그리스도 안에서 나타난 하나님의 사랑, 특별히 그의 죽음을 통해 드러난 사랑을 통해 죽음과 권세들을 이기고도 남는다고 확신 있게 선포하고 있다. 또 다른 곳에서는 평화의 하나님이 마귀를 성도들의 "발밑에 짓밟히게" 하실 것이라고 선포한다(롬 16 : 20).

바울은 종말론적 승리를 선포하는 맥락에서도 죽음에 대한 승리와 죽음의 권세로부터의 해방을 말하고 있다. 그는 하나님께서 마지막 원수인 죽음을 포함한 모든 원수를 그리스도의 발아래 두실 때까지 그리스도가 다스릴 종말에 대해 말한다(고전 15 : 27). 종국에는 하나님께서 만유의 주로 만유를 다스리실 것이라고 주장한다(고전 15 : 28). 나아가 바울은 그리스도의 십자가의 죽음과 부활을 통해 나타난 하나님의 승리를 온 창조 영역으로 확장하고 있다. 그리스도의 승리는 마귀와 악한 세력에 지배를 받고 있는 온 창조 세계에 대한 하나님의 다스림을 다시 세우는 "그리스도의 십자가의 피로 평화를 이루셔서, 그리스도로 말미암아 만물, 곧 땅에 있는 것들이나 하늘에 있는 것들이나 다, 기쁘게 자기와 화해"(골 1 : 20, 표준새번역)시키셨으며, 하나님께서 그리스도 안에서 만물을 일치시키셨다고 말한다(참조. 엡 1 : 10). 사도행전에서도 바울은 예수의 삶과 죽음과 부활에서 일어난 역사가 흑암의 권세에 눌려 살던 생명들을 하나님께 돌아오게 하는 것이라고 증언하고 있다(행 26 : 18). 물론 바울이 사용하는 승리와 해방의 표상은 공관복음서에 나타나는 그것과 결이 꽤 다르다.

이제 공관복음서에 나타나는 승리와 해방의 표상들을 살펴보자. 공관복음서는 아주 많은 곳에서 예수의 공생애 사역 전체를 마귀와 악한 세력과의 싸움과 그에 대한 하나님의 승리로 묘사한다. 여기서 세상을 사로잡고 있는 마귀와 악한 세력은 무질서한 도덕적, 정치적, 그리고 우주적 세력으로 표상되고 있다. 따라서 예수의 십자가의 죽음과 부활은 무질서한 도덕적, 정치적, 그리고 우주적 세력에 대한 하나님의 승리로 표상된다. 이런 하나님 나라를 위한 싸움과 승리의 이야기가 공관복음서에 많이 나타난다. 물론 복음서 기자들의 기록을 승리라는 표상 일변도로만 묘사하는 것은 옳지 않을 것이다. 공관복음서에는 예수의 사역을 마귀와 악을 물리치는 것으로 표상하는 대목이 많이 있다. 먼저 예수의 공생애 사역의 출발 시에 광야에서 일어난 마귀의 유혹에 대한 이야기를 떠올릴 수 있다(막 1 : 12-13 ; 마 4 : 1-11 ; 눅 4 : 1-13). 예수는 하나님의 말씀에 대한 순종을 통해 마귀의 유혹을 이기고 있다. 예수는 권세를 마성적으로 행사할 것을 거절함으로써 마귀에 대해 승리한다.

예수께서 마귀가 야기하는 죽음의 권세를 물리치는 사역도 자주 증언되고 있다. 앞서 언급하였듯이 복음서에서 생명 상실과 죽음의 권세는 귀신 들림, 각종 질병의 역사로 나타난다. 마가복음 3장에는 귀신 들린 사람에게서 귀신을 쫓아내신 예수에 대해 율법학자들이 쟁론하는 이야기가 나온다. 예루살렘에서 온 율법학자들은 예수께서 '바알세불'이라 불리는 귀신이 들렸고, 귀신의 두목의 힘을 빌려서 귀신을 내쫓는다고 비판한다. 이에 대해 예수는 율법학자들의 고소에 대해 자신이 마귀라면 마귀가 어떻게 같은 마귀를 쫓아낼 수 있겠는가라고 반문한다(참조. 막 3 : 22-24).

복음서에서 마귀와 악한 세력에 사로잡힌 노예의 상태는 도덕적이고 물리적인 성격을 지닌 것으로서 죽음의 상태로 표상되고 있다. 예수께서 사역의 대상으로 삼았던 많은 사람들, 곧 귀신 들리고 병든, 곧 죄악과 가난과 질병으로 고통받는 사람들은 마귀와 악한 세력의 노예로 사로잡힌, 다시 말하면 죽음의 세력에 사로잡힌 불쌍한 사람들로 묘사되고 설명되고 있다. 따라서 예수의 사죄(赦罪), 축귀, 그리고 치유 사역은 마귀와 악한 세력을 물리치고 승리함으로써 인간의 생명(삶)을 온전하게 하는 것으로 이해되고 있다. 예컨대, 예수께서 안식일에 등이 굽은 여인을 고쳐 준 이야기가 있다. 이 불쌍한 여인은 열여덟 해 동안이나 몹쓸 병마에 시달리고 있었다. 허리가 굽어서 조금도 펼 수가 없었다. 예수는 여인에게 선포한다. "여인이여, 그대는 병에서 풀려났소." 그런데 안식일에 병을 고친 것에 대해 회당의 대표는 분개하였고, 그에게 예수는 말한다. "아브라함의 딸인 이 여자가 열여덟 해 동안이나 사탄에게 매여 있었으니, 안식일에라도 이 매임에서 풀어 주어야 하지 않겠느냐?"(참조. 눅 13 : 10-17) 그 외에도 많다. "악한 귀신의 영에 사로잡힌 사람"의 치유(눅 4 : 31-37 ; 막 1 : 21-28), 많은 질병에 걸린 사람들과 사악한 귀신 들린 사람들의 치유(눅 4 : 38-41 ; 마 8 : 14-17 ; 마 1 : 29-34) 등을 언급할 수 있다.

실제로 예수는 이 세상을 사로잡고 있는 마귀와 악한 세력을 파괴하는 것을 자신의 소명으로 삼고 있다. 예수의 제자들이 이스라엘 전역을 두루 다니며 복음을 전했다. 제자 일흔 사람이 기쁨에 넘쳐 돌아와 예수에게 말했다. "주님, 주님의 이름을 대면, 귀신들까지도 우리에게 복종합니다." 제자들의 말을 듣고 예수께서 말한다. "사탄이 하늘에서 번갯불처럼 떨어지는 것을 내가 보았다"(눅 10 : 17-18). 그리고 다른 그 무엇보다도 예수의 공생애 사역의 마지막 국면에서 일어난 사건들에서도 마귀에 대한 승리의 표상이 가장 고조된 형태로 나타난다. 예수는 겟세마네 동산에서의 기도(막 14 : 32-42 ; 마 26 : 36-46 ; 눅 22 : 40-46)와 십자가 고통 속에서 유혹을 받는다. 마귀가 유혹의 주체로서 문맥에 직접 등장하거나 언급되고 있지는 않지만 암시적인 것은 부인하기 어렵다.

누가가 묘사하는 예수의 승리 개념 중 바울이 규정한 죄의 의미에서 "창조주 대신에 피조물"(참조. 롬 1 : 25, 18)을 숭배하는 우상숭배의 유혹에 대한 승리가 중요하다. 마귀와 악한 세력은 사람의 삶을 우상숭배에 굴복하도록 유혹한다. 우상숭배에 굴복하는 것은 노예가 되는 것이다. 이런 마귀의 유혹에 굴복하기를 거절하는 것이 바로 예수의 승리다. 이것이 마귀의 악한 세력의 노예가 되기를 거절하는 예수의 승리다. 복음서에서 영적이고 육체적인 질병 또한 인간이 마귀와 악한 세력에 사로잡힌 현실의 일부로 인식되고 있다.

이른바 요한문서들에도 악마와 죽음의 권세에 대한 승리와 그것으로부터의 해방에 대한 표상들이 많이 등장한다. 요한문서에는 죄로 부패한 세상이 마귀와 악한 세력의 포로가 되어 있다는 표상과 그리스도가 마귀와 악한 세력을 대적하고 물리친다는 표상이 자주 나온다. 예수께서는 세 차례에 걸쳐서 마귀(사탄)를 이 세상을 지배하는 왕이라 부르면서 마귀의 마지막 공격이 이루어질 것이지만 마귀는 결국 정죄되고 추방될 것이라고 말한다(참조. 요 12 : 31 ; 14 : 30 ; 16 : 11). 또 복음서 가운데 오직 요한복음만이 가룟 유다의 배반을 마귀의 역사로 기술하고 있다(요 13 : 2). 사실 싸움과 승리라는 표상이 가장 두드러지게 나타나는 신약의 문서는 요한문서들이라 할 수 있다. 전쟁과 승리의 표상이 요한복음 여러 곳에서 나타난다. 이른바 다락방 강화라고도 불리는 예수의 고별사에도 승리의 표상이 나타난다. "너희는 세상에서 시련을 당할 것이다. 그러나 용기를 내어라. 내가 세상을 이겼다"(요 16 : 33). 예수 그리스도의 사역은 "마귀의 일을 멸하는" 것이었다(요일 3 : 8). "하나님에게서 난 사람"은 "하나님의 아들"을 믿는 "믿음"을 통해 모두 "세상"을 이

긴다(요일 5 : 4-5).

마지막으로 요한문서들 가운데서도 예수의 십자가의 죽음을 마귀와 악한 세력들에 대한 싸움과 승리로 가장 두드러지게 표상하는 책은 요한계시록이라 할 수 있다. 거기서 죽임을 당한 어린양은 죽은 자로부터 부활 승리한 예수를 가리킨다. "유다 지파에서 난 사자 ……가 승리하였으니"(계 5 : 5). 물론 여기에는 승리 표상과 더불어 희생과 속전 표상이 결합되어 나타난다. "주님은 죽임을 당하시고, 주님의 피로 모든 종족과 언어와 백성과 민족 가운데서 사람들을 사셔서 하나님께 드리셨습니다." 요한계시록 12장에도 "하나님의 구원과 권능과 통치"와 "그리스도의 권세"가 "온 세계를 미혹하는 자"요 "큰 용"이라고도 하고 "옛 뱀"이라고도 하는 사탄 마귀의 축출과 패배로 표상되고 있다. 마귀의 세력이 하늘에서는 "미가엘과 미가엘의 천사들"에 의해 쫓겨나고 땅에서는 "어린 양이 흘린 피"와 "증언한 말씀"을 힘입은 성도들에 의해 패배를 당한다(참조. 계 12 : 7 이하). 요한계시록에서 그리스도가 마귀를 결박하고 멸하며, 승리함이 가장 힘차게 증언되고 있다. 요한계시록에서 예수는 사자와 어린양으로 비유된다. 마귀가 결박을 당하고 "불과 유황의 바다"로 던져진다(계 20 : 1-3, 10). 요한계시록에서 죽임당한 어린양의 승리의 궁극적 목적은 단순히 개인의 도덕적이고 정신적인 생명 갱신의 차원에 머물지 않고, 물리적이고 우주적인 생명 갱신의 차원으로 뻗어 나간다. 말하자면 죽음을 통한 예수 승리의 궁극적 목적은 "새 하늘과 새 땅"(계 21장)으로 그려지고 있다. 여기서 "새 하늘과 새 땅"은 신화적 표현이 아니라 예수께서 육화한 세상이 갱신된 현실을 말한다.

사도행전과 서신들은 예수께서 받아들인 십자가의 죽음이 마귀의 결정적인 유혹의 장이었음을 증언하고 있다. 골로새서 공동체는 마귀와 악의 세력에 대한 예수 그리스도의 승리를 말한다. 우리는 이 구절들을 통해서 예수 그리스도가 흑암의 세력을 무장 해제시키고 패배시키는 우주적 전투를 마음속에 그려 볼 수 있다. 예수께서 "연약한 모습으로 손과 발이 나무에 묶인 채로 거기에 달리자" 마귀와 죽음의 권세들은 "예수를 이겼다"고 오해했고, "악의를 가지고" 예수에게 달려들었다. 그러나 예수는 그들과 싸워 그들을 이겼다.[9] 예수의 십자가 위에서의 죽음에 대한 순종은 마귀와 악의 죽음의 세력에 대한 결정적인 승리를 뜻한다. 사도행전의 공동체는 하나님이 예수를 "죽음의 고통에서 풀어서" 살리셨고, 예수께서 "죽음의 세력에 사로잡혀 있는 것"은 있을 수 없는 일로 증언하고 있다(행 2:24). 또한 에베소서 공동체 역시 예수 그리스도의 죽은 사람 가운데서의 부활을 사악한 마귀의 권세를 정복하는 것으로 증언하고 있다(참조. 엡 1:20-23 ; 벧전 3:22). 예수는 십자가의 죽음에서 이루어질 마귀와의 최후의 결전을 알고 있었고 그 결전을 통해 마귀와 악의 세력이 뿌리 뽑힐 것을 알고 있었다.

또한 제사장과 희생 표상을 강조하는 히브리서에서도 승리 표상이 나타난다는 사실은 주목할 만하다. 예수는 "죽음을 겪으시고서, 죽음의 세력을 쥐고 있는 자 곧 악마를 멸하시고, 또 일생 동안 죽음의 공포 때문에 종노릇 하는 사람들을 해방하시려고 한 것"(히 2:14-15)이다. 바로 이어지는 절에서는 예수께서 신실한 대제사장이 되어 백성의 "죄를 대속"하기 위해 몸소 시험을 받고 고난을 받았다는 제사장과 희생 표상이 나온다. 베드로전서에도 마귀가 "우는 사자같이, 삼킬 자를 찾아 두루"(벧전 5:8) 다닌다는 표현이 나타난다.

십자가에 달려 죽고 무덤에 묻혀 음부에 내려가 음부를 지배하는 악마의 권세를 무너뜨린다는 표상도 있다. 예수의 죽음으로 죽음의 나라와 세력, 즉 사탄을 거세하고(히 2 : 14), 죽음과 저승의 권세를 완전히 초토화시켜(고전 15 : 55 ; 계 1 : 18), 종의 사슬에서 아담을 해방하기 위함이다. 그곳에 오랜 세월 죄의 포로로 사로잡혀 있던 영혼들에게 구원의 기쁜 소식을 선포하고(벧전 4 : 6, 3 : 19), 그 기쁜 소식을 받아들이는 영혼들을 해방해서 구원하기 위함이다. 예수 그리스도의 삶과 죽음과 부활이 진노인 죽음에서의 해방을 이룬 것으로 증언하는 대목도 있다(참조. 벧전 1 : 10).

위에서 자세하게 살펴본 대로 신약성서는 예수 그리스도의 삶과 십자가 죽음과 부활을 통해 마귀와 마귀가 이끄는 모든 "정사와 권세"를 물리치고 이겼음을 힘차게 선포한다. 그리고 이 승리에서 더욱 중요한 점은 악마와 죽음의 권세가 강탈한 하나님의 정의가 하나님의 가장 깊은 곳으로부터 흘러나오는 긍휼의 사역을 통해 되돌려졌다는 사실이다.

2) 대속을 위한 희생의 죽음

신약성서에 예수 그리스도의 죽음이 생명을 사로잡아 지배하는 악마와 죽음의 권세에 대한 승리와 그로부터의 해방이라는 표상만이 두드러지게 나타나는 것은 아니다. 또 다른 중요한 표상도 두드러지게 등장한다. 바로 그리스도의 죽음은 대속을 위한 희생의 죽음이라는 표상이다. 신약성서는 예수의 죽음을 희생, 대리, 그리고 화해의 성격을 지니고 있는 것으로 여러 곳에서 다양하게 증언한다. 먼저 신약성서는 여러 곳에서 예수 그리스도의 죽음을 희생으로 해석한다. 이런 해석은 무엇보다 초기 기독교가 계승한 구약성서의 희생 제사법에 담긴 기본정신 위에서 이루어졌다고 할 수 있다(참조. 레 16 : 12 – 15). 그렇다고 해서 예수의 죽음을 대속을 위한 희생으로 이해하는 것이 오직 구약성서의 희생 제사법의 영향이라고만 볼 수는 없다. 아래에서 살펴보겠지만, 헹엘이 주장하듯이, 초기 기독교가 예수의 죽음을 대속을 위한 희생으로 이해하는 데에는 율법의 희생 제사법뿐만 아니라 고대 그리스 사회들을 포함한 고대 주변 세계의 대리 희생의 죽음에 대한 사상이 영향을 끼쳤다.

먼저 신약성서에서 그리스도의 십자가 죽음을 대속을 위한 희생의 죽음 신학으로 체계적으로 해석한 바울의 대속 사상을 살펴보자. 초기 기독교 신학과 선교의 역사에서 바울은 가장 중심적인 자리를 차지하고 있다. 바울은 죽음에서 부활하신 예수를 만나는 체험을 한 것으로 전해진다(고전 15 : 8 ; 참조. 갈 1 : 12 ; 행 9 : 3-9 ; 22 : 6-11 ; 26 : 12-19). 바울의 선교와 신학의 한가운데에 예수 그리스도의 십자가가 놓여 있다. 십자가 신학은 바울 신학의 중심이라 할 수 있다.[10] 바울이 선포한 복음의 한가운데 십자가에 처형된 자가 새로운 생명을 가져다주는 부활의 그리스도라는 신앙과 이해가 놓여 있다. 바울은 과연 예수 그리스도의 죽음을 어떻게 이해했을까? 바울은 예수 그리스도의 죽음이 희생, 대속, 그리고 화해의 의미를 지니고 있는 것으로 해석한다. 바울 이전에 이미 예수의 대속의 죽음에 대한 보편적 뜻을 선포하는 초기 기독교 공동체의 전승이 있었으며, 바울은 이 전승을 자신이 선포한 복음의 중심으로 삼았다. 바울 서신들에서 예수의 대속의 죽음이 복음 선포에서 커다란 역할을 하고 있음을 확인할 수 있다. 예수의 죽음의 기원에 대한 이해를 담고 있는 초기의 증언들 일부 역시 예수 그리스도의 십자가 죽음을 모두를 위한 대속의 죽음이요 희생으로 선포하고 이해했다. 바울은 바로 이 초기의 증언들과 전승들에 보다 체계적인 신학의 옷을 입혔다고 할 수 있겠다.

예수 그리스도의 죽음이 모든 사람들을 위한 대속의 죽음이라는 바울의 신앙과 생각이 그가 쓴 주요 서신들에 어떠한 내용들로 뚜렷하게 나타나는지 확인할 수 있다. 예수 그리스도의 죽음이 대속을 위한 희생의 죽음이라는 주장이 여러 곳에서 자주 등장하고 있다. 바울에 따르면 예수 그리스도의 대속을 위한 희생의 본질은 죄의 지배 아래 있는 온 세상에서(롬 3 : 19) 하나님의 공의를 이루기 위함에 있다. 하나님께서 예수 그리스도를 "화목제물"로 내주어 "속량"함으로써 하나님의 은혜로 값없이 사람들을 의롭게 하셨다(롬 3 : 24-25). 예수 그리스도의 죽음이 온 인간을 대신한다는 주장이 로마서에서만 하더라도 여러 곳에서 자주 등장하고 있다. 그리스도께서 "경건하지 않은 사람을 위하여" 죽으셨다(롬 5 : 6). 그리스도께서 우리를 위해 죽으셨다(롬 5 : 8). 그리스도께서 죄인인 "우리를 위하여" 죽으셨다. 그의 죽음은 모든 사람들을 위한 죽음이다(롬 5 : 14).

로마서 이외의 또 다른 곳에서도 예수 그리스도의 죽음이 대리 희생이라는 주장이 많이 나온다. 예수 그리스도의 죽음은 고대 이스라엘의 유월절 양과 같은 희생이었다고 주장한다. "우리들의 유월절 양이신 그리스도께서 희생"(고전 5 : 7)되셨다. 예수는 우리의 죄를 대속하기 위한 희생의 죽음을 죽었다(갈 1 : 4). 그리스도는 "우리를 위하여 하나님 앞에 향기로운 예물과 제물로 자기 몸을" 내주었다(엡 5 : 2 ; 참조. 갈 1 : 4 ; 히 9 : 14). 유명한 성만찬 본문에서도 예수의 죽음이 타인을 위한 죽음으로 이해되고 있다(고전 11 : 24). 바울은 부활에 관한 내용을 담은 그 유명한 고린도전서 15장에 나오는 "죽음의 공식 구" 또는 "속죄론의 공식 구"(고전 15 : 3)에서도 예수 그리스도의 죽음을 대속의 죽음으로 분명히 밝힌다. 그야말로 "그리스도가 모든 사람을 위해 죽었다"는 바울의 선포가 신약성서(막 14 : 24 ; 롬 5 : 6, 8, 15 : 3 ; 갈 2 : 21 ; 벧전

3 : 18 등)의 핵심적 주제라 할 수 있다.[11]

그렇다면 바울이 그렇게도 강조하는 예수 그리스도의 대속의 희생이라는 십자가 신학이 말하고자 하는 복음의 정신은 무엇일까? 사실 바울의 십자가 신학의 정수는 예수 그리스도의 대속의 죽음이 단지 개인의 차원에서 하나님의 의가 회복(구원)되는 데 있는 것이 아니라, 온 생명과 우주 가운데 범죄와 악마의 유혹에 의해 손상된 하나님의 의와 사랑이 회복되어 하나님 나라 생명의 질서가 온전히 이루어지는 데 있다. 바울에게 있어서 예수 그리스도의 죽음이 지닌 참된 뜻은 단순히 대속에 머무르는 것이 아니라 나아가 화해하고 일치하고 연대하는 생명 공동체, 즉 하나님 나라를 빚어내는 데 있다. 바울은 자신의 서신 여러 곳에서 이런 생각을 밝히고 있다.

바울은 그리스도의 대속의 죽음이 지닌 본질적 의미를 바로 하나님의 생명 사랑이라고 서신들 여러 곳에서 힘주어 강조하고 있다. 그리스도의 죽음은 우리를 위한 하나님의 사랑을 실증하는 것이다(롬 5 : 8). 그리스도의 대속의 죽음을 하나님의 사랑으로 이해하는 바울의 선포가 등장하는 또 하나의 가장 중요한 본문은 고린도후서 5장이다. 여기서 바울은 예수 그리스도의 대속의 죽음이 지닌 더욱더 깊고 넓은 뜻을 밝혀 준다. "모든 사람을 위하여" 죽은 예수의 대속의 죽음의 가장 깊은 뜻은 바로 사랑이다. 그리스도의 대속의 죽음에서 그의 사랑이 드러났다. 바울은 예수의 대속의 죽음이 어떤 계산 행위이기 이전에 사랑의 행위임을 분명하게 밝히고 있다(참조. 엡 5 : 2).

바울은 로마서 5장에서 예수 그리스도의 죽음에서 드러난 하나님의 사랑이 어떻게 생명 사건이 되는지 설명하고 있다. 성령을 통해 그리스도의 사랑이 우리의 가슴에 부어질 때 생겨나는 화평 또는 평화가 바로 새로운 생명 사건의 중심에 있다. 하나님의 아들이신 예수의 죽음을 통해 하나님과 인간의 화해가 일어났고 하나님의 생명을 얻게 되었다(롬 5 : 10). 6장의 세례를 설명하는 문맥에서 바울은 예수 그리스도의 죽음과 연합할 때 새 생명이 부여되는 신앙의 차원을 힘주어 주장한다. 예수 그리스도의 대속의 죽음은 온 생명과 우주 차원에서의 화해와 평화를 위한 죽음이다(참조. 엡 2 : 14-17). 그리스도의 대속의 죽음에서 계시된 사랑은 생명 공동체의 일치와 연대를 위한 것이라고 한다. 그러니까 예수의 대속의 죽음에서 계시된 사랑 위에 세워진 기독교회는 화해와 일치와 연대의 생명 공동체라는 아주 중요한 뜻을 밝히는 것이다. 그리스도의 죽음에 참여하는 공동체가 그리스도의 생명에 참여한다는 것이다(참조. 롬 6 : 2-7).

따라서 앞서 잠시 언급한 "죽음의 공식 구"인 "그리스도께서 우리 죄를 위하여 죽으시고"(고전 15 : 3b)라는 표현은 "메시야의 죽음"의 근원적인 본질을 담고 있다고 할 수 있다. 예수 그리스도의 대속의 죽음은 죄의 다스림을 벗어나 하나님의 통치를 담고 있다. 그리스도께서 모든 사람을 위하여 죽으신 것은 모든 사람들이 이제는 자신을 위하여 살아가도록 하려는 것이 아니라 자신을 위하여 죽으셨다가 살아나신 그리스도를 위하여 살아가도록 하려는 것이다(고후 5 : 14-15). 바울은 모든 사람들을 위하여 대속의 죽음을 죽으신 "그리스도 안에서" 새로운 생명("새로운 피조물", 고후 5 : 17)이 빚어지고 "모든 사람이 살아나게 될"(고전 15 : 22) 새로운 신앙의 현실을 바라본다. 그러니까 바울에게 있어서 예수 그리스도의 대속의 죽음의 진정한 뜻은 그리스도의 사랑에 의해 비롯되는 하나님 나라 생명 공동체의 탄생에 있다고 할 수 있다.

바울은 둘째 아담인 그리스도의 삶과 죽음과 부활과 함께 시작된 하나님 나라의 구원과 생명의 역사를 신학적으로 밝혀 준다. 그리스도의 십자가와 부활은 죽음과 생명의 교차점이다. 삶과 죽음의 변증법 그 한가운데 십자가와 부활이 서 있다. 십자가는 죽음의 실체가 있는 그대로 드러나는 자리다. 신약성서와 기독교 교리의 해명에 따르면 그리스도께서 인간이 되셔서 죄와 죽음의 지배 한가운데로 들어오셨다. 바울의 신학적 성찰에서 죽음 자체에 대한 형이상학적 사변을 발견할 여지는 거의 없다고 할 수 있겠다.

다음, 복음서에 나오는 내용을 살펴보자. 복음서 사가가 전해 주는 바에 따르면 예수는 자신의 목숨을 "많은 사람들을 위한" "속전"(ransom)으로 이해했다(참조. 막 10 : 45 ; 마 20 : 28). 예수는 죽음을 앞두고 제자들과 가진 최후의 만찬에 대한 본문에서도 자신의 죽음을 "많은 사람을 위한" 희생이라고 말한다(막 14 : 24 ; 마 26 : 28). 요한복음에서 세례 요한은 예수를 "세상 죄를 지고 가는" 하나님의 어린 양(요 1 : 29, 36)이라고 말한다. 한 가지 흥미 있는 사실은 예수께서 십자가에 달려 죽은 시간이 유월절 어린 양이 죽음을 당하는 시간과 일치한다는 점이다(참조. 요 13 : 1 ; 18 : 28 ; 19 : 14, 31). 요한복음 사가의 증언에 따르면 이는 예수께서 자신의 죽음을 저 출애굽의 승리와 해방을 기념하고 상징하는 "유월절 어린 양"의 희생과 동일시하고 있다고 하겠다. 요한1서에서는 예수 그리스도의 죽음을 우리 죄를 위한, 온 세상을 위한 화목제물로 설명하고 있다(참조. 요일 2 : 2, 4 : 10). 요한계시록에서 예수는 자신을 희생하여 그 피로 모든 생명을 살리는 어린 양으로 묘사되고 있다. 요한계시록에서는 예수께서 자신의 피로 인간들을 사서 하나님께 바친 죽임 당한 어린 양으로 경배를 받고 있다(계 5 : 6, 9, 12 ; 12 : 11). 히브리서는 온전하지 못한 구약성서의 동물의 희생 제사를 그리스도의 희생이 완전히 대체했음을 주장한다. 피 흘림이 없으면 사하심이 없다(히 9 : 22). 그러나 애꿎은 동물의 피의 희생이 인간이 지은 죄를 없앨 수 없다(히 10 : 4). 예수 그리스도의 희생은 동물의 피의 희생으로는 갚을 수 없는 하나님의 의에 대해 지불된 하나님의 아들의 희생이라는 것이다.

3) 예수 그리스도의 대속의 죽음과 주변 세계의 유비들의 결정적 차이

신약성서의 속죄론 연구에 뚜렷하게 기여한 헹엘은 예수의 죽음에 대한 대속의 이해에 관하여 하나의 중요한 질문들을 제기한 바가 있다. 그에 따르면 초기 기독교가 십자가에서 처참하게 매달려 죽은 목수의 죽음을 "비길 데 없는" 구원 사건으로 선포한 것은 아주 신비하기까지 하다고 한다. 이 명예롭지 못한 죽음이 도대체 그렇게도 빠르게 대리 속죄의 효력을 지닌 희생의 죽음으로 해석될 수 있었던 것이 놀랍다는 주장이다. 물론 부활한 자의 죽음이지만 예수의 죽음을 전했던 초기 기독교가 그다지도 빠르게 그리스-로마 사회 속으로 퍼져 나갈 수 있었던 사실이 놀랄 만하다는 것이다. 도대체 예수의 죽음은 어떻게 그다지도 엄청나게 중요한 의미를 지닌 죽음으로 받아들여지게 되었을까? 언제 또 어떻게 예수의 십자가 죽음이 초기 기독교 선교의 중심이 될 수 있었을까? 당시 사회문화의 기준에서 이 명예롭지 못한 죽음이 어떻게 대속의 의미를 지닌 희생의 죽음으로 이해될 수 있었을까? 안디옥이나 에베소나 고린도 또는 로마 등의 그리스-로마 사회문화에 속해 있던 사람들이 예수의 대속의 죽음을 어떻게 받아들일 수 있었을까? 헹엘의 이런 질문들은 매우 중요해 보인다.[12]

이런 질문에 대한 답을 얻기 위해서 헹엘은 예수의 죽음 이후의 초기 기독교회가 속한 보다 넓은 세계에서 공유되고 있던 여러 다양한 대리적 죽음의 양식들을 검토한다. 그의 연구에 따르면 하나님의 아들인 나사렛 예수께서 십자가 위에서 "모든 사람을 위해" 죽으셨다는 증언과 선포는 고대 이방 세계 속에서 전혀 낯설기만 한 것은 아니었다는 것이다. 그는 그러한 언어적 형식과 종교적 관념이 유비의 형태로 이미 그리스-로마 세계에서 나타났다는 사실에 주목하라고 한다. 이런 유비나 접촉점은 예수의 죽음을 핵심 내용으로 삼는 기독교의 복음이 고대 세계에 급속하게 받아들여지는 데 크게 기여했다는 것이다. 헹엘은 대리 희생 사상은 고대 이스라엘의 율법에만 나타나는 것이 아니라는 점을 부각한다. 물론 예수 그리스도의 죽음을 희생으로 해석하는 것은 직접적으로 구약성서의 희생 제사법에 영향을 받았겠지만, 당시의 주변 고대 사회, 특별히 그리스-로마 사회의 영향도 받았을 것이라는 것이다. 고대 여러 세계들에도 예수의 대리 희생의 죽음의 유비 형식들이 있었다. 고대 세계에서도 어느 사회든지 다른 사람들을 위한 또는 공동체를 위한 죽음을 명예롭게 생각했다. 높은 수준의 사상과 문화를 꽃 피운 고대 사회들은 대의를 위해 자원하는 희생의 죽음들을 기억하고 기념할 뿐만 아니라 신격화하기도 했다. 어떤 보편적 진리를 위해 목숨을 바치는 것보다는 흔히 자신이 속한 공동체나 자신이 사랑하는 친구들을 위해 생명을 바치는 경우들이 허다하게 나타난다.

또한 그리스-로마 신화에서 칭송되는 수많은 영웅들의 명예로운 죽음도 대의를 위해 자원해서 희생하는 죽음에 속한다. 고대 그리스 사회에서는 자신 이외의 도시 공동체를 위한 영웅적 죽음에 대한 전형적 예찬을 많이 기록해서 전해 주고 있다. 그리스-로마 사회에서는 자신의 가족이나 친구나 조국을 위해 스스로 원해서 자신의 생명을 바친다는 희생적 죽음의 이상이 흔하다. 자신이 속한 도시 공동체를 위한 희생적 죽음도 또 다른 유비라 할 수 있다. 실제로 그리스 도시국가 시대에 도시를 지키기 위한 전쟁에서 대리의 죽음을 칭송하는 수많은 기술들을 확인할 수 있다. 그리스의 전사들은 사람이 자신의 나라를 위해 싸우다 죽는 것은 불명예가 아니라 영광스러운 것이라는 권면을 듣곤 했다. 스파르타의 전사도 자신의 조국을 위해 전쟁에서 죽임을 당하는 것이 명예스러운 일이라는 칭송을 들었다. 실제로 고대 그리스인들은 나라를 위해 전사한 영웅들을 칭송하는 비명과 묘지를 남겨 두었다. 친구들을 위한 죽음도 대리적 성격을 지닌 것으로 이해할 수 있다.

심지어 죄를 속량하는 자발적 희생의 죽음도 있었다고 한다. 죄를 속량하기 위해 희생을 드리는 의례는 구약성서와 유대교에만 독특하게 나타나는 것이 아니라 고대 그리스-로마 사회에서도 나타난다. 초기 그리스 시대에 공동체의 선을 위한 개인의 희생은 종종 신들의 진노를 가라앉히기 위한 속죄의 희생으로 이해되었다고 한다. 따라서 다른 사람을 대신하여 죽는 대리의 죽음이 그리스에서 기원했다고 강하게 주장되기도 한다. 유리피데스(Euripides)의 희곡은 속량의 희생을 "높은 목표를 위해서 사람의 생명을 자발적으로 희생시킨다."는 그리스 계몽 시대의 이상으로 승화시킨다. 한편, 영웅적 희생만이 드려진 것은 아니다. 매우 무가치하고 무용한 범죄인, 장애인, 가난한 자들이 속죄양으로 희생되기도 했다. 전통적 관습에서 가난한 자, 병자, 불구자가 한 공동체를 정화하기 위해 죽임을 당하든지 추방되어 모든 구성원을 구원하는 존경받을 만한 사건으로 변모한다는 생각은 의미 있게 받아들여졌다. 속죄양들에게는 도시를 감싸고 있다고 여겨지는 저주가 전가되었다. 속죄양들의 희생을 통해 도시는 부정과 저주로부터 정화되는 것으로 생각되었다.

그렇다면, 사회적 생명을 보존하기 위해 희생을 현실화하는 고대의 관습을 어떻게 이해해야 하는가? 특별히 커다란 위기의 시대에 실제로 행해지는 개인이나 공동체(의 속죄)를 위한 전적 희생을 어떻게 이해해야 하는가? 악과 재앙에서 정화를 위한 목적이나 신들의 진노를 달랜다는 의미에서의 속죄 이해는 고대 후기 종교들에서는 흔했다. 그리스 비극은 고대의 특출한 개별 인물의 속량의 죽음이라는 주제를 생생하게 그려 준다. 그러나 희생이 종교와 정치의 수단으로 이용되기도 했다. 자원하는 희생의 죽음을 명예롭다 예찬하는 것은 정치적 위기에는 매우 낯익은 일이었다고 한다. 자발적 희생의 죽음이라 해도 사람 자신의 결단에 의해서 이루어지기보다는 국민, 국토 또는 가족을 구원하기 위한 속죄의 효력을 불러일으키기 위해 신의 요구에 대한 순종으로 이루어졌다.[13] 이런 주변 문화의 유비 형식의 영향 아래서 고대 그리스 교부들은 예수의 대속의 죽음을 그렇게도 빠르게 확산시키는 데 신학적으로 커다란 기여를 했다. 즉, 알렉산드리아의 클레멘트 이후 그리스도교 교부들은 고전 그리스의 "대리 죽음"의 개념을 예수의 속죄의 죽음에 이전했다는 것이다.[14]

그럼에도 불구하고 헹엘은 예수의 죽음은 이방 세계의 유비적 형식들 및 관념들과 마찰과 갈등을 일으킬 만큼 낯설고 충격을 일으키는 성격을 지닌 것도 분명하다는 점을 지적한다. 사도 바울이 증언하듯이 예수의 십자가 죽음은 유대인들뿐만 아니라 헬라인들에게도 '걸림돌'이 되었다. 고대 문화들의 시각에서 볼 때 예수의 죽음은 야만적이고도 비합리적인 것이었으리라 생각할 수 있다는 것이다. 십자가에서 죽임을 당한 유대교의 목수가 모든 인간들의 현재와 미래 구원 전체와 연관된다는 기독교의 복음은 고대 세계에서 통상적으로 유통되던 속죄의 관념들을 부수어 버리는 해체의 성격도 지니고 있었다. 이렇듯 한 사람의 죽음이 모든 사람의 죄책을 보편적으로 속량한다는 사상이 바로 고대의 주변 세계에서 나타나는 유비적 형식들과 결정적으로 다른 차이점이 되는 것이다.[15]

그러나 예수의 대속의 죽음과 주변 문화의 유비 형식과의 차이에 대한 헹엘의 해석은 결정적인 차이점을 놓치고 있는 듯하다. 예수의 대속의 죽음 이해와 실천이 그리스-로마 사회의 영웅주의 죽음 이해 및 실천과 다른 결정적인 차이는 한 사람의 죽음이 모든 사람의 죄를 대속한다는 사실에만 있는 것은 아니라고 생각한다. 예수의 대속의 죽음이 영웅적 희생의 죽음을 칭송하는 그리스-로마 세계의 엘리트주의, 그리고 사회에서 배제되어야 할 쓸모없는 자들의 희생의 죽음에 대한 관념과 결정적으로 다른 전망은 또 다른 차원에서 찾아야 할 것이다. 예수께서 스스로 걸어간 희생의 의미는 생명의 피를 희생함으로써 신의 분노를 진정하고 저주를 거둬들인다는 고대 세계와 문화의 신 관념과 결정적으로 다른, 예수의 희생이 품고 있는 하나님 이해에서 찾을 수 있다. 헹엘이 밝혀 주듯이 초기 그리스 시대에 있어서 공동체의 선을 위해 개인을 희생하는 것은 종종 신들의 진노를 누그러뜨리기 위한 속죄의 희생으로 이해되기도 했다. 대 재앙의 위기, 곧 역병과 기근이 창궐할 때 드리는 희생 제사에서도 이런 관념을 확인할 수 있다.

그러나 앞서 밝혔듯이 예수가 하나님의 정의를 손상한 죄와 악마와 죽음의 권세를 깨트리고, 그로부터 생명을 해방시키고 또 우리 모두를 위한 대속의 죽음을 당했다는 사상의 심층에 온 생명과 우주의 상실된 정의의 회복에 대한 하나님의 긍휼이 깊이 아로새겨져 있다는 점을 주목할 필요가 있다. 바로 생명 정의에 대한 관심이 고대 그리스-로마 문화에서 발견되는 희생의 죽음의 유비 형식들과 다른 결정적인 차이라 할 것이다.

4) 그리스도의 죽음 – 생명과의 일치와 연대

앞서 살펴보았듯이, 예수 그리스도의 죽음은 악마와 죽음의 권세에 대한 승리요 그로부터의 해방이다. 그것은 또한 하나님의 손상된 정의를 회복하기 위한 대속의 희생이기도 하다. 그리고 고대 그리스–로마 사회와 유대 사회에 나타나는 사회의 공적인 유익을 위한 희생적 성격의 죽음 이해와 실천을 살펴보았는데, 개인이나 공동체 또는 어떤 이념이나 대의를 위한 희생 또는 죽음은 그리스–로마 사회와 유대 사회에서 모두 나타나고 있음을 볼 수 있다. 그리스–로마 사회의 이런 죽음 이해와 실천이 예수의 죽음이 그렇게도 빠른 속도로 그리스–로마 사회 속에 파고 들어가는 촉매가 되었다는 주장도 수긍이 된다.

그렇지만 앞서 잠깐 언급했듯이 예수 그리스도의 승리와 대속의 죽음은 그리스–로마 사회의 유비 형식들과 비교해서 확실히 독특한 성격을 지니고 있다. 예수 그리스도의 승리와 대속의 죽음이 어떻게 기독교 신앙의 기초가 되었는지를 숙고할 필요가 있다. 예수의 제자들은 어떻게 그 스승이 당한 잔인하고 비참하기 이를 데 없는 십자가의 죽음을 무엇과도 비길 수 없는 훌륭한 생명 구원의 사건으로 선포하게 되었을까? 초기의 제자들과 공동체들이 숙고를 통해 도달한 예수 그리스도의 죽음의 본질은 무엇일까?[16] 바울의 유명한 "죽음의 공식 구"(고전 15 : 3)에 대해 다시 한 번 더 성찰해 보자. 바울이 예수 그리스도의 죽음을 죄와 악의 보편적인 현실과 관계시키면서 예수 그리스도의 죽음에서 죄에 대한 승리를 강조한 것에는 죄와 악의 부정의 현실을 무한히 강조하는 뜻이 있을 것이다. 나아가 그것은 예수 그리스도의 죽음이 보편적인 죄와 악과 죽음의 부정적 현실에 깊숙이 참여했다는 점을 담고 있다.

그러나 전통적인 대속에 대한 신학들이 이 구절에서 대체로 구원론적인 대리와 희생의 의미와 역할만을 지나치게 강조하는 경향이 있다. 말하자면, "우리를 위하여"가 "우리의 죄를 사하기 위해서"를 뜻하는 것으로 이해되었던 것이다.[17] 그러나 이 구절은 구원론적인 대리와 희생을 말하기 전에 삼위일체 하나님의 존재론적 참여라는 훨씬 더 깊고 넓은 의미를 지니고 있다고 사료된다. 다시 말하면, 그것은 삼위일체이신 하나님과 화육하신 하나님의 말씀인 예수 그리스도가 이 세계의 죄와 악과 죽음의 보편적인 폭력적 현실에 존재적으로 참여했다는 "연대성"을 담아내고 있음을 선포하고 있다는 뜻이다. 이러한 정의롭지 못한 죽음의 현실에 하나님이 존재론적으로 결속하고 연대했다는 사실은 바로 예수 그리스도의 죽음이 담아내고 있는 사회성 혹은 공공성을 드러내 준다.

이렇게 이해할 때 예수 그리스도가 "우리" 구원을 위하여 자신을 내어 주셨다는 이 "죽음의 공식 구"는 제의적이고 법적인 단층적 이해를 피할 수 있을 것이다. 초기 기독교 공동체의 증언에 담긴 예수 그리스도의 죽음에는 온 생명이 당하는 죽음에 대한 존재론적 연대의 정신이 깊이 새겨져 있다 할 것이다. 초기 기독교 공동체는 예수 그리스도의 죽음에서 온 생명과 우주에 가해진 정의의 상실을 통감했다 할 수 있다. 따라서 죄와 악과 죽음이라는 불의한 현실에 대한 깊은 숙고와 냉철한 인식을 생략한 채 너무 서둘러 예수 그리스도의 속죄의 죽음을 개인의 구원을 위한 희생으로 건너뛰어서는 안 될 것이다. 이러한 의미에서 예수 그리스도의 죽음에 대한 승리와 대속의 이해는 인간을 포함한 온 생명이 겪고 있는 보편적인 폭력적 죽음 이해를 위해 중요한 함의를 제공해 준다고 볼 수 있다.

그러나 전통적인 대속 이해에서 죄와 악과 죽음의 현실이 지닌 부정성은 개인적이고 영적인 측면만을 강조하고, 나아가 단지 예수 그리스도의 속죄의 대리와 희생의 어떤 기능적인 전제라는 인상을 주고 마는 느낌을 받게 된다. 다시 말해서, 십자가에서 예수 그리스도의 죽음에 가해진 폭력성을 단순히 속죄를 위한 부록 정도로 다루는 경향이 있다는 뜻이다. 그 결과 죄와 악과 죽음이라는 보편적인 부정적 현실에 속해 있는 정의롭지 못한 세력에 대한 인식과 예수 그리스도의 죽음을 통해 하나님의 생명과의 일치와 연대가 밝히 드러났다는 생각이 그다지 부각되지 못하고 마는 듯하다. 바로 이런 문제의식은 신약성서가 증언하는 예수 그리스도의 승리와 대속의 죽음에 대한 재해석을 고무시킨다고 할 수 있을 것이다.

초기 기독교가 선포한 복음의 핵을 이루는 예수 그리스도의 죽음에는 삶과 죽음의 변증법적 성격이 잘 드러나 있다. 예수 그리스도의 죽음과 부활(새로운 생명)은 하나의 보편적인 구원 사건으로 증언되고 있다. 예수 그리스도의 죽음과 부활은 나뉠 수 없이 결속되어 있다. 예수 그리스도의 죽음은 생명을 가능하게 하고 부여하는 능력을 지니고 있다(고전 15 : 17). 따라서 예수는 "죽음에도 불구하고"가 아니라 바로 "죽음 때문에" 생명을 가져다주는 그리스도로 선포되고 있는 것이다.[18] 여기서 말하는 죽음은 예수 그리스도의 승리와 대속의 죽음이며, 이것을 통해 생명의 적대 현실이 아니라 오히려 정의로운 생명을 잉태하고 출산하는 생명의 계기가 마련된다.

4. 평가

　신약성서는 죽음을 범죄로 인해 하나님의 의가 손상된 부정적 현실로 이해하고 있다. 아울러 죽음은 인간들을 유혹한 악마와 죽음의 권세에 지배되고 있는 부정적인 포로의 현실로 증언하고 있다. 신약성서는 또한 초기 기독교 공동체들이 예수 그리스도의 죽음을 여러 다양한 의미를 지닌 죽음으로 이해했다는 사실을 보여 준다. 이미 살펴본 대로 예수 그리스도의 죽음은 악마와 죽음의 권세에서의 해방이다. 그러나 현대에 와서 그리스도가 모든 사람들을 대신해서 속죄의 죽음을 죽었다는 교리에 대한 비판들이 있다. 동시에 일부 전통적인 신학적 성찰에서 예수 그리스도의 죽음이 지닌 웅혼한 정신이 축소된 경향이 있음을 부인하기 어렵다. 그럼에도 불구하고 신약성서가 실어 나르는 대속 이해에 담긴 희생과 대리 개념을 전적으로 부정하는 접근은 바람직하지 않을 것이다. 희생과 대리 개념을 시대정신에 비추어 창조적으로 재해석하고 보완할 필요가 있다.

　현대의 비판들이 지닌 타당성을 인정하더라도, 초기 기독교 공동체의 대속 이해에 나타나는 예수 그리스도의 죽음에 대한 이해와 선포는 또 다른 방향에서 매우 중요한 뜻을 담고 있다고 생각된다. 그것은 바로 예수 그리스도의 십자가의 죽음이 모든 사람이 당해야 할 죄악의 부정적 현실과 운명에 참여하는 깊은 뜻을 지니고 있다는 점에서 찾을 수 있을 것이다. 앞서도 살펴보았지만, 당시의 일반적인 속죄 이해에 따르면, 희생의 죽음은 개인의 죄를 소멸시키고 신의 진노를 푼다는 생각이 있었다. 이러한 통념적인 죽음 이해의 세계에서 초기 기독교 공동체가 십자가의 죽음을 모든 사람의 죄를 보편적으로 속량하고 죽음의 고통에 연대하는 하나님의 계시와 구원의 신비로 이해하고 증언했다는 점은 실로 놀랍다 하지 않을 수 없다.

The dialectic of life and death

2부

교부신학, 중세신학, 그리고 종교개혁신학에서
그리스도의 죽음과 생명의 정의(正義)

3장   교부신학에서
그리스도의 죽음과 생명의 정의(正義)

1. 두 가지 해석 패러다임의 형성

성경에서 등장하는 대속의 가르침은 초기 사도 시대를 지나 고전 교부들을 거치면서 신학적으로 체계적인 해석의 과정을 거치게 된다. 그 시대가 제기하는 신앙의 문제들에 대해 초기 교부들이 착수하였던 성경에 기초한 산발적인 변증들은 고전 교부들의 손을 거치면서 점차 체계적인 신학의 꼴을 갖추기 시작한다. 비교적 초기 시대에 신학의 꼴을 갖추기 시작한 주제로 성육신 교리를 들 수 있으며 성육신 교리의 맥락에서 예수 그리스도의 죽음이 신학적인 심사숙고의 대상이 되었다.

과연 고전 교부들은 예수 그리스도의 대속과 승리의 죽음을 해석하는 데 있어서 죽음의 부정성을 어떻게 이해했을까? 대속과 승리의 죽음이란 맥락에서, 예수 그리스도의 죽음은 창세기에 등장하는 악마의 유혹 그리고 아담

과 하와의 범죄와 타락 내러티브에 연결되었다. 곧 인류는 악마의 유혹과 아담의 불순종으로 인해 죄와 죽음과 악마의 지배 아래 들어가게 되었고, 예수 그리스도의 대리 희생과 승리의 죽음을 통해 죄와 죽음과 악마의 지배에서 구원을 얻게 되었다는 것이다. 고전 교부들은 성경의 가르침들에 기초한 죄와 악마와 죽음의 부정성 해석에 있어서 후대에 심대한 영향을 미치는 하나의 신학적 패러다임을 창출했다. 그들은 각자의 강조점 차이에 따라 다소 다양하지만 또한 공통적으로 수렴되는 해석의 성격을 보여 준다. 대체로 성경의 가르침을 따라 죄와 악마의 역사로서의 죽음이 지닌 부정성을 해명하면서, 예수 그리스도의 죽음이 그 부정성을 극복하는 탁월한 길임을 신학적 숙고를 통해 보여 주었다. 또한 성경에 나타나는 죽음의 부정성과 예수 그리스도의 죽음에 대한 두 가지의 전형적인 해석을 발전시켰는데, 첫째는 예수 그리스도의 죽음을 악마와 죽음의 권세에 대한 승리와 해방으로 이해하는 해석이며, 둘째는 죄로 인해 손상당한 하나님의 정의를 회복하는 대속의 희생으로 이해하는 해석이었다.

이 장에서는 이 두 가지의 전형적인 해석의 패러다임이 주요 교부들의 신학적 숙고에서 어떻게 나타나는지를 살펴볼 것이다. 고전 승리자 그리스도론의 전형을 창출한 이레네우스를 포함해서, 크리소스토무스, 아타나시우스, 그리고 아우구스티누스의 신학적 숙고를 주로 고찰하고 그 외 몇몇 교부들의 해석을 단편적으로 포함시킬 것이다.

2. 초기 및 고대 교부들의 죽음의 부정성에 대한 이해

1) 이레네우스의 죽음의 부정성에 대한 이해

이레네우스는 초기 교부신학을 체계화하는 데 있어서 매우 중요한 기여를 했다. 그가 체계화한 죽음의 부정성과 그리스도의 총괄구원 이해는 후대 기독교 신학의 중요한 이정표요 패러다임이 되었다. 그가 죽음을 어떻게 이해했는지를 파악하기에 앞서 그의 인간 이해를 살펴보는 것이 큰 도움이 될 것이다. 무엇보다도 그는 인간을 개인주의 관점에서 이해하지 않는다. 오히려 인간을 하나의 공동체로 이해하면서 온 인류와 나아가 온 생명의 연대성을 매우 중요하게 생각한다. 그는 첫 사람 아담을 개인이 아닌 "온 인류"를 대표하는 사람으로 본다(5.36.3).[1] 그리고 이러한 인간 이해에 상응해서 그리스도의 구속 사역도 온 인류와 우주에 적용되어야 한다고 본다.

이레네우스는 후대의 라틴 서방 신학이 두드러지게 강조하는 죄의 개인적이고 도덕적인 성격에 우선적으로 주목하지 않는다. 그는 죽음을 온 인류가 마귀의 세력에 의해 사로잡힌 집단적이고 우주적인 부정적 현실로 이해한다. 그리고 공동체와 연대의 관점에서 온 인류가 마귀와 죽음에 의해 사로잡혀 있는 것으로 본다. 더 나아가 온 인류뿐만 아니라 온 우주가 악한 마귀의 세력에 포로가 되어 있다고 본다. 그의 해석에 따르면 마귀는 하나님의 창조 계획에서 인간의 중심적 자리를 시기해서 타락했다(5.24.4). 이레네우스는 첫 사람 아담과 하와가 지은 죄의 도덕적 성격에 그다지 심각하게 주목하지 않는다. 오히려 그는 첫 사람 아담과 하와가 전체적으로 성숙하지 못하고 경험이 일천해서 마귀의 유혹에 쉽게 넘어갔다고 보는 것 같다. 그로 인해 마귀가 첫 사람들을 속일 수 있었고 죄를 범하게 했다는 것이다. 하여튼 첫 사람들의 범죄로 모든 인간이 "죽음에 종속"되고 "죽음의 노예로 속박"되었다(5.19.1).

이레네우스는 하나님이 죄를 지은 아담과 하와에게 내린 저주 심판의 심각성을 경감시키는 경향도 있다. 그는 아담과 하와가 받은 노동과 출산의 고통을 다소 누그러뜨려 해석하는 것으로 보인다. 아담과 하와가 저주를 받아 함께 사멸하거나, 또는 꾸지람을 듣지 않음으로 하나님을 멸시하지 않도록 하기 위한 교육적 조치로 이해하는 경향이 있다(3.23.3).

그렇다면 이레네우스에게 있어서 죽음은 어떤 의미를 지니는 것일까? 우선 그는 첫 사람들의 범죄로 야기된 죽음이 긍정적인 의미를 지닐 수 없다고 본다. 죽음 자체는 인간을 창조하신 하나님의 궁극적 의도에 배치된다는 점에서 긍정적인 현실일 수 없다. 그러나 첫 사람들의 불순종이 가져온 죽음에는 긍정적인 의미도 있다. 어떤 의미에서일까? 그는 죄의 대가인 죽음으로 인해 죄가 더 이상 지속될 수 없다는 점에서 긍정적 의미를 찾는다(3.23.6). 이런 이해는 후대의 교부들에게 하나의 해석의 전형이 되는 듯하다.

그렇다고 이레네우스가 마귀와 죽음 자체의 부정성을 소홀히 여기는 것은 아니다. 마귀는 성숙하지 못한 첫 사람들을 유혹하여 죄를 범하게 함으로써 그들을 쇠고랑으로 죽음에 결박시켰다(5.19.1). 죽음의 본질은 마귀의 세력이 하나님을 배반하고 하나님께 속한 인간들을 부당하게 꾀어 사로잡아 자신의 제자로 삼은 데 있다(5.1.1). 이렇게 죽음은 마귀가 지배하는 매우 부정적인 현실이다. 이레네우스가 보기에 마귀는 인간을 지배하는 폭군이다. 바울이 말하는 대로 마귀와 죽음은 인간의 마지막 원수이다. 마귀는 하나님을 적대하는 세력으로, 온 인류를 사로잡아 속박하고 종속시키며, 대대로 계속해서 노예 상태에 처하게 했다(3.23.2).

이레네우스의 해석에서 주목할 점은 죄악에 대한 하나님의 진노의 대상을 이해하는 방식이다. 그는 마귀와 마귀를 추종하는 세력들(뱀으로 표상)을 하나님의 저주 대상으로 이해한다. 하나님의 진노와 저주가 인간보다는 마귀에게 내려졌다는 것이다. "영원한 불이 원래 인간을 위해 예비된 것이 아니라 인간을 속여 죄를 범하게 한 마귀를 위해 예비되었다"(3.23.3). 영원한 지옥의 불이 본래부터 마귀를 위해 의도되었으며, 죽음은 파괴되어야 할 마지막 적이라고 주장한다(5.36.1).

죽음의 부정성에 대한 이레네우스의 이해에서 주목할 점은 그가 죽음을 개인적이고 도덕적인 차원이 아닌 연대적이고 우주적인 차원에서 이해하고 있다는 것이다. 이 점은 그리스도의 승리와 대속의 죽음을 이해하는 데 매우 중요한 배경과 의미가 된다.

2) 아타나시우스의 죽음의 부정성에 대한 이해

아타나시우스는 특별히 성육신 신학에서 두드러진 기여를 한 교부이다. 그는 창세기에 등장하는 첫 사람들의 범죄로 세상에 들어온 죽음의 부정적 현실을 해명한다. 하나님은 원래 첫 사람들을 불멸하도록 창조하셨다. 하나님이 창조하신 낙원은 인간이 "말씀의 은총에 의해 값없이 하나님과 조화" 속에서 살 수 있는 환경이었다(5장).[2] 첫 사람들은 낙원에서 슬픔이나 고통이나 걱정 없이 불멸의 약속을 지니고 생명을 누릴 수 있었다. 사람은 타락하지 않았다면 불멸의 삶을 누렸을 것이다. 그러나 아타나시우스는 인간이 존재하지 않은 것으로부터 창조되었기 때문에 낙원에서도 본성상 죽을 수밖에 없었다고 주장한다. 즉, 인간은 하나님의 형상을 닮아 창조되었기에 자연적으로는 사멸하지만 동시에 불멸적일 것이라고 주장한다(4장).

그러나 인간들이 범죄함으로 죽음과 사멸을 초래하였다(3장). 범죄에서 죽음의 부정적 현실이 비롯되었다. 악마의 시기와 유혹과 "스스로 악을 꾸미고 획책함으로써" 인간은 "자신들을 위협하는 죽음의 저주"를 받게 되었고 죽음이 세상에 들어왔다. 아타나시우스는 사멸성이 인간들을 어떻게 지배하고 압도하게 되었는지의 과정을 상세하게 설명한다. 인간들은 악행을 멈추지 않고 계속해서 모든 한계를 넘어 사악함을 고안해 냈다. 온갖 종류의 악, 간통과 도둑질, 살인과 약탈, 투쟁과 전쟁이 난무하는 지경에 빠졌다(5장).

바야흐로 죽음이 인간을 사로잡았고, 타락한 인간들은 육체의 붕괴와 함께 더욱더 사멸의 곤경에 깊숙이 빠지게 되었다. 하나님의 형상대로 창조된 이성적인 인간은 사라지고 하나님의 작품은 해체되었다. 죽음의 형벌이 타락으로 만연한 인간을 지배하게 되었다(6장). 죽음은 "마치 군주처럼" 인간들을 지배하게 되었다. 죽음의 부정성에 대한 아타나시우스의 이해도 고전적 대속론이 보여 주는 전형적인 특징, 곧 악마의 유혹을 받아 첫 사람들이 범한 죄로 인해 하나님의 형벌이 임했다는 이해를 그대로 보여 준다.

3) 크리소스토무스의 죽음의 부정성에 대한 이해

크리소스토무스는 고전 교부신학에서 죽음에 대한 포괄적이면서도 매우 실천적인 이해를 보여 준다. 그는 하나님이 아름답게 창조한 낙원에 악마의 유혹과 첫 사람들의 불순종으로 말미암아 죄가 들어오고, 이로 인해 생명이 얼마나 극적으로 부정적인 죽음의 현실로 바뀌게 되었는지를 아주 자세하게 설명한다. 창세기가 묘사하듯이 첫 사람 아담과 하와는 아픔과 슬픔과 근심과 고통과 불편이 없는 평화로운 세상에서 살았다. 그들은 천사 같은 삶을 살았고 의복조차 필요 없었다. 실로 영적 기쁨과 행복의 바다에서의 삶이라 할 수 있다. 날마다 신성의 빛을 받고 하나님의 은혜를 누리며, 죄를 모른 채 정욕에 빠지지 않고 살았다. 게다가 아담은 마치 친한 벗처럼 하나님과 대화했다. 또한 인간은 육체의 생명인 영혼이 불멸하도록 창조되었다. 영혼의 불멸은 자연적 특성이 아니라 하나님의 은총의 선물이다. 슬픔과 아픔, 수고와 부패, 그리고 죽음은 하나님께서 창조하신 육체를 건드리지 못했다. 자비의 하나님께서 "처음부터" 불멸을 주시려 한 것은 자명하다. 아담은 죽을 생명체로 창조된 것이 아니라 자신의 의지로 "불멸을 향해 가는" 생명체였다.

그러나 아담과 하와는 마귀의 유혹을 받고 죄를 지어 죽음의 나락에 떨어졌다. 크리소스토무스는 죽음을 "인류에게 예외 없는 폭군"이라 부른다. 죽음은 죄악에 대한 하나님의 형벌이다. 그는 죽음을 "두려움이 가득한 놀라운" 사건인 동시에 "하나님의 놀라운 신비"로 이해한다. 크리소스토무스는 나사로가 다시 살아난 기적을 성찰하면서 죽음과 대화를 나누고 있다. 여기서 그는 죽음의 부정성에 대한 이해를 극적으로 보여 준다. "죽음의 폭군, 영혼을 사로잡고 있는 폭군 저승아, 기도가 끝났는데 아직도 죽은 자를 잡고 있는가?" 저승이 "그렇다"고 대답하자, 교부는 "무엇 때문인가?"라고 다시 묻는다. 그러자 저승은 이렇게 대답한다. "왜냐하면 나는 이곳에서 죄인인 죽은 자를 놓아 주라는 명령을 아직 받지 못하였기 때문이다! 나는 이곳에서 죄인을 지키는 간수이다. 명령 없이 그를 놓아 줄 수 없다. 나는 지금 영혼을 풀어 주라는 명령을 기다리는 중이다." 그런데 놀라운 일이 아닌가! "나사로야, 나오너라."라는 주님의 명령이 떨어지자마자 죽은 자가 바로 그 즉시 죽음의 법을 무력화시키지 않는가!³⁾

또한 크리소스토무스는 순교로 인한 죽음이 다반사로 일어났던 초기 교회의 맥락에서 폭력적 죽음에 대한 독특한 견해를 제시한다. 그는 참혹한 폭력적 죽음, 억울한 죽음, 불의한 죽음 등을 두려워하거나 나쁜 죽음으로 규정해서는 안 된다고 주장한다. 많은 성인들이 폭력적이고 억울하고 두려운 순교의 죽음을 당했기 때문이다. 의인들의 순교는 영예로운 죽음이다. 순교는 비록 폭력에 의한 죽음이지만 세상을 떠나 그리스도와 성인들과 함께하게 된다는 점에서 좋은 죽음이라는 것이다. 의인 아벨의 죽음(창 4 : 3-11), 예수의 죽음, 스데반의 죽음, 그리고 순교자들의 죽음이 바로 그런 죽음이다. 반대로 회개하지 않는 죄인의 죽음, 즉 "죄 가운데 죽는 죽음"이 나쁜 죽음이다. 가인의 죽음, 유다의 죽음, 그리고 헤롯 아그리파 1세의 죽음 등이 바로 여기에 해당한다.

첫 사람 아담 안에서 부정적 현실이 된 죽음은 둘째 아담 그리스도 안에서 "영원으로 들어가는 문"으로 바뀌었다. 그래서 그리스도인들은 죽음 앞에서 떨기보다는 기뻐해야 한다. 왜냐하면 썩어 없어질 생명에서 또 다른 생명, 즉 지금과는 비교도 되지 않을 찬란하고 끝이 없고 영원한 곳으로 옮겨가게 됨을 믿음으로 알기 때문이다. 이제 그리스도의 대속의 죽음을 통해 죽음은 "면류관을 받는 길"이 되었다. 이제 육체의 분해는 존재의 말살이나 제거가 아니라 부패의 제거이며 썩어 없어질 것의 파멸임을 안다. 그는 이레네우스의 죽음 이해를 발전시켜, 죽음이란 육체를 파멸시키는 것이 아니라 부패를 제거하는 것이라고 해석한다.[4] 이것은 죽음의 성격에 대한 소극적 이해라 할 수 있다. 죽음은 더 적극적인 차원에서 이해될 수 있다. 즉, 죽음은 영원으로 들어가는 문이고 자비의 하나님의 온화한 품으로 돌아가는 것이다. 따라서 이런 진리를 깊이 인식하고 있는 사람은 그 어떤 고통과 슬픔을 겪어도 감히 "자살"을 감행하지 못할 것이다. 아울러 두려움 속에 죽음을 향해 나아가지 않는다.

4) 아우구스티누스의 죽음의 부정성에 대한 이해

잘 알려진 대로 아우구스티누스는 옛 아담과 새 아담이 겪게 되는 죽음의 과정을 아주 인상적인 공식으로 표현했다. 에덴에서 아담은 본래 '죽지 않을 가능성'을 지니고 있었다. 그러나 죄를 저질러서 '죽지 않을 가능성'을 잃어버리고 '반드시 죽을 수밖에 없는 운명'으로 전락하고 말았다. 그러나 죄를 용서하시는 그리스도의 은혜를 통해, 신앙을 지닌 아담들은 '죽을 수 없는 영원한 생명'을 누리게 되었다.

아우구스티누스는 정의를 중시하는 바탕을 지닌 사회와 문화 속에서 살았다. 당연히 첫 사람들이 살았던 낙원은 원천적 정의로 다스려지는 환경이라고 생각했다. 아우구스티누스의 동시대인들은 온 우주 질서가 정의롭게 명예와 조화를 이루고 있다고 생각하는 분위기에서 삶을 영위했다(3.27 참조).[5] 그래서 아우구스티누스가 살아간 사회와 문화 속에서 죄를 짓는 것은 정의에 손상을 가하는 것이었다(3.33). 그리고 하나님의 정의와 공의는 인간이 죄를 짓고 타락한 이후에도 질서를 유지하는 데 관여해야 한다고 생각되었다(3.x.29). 이런 정의의 질서 안에서 범죄는 반드시 심판을 받게 된다(3.40). 죄를 지은 사람이 자신의 "빚 갚음을 피하는 것은 허락"될 수 없었다. 자신의 빚을 갚지 않으면 비참을 겪음으로 갚게 된다(3.44). 사람의 형벌은 정의에 합당한 것이고 죄에 대한 보상으로 여겨진다(3.51).

모든 인간은 첫 사람들이 "죄를 범하고 오류와 비참과 죽음의 상태로 굴러

떨어졌기 때문에"(3.xx.55) 원죄 이후에 자신의 죄에 대한 처벌로 사멸의 속박에 처하게 되었다(3.30). 이것이 만물을 다스리는 하나님의 정의다. 첫 사람들의 원죄를 물려받은 모든 인간은 "죽음의 법칙에 종속된 자"로 불리게 된다. 악마는 자신의 포로들을 마치 나무의 열매같이 자신에게 붙들어 놓고 지배권을 행사하게 되었다(3.31). 아우구스티누스는 이것을 "악마의 영원한 저주와 고통"이라 부르고 있다(3.76).

아우구스티누스의 죽음의 부정성에 대한 이해는 후대의 라틴 서방 전통에 나타나는 법적 죽음 이해의 출발점이다. 죽음은 하나님의 정의가 상실된 상태이다. 물론 아우구스티누스의 이해는 인간들이 악마에 사로잡혀 있다는 이전 교부들의 사상의 계승이기도 하다.[6] 그런데 아우구스티누스는 여기에 동방 교부들의 사상, 곧 죽음을 악마가 지배하는 현실을 극복하기 위해 하나님께서 싸우신다는 생각을 결합시킨다. 즉, 처음 사람들의 죄가 온 인류를 악마의 권세 아래 놓이게 한 것은 하나님의 정의 아래서 허락된 일이다. 그리고 악마 자신도 하나님의 권세 아래 있다. 악마와 타락한 인간은 모두 하나님의 정의를 추구하기보다 자신의 권세를 추구한다(『삼위일체론』, 13.4).[7]

3. 고전 교부들의 그리스도의 죽음에 대한 신학적 성찰

1) 이레네우스의 그리스도의 대속 이해

이레네우스는 포괄적이고도 체계적인 구속론과 속죄론을 서술한 첫 교부로 평가받는다.[8] 그는 육체와 물질 세계를 매우 중시하는 구속론을 전개한다. 그 역시 고전 교부들처럼 육화의 교리 안에서 그리스도의 대속의 죽음을 다루었다. 이레네우스에게 있어서 육화는 대속 사역에 필요한 예비 사역이라 할 수 있다. 그는 그리스도가 인간을 그리스도와 연합한 신적 존재가 되게 하기 위해 육화했다고 설명한다(참조. 4.33.4 ; 3.19.1). 또한 육화의 목적이 그리스도가 "죄를 멸하고 죽음을 극복하며, 사람에게 생명을 주기 위한 것"(3.18.7)이라고 주장한다. 그는 동일한 논지를 다른 곳에서도 제시하고 있다. "하나님의 말씀이 육신이 된 것은 그가 죽음을 진멸하고 사람을 생명으로 이끌어 가기 위함이었다. 이는 우리가 죄 속에 갇혀서 속박받고 있으며 죄 안에서 나서 죽음의 지배 아래서 살고 있기 때문이다."[9] 그리스도의 육화의 목적은 첫 창조를 완성하기 위한 것이기도 하지만 인간을 마귀와 죽음의 지배로부터 구원하기 위한 것이다. 그리스도의 죽음뿐만 아니라 온 생애는 첫 사람 아담의 불순종을 순종으로 대체하고, 마귀와 죽음에 의한 패배를 결정적인 승리로 바꾼 것이다(3.16.6). 이레네우스에게 있어서 그리스도의 육화와 죽음은 일차적으로 죄 용서를 위한 것이 아니라 생명을 수여하기 위한 것이다. 그는 그리스도의 육화로 인해 인간들이 "생명의 상속자들"이 되었다고 주장하고 있다(5.1.3). 바로 이 점이 이레네우스의 대속 이해에서 결정적인 내용이다.

이레네우스의 대속 이해를 설명하면 이렇다. 창세기가 설명하듯이 인간이 죄의 노예가 되어 죽음의 권세 아래 놓이게 된 것은 마귀의 유혹을 받은 첫 사람의 범죄 때문이다. 본래 하나님은 첫 인간을 창조하시고 생명을 부여하였다. 그러나 첫 인간은 뱀의 간계로 유혹을 받아 생명을 누리지 못하고 죽음에 던져지게 되었다. 생명을 상실하고 악마의 소유가 되어 악마의 지배를 받는 노예가 된 것이다. 만일 인간이 계속해서 죽음에 처하게 되면 하나님의 뜻이 뱀의 간계에 굴복한 것이고, 결국 하나님이 패배한 꼴이 되고 마는 것이다. 그래서 하나님은 육신을 취한 하나님의 말씀인 둘째 아담을 보내 악마와 죽음의 권세를 결박하신다. 그리고 그의 소유를 빼앗아 죽음을 멸하고, 죽음의 노예가 된 사람들의 생명을 구원하신다. 사람들을 포로로 잡은 악마가 이제 그리스도의 속전의 죽음을 통해 하나님의 포로가 되고, 악마와 죽음의 권세에 종노릇하던 사람들은 해방을 받게 되었다(3.23.1).

그리스도의 대속 사역에 대한 이레네우스의 설명에서 중요한 점이 있다. 그리스도가 그의 죽음을 통해 죄와 죽음과 악마, 곧 인간들을 노예로 삼은 세력을 철저히 물리치고 승리했다는 것이다. 이레네우스에게 있어서 죄와 악은 라틴 서방 전통에서 강조하는 법적 의미가 아닌, 인간들을 지배하는 실재의 세력이다. 악마와 죽음은 하나님을 대적하는 세력이다. 악마는 죄와 죽음의 지배자이며, 도적이요, 반역자이다. 사람은 죄와 죽음과 악마의 권세에서 벗어나는 길을 스스로 찾을 수 없다. 오직 그리스도가 악마의 권세를 쳐부수고 승리하는 길 밖에는 없다.

이레네우스는 그리스도가 악마의 권세에 승리하고, 사로잡힌 인간들을 구속하는 방식을 설명하기 위해, 악마가 속임을 당한다는 생각을 상징적으로 제시한다. 그는 신약성서의 증언을 따라 그리스도가 스스로 포로 신세로 끌려 들어간 인간들을 위해 자신을 "대속물"(ransom)로 치렀다고 주장한다. 이레네우스는 이렇게 그리스도가 자신을 대속물로 내어 주고 사로잡힌 인간들을 구속한 사역을 하나님의 '정의의 사역'으로 이해한다. 하나님이 강제적 힘을 사용한 것이 아니라 하나님의 정의에 합당한 "설득"(secundum suadelam)을 통해 사로잡힌 자들을 구한 것이라 설명한다(5.1.1). 악마가 사람에게 행사한 권리는 부당한 것이다. 악마는 강도요 반역자요 침략자요, 그리고 전제

군주에 불과하다. 따라서 악마를 물리치고 몰아내는 것이 하나님의 정의이다. 그리고 하나님이 구속의 방식으로 채택한 설득의 방법은 하나님의 정의에 합당하다. 즉, 하나님은 그리스도의 대속의 승리를 통해 하나님의 정의를 하나님의 정의에 부합하는 방식으로 이루신 것이다.

나아가 이레네우스는 그리스도의 사역이 보편적 성격을 지녔다고 설명한다. 그리스도의 삶과 죽음과 부활을 통한 마귀와 죽음의 패배는 단지 그리스도인들만이 아니라 아담으로 대표되는 온 인류에게 해당하는 보편적 의미를 지닌다. 그리스도의 죽음은 모든 개별 인간의 죽음을 대표한다. 그리고 그의 부활은 모든 죽음을 극복한다. 그리스도는 자신의 수난과 죽음을 통해 인간들에게 "제2의 창조" 또는 "죽음으로부터의 창조"를 가져다주었다(5.23.2).

2) 아타나시우스의 그리스도의 대속에 대한 이해

아타나시우스는 이레네우스와 다른 교부들과 마찬가지로 그리스도의 사역을 말씀의 육화라는 보다 넓은 맥락에서 다룬다. 그는 인간들을 죽음의 손아귀에서 구원하고 해방하는 것이 단지 회개만으로는 가능하지 않다고 본다. 회개는 단지 범죄 행위로부터 거리를 두게 하는 역할만 할 뿐이라고 한다. 회개는 또한 인간을 본성의 상태에서 불러낼 수 없다. 단순히 나쁜 행실이 문제라면 회개로 충분하지만, 인간 본성의 "필연적 타락"을 회복하기 위해서는 말씀에 의한 "재창조"가 요구된다(7장).

아타나시우스의 해석에 따르면, 말씀은 모든 인간들이 죽음의 형벌 아래 있게 됨을 보고, 죽음이 주인 노릇하는 것을 견딜 수 없었다. 그분은 인간들을 긍휼히 여기셔서 타락한 인간들의 모습으로 자신을 낮추었다. 그리고 죄로 인한 형벌 아래 있는 모든 사람들을 대신해서 죽음에 자신을 내어 주었다. 말씀은 부활의 은총으로써 죽음으로부터 인간들을 소생시켰다(8장).

하나님의 말씀은 본래 죽음의 고통을 당할 수 없지만, 죽음을 통해 구원하는 것이 필수적이었기 때문에 죽을 수 있는 육체를 스스로 취했다. 그리고 육체를 죽음에 내어 줌으로써 인간들이 갚아야 할 "채무를 변제"했다. 아타나시우스는 신약성서에 나오는 그리스도의 희생과 대속에 관한 여러 말씀들(고후 5 : 14-15 ; 히 2 : 9, 10, 14, 15)을 인용하면서, 그리스도의 육화와 십자가의 수난과 대속의 필연성을 주장한다(참조. 9장, 13장).

아타나시우스는 또한 그리스도의 십자가 죽음을 악마와 죽음의 세력에 대한 승리로 본다. 예수 그리스도는 스스로 "죽음을 통해 죽음의 세력을 잡은 자 곧 마귀를 멸하시고, 또 죽기를 두려워하여 한평생 매여 종노릇하는" 모든 사람들을 해방시켰다. 예수 그리스도는 자신의 몸을 희생 제물로 드림으로써 죽음의 권세를 파괴하고 "생명의 새로운 시작"을 열었다. 이제 인간은 더 이상 죽음의 저주에 예속된 채 죽지 않는다(10장). 그리스도는 인간이 되심으로써 두 가지 사랑의 일을 수행했다. 하나는 인간들에게서 "죽음을 멀리 떼어 놓고 다시 새롭게 하는 일"이고, 다른 하나는 자신이 하나님의 말씀이고 우주의 통치자임을 알리신 것이다(16장).

아타나시우스는 그리스도의 십자가 죽음의 중심 의미를 죽음의 권세가 행한 최악의 행위요 동시에 악마와 죽음의 권세가 전적으로 무효화되고 무력화되며, 패배한 것으로 본다. 그리스도의 십자가 죽음은 죽음을 "공격"하는 것이고 또 무기력한 것으로 짓밟아 버리는 것이며, "분쇄"하는 것이다(참조. 27, 29장). 이를 통해 한때 악의에 차서 의기양양했던 악마가 고통을 당하고 패퇴하였으며, 수족이 묶이고 조롱을 받았다고 주장한다(27장).

또한 아타나시우스는 그리스도의 십자가 죽음을 죄에 대한 보속(만족)으로 해석한다. 그리스도의 십자가의 죽음에서 모든 사람이 짊어진 죄에 대한 "채무"가 지불된 것으로 본다. 그는 모든 인간이 죄로 인해 반드시 죽고, 또 지은 죄에 대한 채무를 반드시 갚아야 한다고 주장한다. 인간이 되신 말씀은 인간이 저지른 죄가 야기한 의의 손상에 대한 값을 치렀고, 인간이 결코 갚을 수 없는 대속을 이루었다. 또한 죽음과 타락을 제거했다. 여기서 의의 손상에 대한 값은 악마가 아니라 하나님에게 지불된 것이다(20장). 그리스도의 십자가 죽음은 죽음의 저주 아래 있는 모든 사람들을 위한 "속전"이었다(25장). 부활은 죽음에 대한 승리와 정복의 표시이다(26장). 더 나아가 아타나시우스는 하나님의 말씀의 육화가 죽음을 파괴했을 뿐만 아니라 모든 사람을 위한 죽음을 완성했다고 이해한다(21 – 22장).

육체가 없고 부패를 모르시는 하나님 아버지의 말씀께서는, 죽음의 종이 되어 있는 인간을 보시고 연민을 느끼셨다. 그래서 우리에게 관용을 베푸시고 우리의 나약함을 손수 짊어지셨다. 주님께서는 전능하신 하나님으로서 더욱 성스러운 방법으로 세상에 오실 수 있었다. 하지만 인간 위에 군림하는 죽음에 의해 하나님 아버지의 작품이 미완으로 사라져 가는 모습을 내버려 두지 못하셨다. 그분은 우리 인간과 동일한 육체를 가지고 동정녀로부터 태어나셨다. 이렇게 말씀께서는 죽음과 파멸의 운명에 놓인 인간을 위해, 그들과 똑같은 몸을 동정녀 마리아(신성 출산)를 통해 취하셨다. 그리고 죽음을 통해 하나님 아버지께 자신의 몸을 "만민"을 위한 제물로 제공하셨다.[10]

아타나시우스는 그리스도가 죽음을 통해 승리하고 생명을 회복한 사실을 강조하고 있다. 그는 그리스도의 대속 사역의 의미가 죽음의 세력으로부터의 구원에 있음을 강조하지만 고전 교부들 그 누구보다 악마에 대해서는 말을 아끼고 있다는 평가를 받는다.[11] 그러나 동시에 그가 그리스도의 대속 사역에서 하나님의 사랑을 지극히 강조한 점을 주목해야 할 것이다.

3) 오리게네스, 닛사의 그레고리우스, 그리고 크리소스토무스의 그리스도의 대속 이해

오리게네스는 그리스도의 대속의 죽음을 설명하기 위해 아담의 죽음에 관한 유대 전승을 언급한다. "나는 유대인들로부터 내려오는 전승이 있음을 들었다. 그것은 아담이 '해골산'(마 27 : 33)에 묻혔고 그의 후손인 우리 모두는 아담과의 연관성 때문에 죽게 되었다는 것이다. 그리고 그리스도의 죽음을 통해 아담은 다시 살아났고 그의 후손 모두는 그리스도와의 연관으로 다시 살아나게 될 것이라는 것이다"(참조. 고전 15 : 22).[12]

그런데 그리스도의 대속의 죽음 이해에서 오리게네스는 예수의 죽음이 마귀에게 지불된 속전이며 마귀를 거꾸러뜨리기 위한 수단임을 처음으로 가르쳤다. 그는 구속의 대가가 하나님에게 지불될 수 없다고 본다. 그리고 악마가 인간을 자신의 권세로 사로잡아 지배하고, 인간을 위한 구속의 대가로 예수 그리스도의 죽음을 요구한다고 생각한다. 마침내 그리스도의 목숨이 악마에게 지불되지만, 사실 악마가 속임을 당하게 된다. 결국 죽음이 그리스도를 대항해서 이기지만 그를 지배할 수 없게 되는데, 그리스도가 죽음의 세력보다 더 강하기 때문이다. 오리게네스는 그리스도가 죽은 자들 가운데 먼저 자유하게 되어 죽음에 지배를 받고 있는 인간들을 음부에서 자유하게 했다고 보았다. 이렇듯 그리스도의 대속의 죽음이 마귀와 거래하기 위해 속전으로 지불되었다는 생각은 고전 교부들에게 많은 비판을 받았다.

닛사의 그레고리우스 역시 그리스도의 대속의 죽음이 인간을 악마의 세력에서 건진 것이라는 점을 강조한다. 그는 "노예의 해방"이라는 비유를 사용해서 그리스도의 대속의 사역을 설명한다. 그는 특별히 포로 되어 있는 인간을 해방하기 위해 그리스도가 악마와 거래한다는 생각을 충분하게 논의했다. 그는 악마가 첫 사람들의 범죄와 타락을 통해 인간들을 소유하고 지배할 권리를 얻게 되었다고 가르친다. 여기에는 인간이 범죄했기 때문에 죽음이 인간을 지배하는 것은 합법적이라는 생각이 바탕에 깔려 있다. 그는 악마가 아니라 죽음의 권세가 인간을 지배한다고 말한다. 그리고 인간이 죽음의 권세에 사로잡혀 있는 것은 죄에 대한 하나님이 심판이라고 말한다. 그레고리우스는 사로잡힌 사람을 악마의 세력에서 해방하는 것이 하나님의 정의와 사랑의 역사라는 점을 가르친다. 하나님이 인간을 악마의 권세에서 구하기 위해 폭력을 사용하지 않은 점도 하나님의 정의에 합당하다고 주장한다. 그레고리우스는 속전으로서의 그리스도의 대속의 죽음을 유명한 "낚시 바늘"의 비유로 설명하고 있다.

> 하나님은 …… 우리를 위한 속전이 그것을 요구한 마귀에게 잘 받아들여지게 하기 위하여 …… 우리의 본성이라는 휘장 아래 자신을 감추셨다. 그래서 굶주린 마귀가 육신의 미끼와 함께 신성이라는 낚시 바늘을 꿀꺽 삼키듯이 죽음의 집 안으로 생명이 들어올 수 있게 하여 마귀를 소멸시키려고 하셨다.[13]

크리소스토무스 역시 사탄과의 투쟁을 통해서 온 인류의 온 세대를 아우르는 결정적 승리를 십자가 위에서 거두셨다는 의미를 강조한다. 그는 십자가를 지신 그리스도를 죽음에 대한 승리자로서 묘사한다. 그리스도는 죽음과 죄의 고리를 끊어 버리시고, 죄의 포로가 되어 죽음에 넘겨진 인간을 승리자로 세우셨다. 그리스도는 승리자처럼 승리의 상징인 십자가를 어깨에 짊어지셨다. 그리스도의 몸을 받아들인 악마와 죽음의 권세는 큰 실수를 저질렀다. 그는 주님의 몸을 여느 죄인들의 주검, 즉 죄를 짓고 죽음의 폭압적 세력에 잡혀 있는 자들과 같다고 생각했다. 크리소스토무스는 그리스도의 속전을 설명하기 위해 여러 비유들을 사용한다. 그는 악마가 마치 소화시킬 수 없는 음식을 먹고 그것은 물론 이미 먹었던 다른 음식까지도 토해 내는 자와 같다고 설명한다. 저승은 주님의 지극히 정결하고 불멸하는 몸을 받아먹었다. 그러나 영원한 생명은 죄인을 게걸스럽게 먹어 대는 저승이 소화해 내기 힘든 쓰디쓴 음식이었다.[14] 크리소스토무스는 또 다른 비유를 들기도 한다. 곧 악마가 자기에게 빚진 자를 옥에 가두는 채권자라는 비유로 예수 그리스도의 대속의 죽음을 설명한다. 악마는 빚진 일이 없는 예수 그리스도를 옥에 가두는 잘못을 범했다. 자신이 행사할 권리 이상을 잘못 행사한 것이다. 이 때문에 그는 사로잡힌 사람들에 대한 지배권을 박탈당했다.[15]

크리소스토무스는 또한 그리스도가 음부에 내려가서 죽음의 권세를 파괴한 점을 몹시 강조한다. 그는 시편과 이사야의 언어들을 사용해서 이를 설명한다. 십자가에 못 박힌 그리스도가 구리 문을 "열었다"고 하지 않고, 죽음과 저승의 감옥을 완전히 초토화하기 위해 구리 문을 "부수셨다"(참조. 시 116 : 16, 사 43 : 3)고 표현한다. 그리스도가 단지 죽음의 세력만을 제거한 것이 아니라, 더 이상 음부를 사용하지 못하도록 초토화하였다고 주장한다.[16]

4) 아우구스티누스의 그리스도의 대속의 죽음에 대한 이해

아우구스티누스는 다른 주제들에 비해 그리스도의 대속의 죽음에 관한 신학적 성찰을 많이 남기지 않았다. 다만 그 역시 예수 그리스도의 육화의 맥락에서 그리스도의 대속의 죽음이 가진 의미를 해명한다. 그는 그리스도의 육화가 하나님 사랑의 크기를 입증한다고 이해한다. 그리스도의 대속의 죽음을 통해 인간이 의롭다는 인정을 받고, 하나님과 화해되어, 하나님의 진노하심에서 구원받음을 주장한다. 또한 그는 그리스도의 피의 희생을 인간들에게 의를 가져다주는 대속과 화해의 죽음으로 이해한다(『삼위일체론』 13.3). 아울러 아우구스티누스는 그리스도의 대속의 죽음을 하나님의 정의의 관점에서 설명하고 있다. 그리스도는 죄인을 대신해서 자신이 지지 않은 빚을 갚았다(『자유의지론』 3.31). 하나님의 말씀은 인성을 취하심으로써 악마를 힘이 아닌 정의의 법칙으로 제압했다(참조.『자유의지론』 3.31). 왜냐하면 악마의 권세는 오직 공의에 의해서만 극복될 수 있기 때문이다. 하나님께서는 정의를 가지고 악마와 싸우셔서 사람을 구원하신다. 하나님은 힘을 사용하시지 않고 정의를 통해 악마를 무찌르고 인간을 구원하셨다(『삼위일체론』 13.4).

아우구스티누스는 또한 "쥐덫"이라는 비유를 들어 그리스도의 속전의 죽음을 설명한다. 악마는 그리스도의 죽음이 덫인지 모르고 덥석 문 쥐와 같다는 것이다. 죄 없는 그리스도가 공의를 위하여 불의한 죽음에 순종함으로써, 인간을 죽음의 세력 아래 사로잡고 있는 악마의 지배권을 박탈하고 다시 찾아왔다. 아우구스티누스는 세상의 고통과 육체의 죽음이 죄에 대한 형벌로서 신앙의 단련을 위해 남아 있다고 주장한다. 그리스도의 십자가 죽음은 죄인들에게 상실된 의를 가져다준다. 인간이 첫 사람 아담의 죄에 참여하고 있듯이, 그리스도 안에서 믿음을 통해 그리스도의 의에 참여하고 있다(『삼위일체론』 13.4).

4. 평가

고전 교부들은 죽음의 부정성과 그리스도의 대속의 죽음에 대한 체계적인 해석의 전형을 창출하는 데 기여했다. 교부들은 그리스도의 육화 이전에 태어난 생명을 죽음에 지배당한 것으로 본다. 그들은 그리스도가 이 세상에 오기 전, 인간들이 악마와 죽음의 권세 아래 지배되고 있음을 역동적인 언어를 통해 표현했다. 죄와 죽음의 지배자는 악마로 형상화되고 인간을 노예로 삼는 원수로 규정되고 있다. 인간은 죄 때문에 마귀와 죽음의 세력에 예속되고, 마귀와 죽음의 세력이 인간을 지배한다. 마귀와 죽음은 철저하게 생명을 부정하는 실재로서 극복의 대상이다. 고전 교부들은 악마의 유혹을 받아 지은 죄의 결과인 죽음을 생명의 원수로 묘사했다. 그들은 죄와 죽음이 생명에게서 자유를 빼앗고 생명을 노예로 만든다고 이해했다.

고전 교부들은 대체로 그리스도의 육화를 죄와 악마, 그리고 죽음에 대항하는 대속과 구속의 역사의 기반이자 시작으로 여겨 매우 중시했다. 한편으로 그들은 성경의 증언에 기초해서, 그리스도의 죽음이 악마를 무찌르고 악마와 죽음의 권세에 사로잡힌 사람들을 구원하기 위한 속전이라는 성경의 주장을 다양한 비유를 들어 설명하려고 했다. 예수 그리스도는 마귀와 죽음의 세력과 싸워 이기신 승리자로서 극적으로 표상되고 있다. 예수 그리스도의 십자가 죽음을 통해 하나님의 진노의 심판으로부터의 해방이 일어났다. 예수 그리스도의 죽음은 어둠의 권세들과 죽음, 곧 하나님의 적대 세력들에 대한 우주적인 승리로 묘사된다. 이렇게 고전 교부들은 예수 그리스도의 죽음으로 죄와 악마의 통치가 종식되었고 죽음 자체가 극복되었음을 힘차게 선포할 수 있었다.

다른 한편, 고전 교부들은 그리스도의 대속 사역에서 드러난 하나님의 정의를 매우 강조했다. 그들은 그리스도의 대속의 죽음이 죄로 인해 손상된 하나님의 정의를 회복하는 것임을 강조했다. 그리고 그리스도가 죽음으로 드린 속전을 통해 하나님이 폭력이 아니라 합당한 방법으로 정의를 회복한 것으로 이해했다. 이로써 고전 교부들은 라틴 서방 신학의 법적인 대속 이해를 위한 길을 예비했다고 할 수 있을 것이다.

The dialectic of life and death

4장 중세신학에서 그리스도의 죽음과 생명의 정의(正義)

I. 그리스도의 죽음, 그리고 정의와 사랑

앞 장에서 살펴본 대로, 고전 교부들은 성경의 가르침을 따라 첫 사람들의 범죄와 타락 이후 사람의 생명이 마귀의 포로가 되었다는 생각을 깊이 전개하고 있다. 여기서 죽음은 마귀가 지배하는 매우 부정적인 현실로 이해되고 있다. 고전 교부들은 죽음을 마귀에게 포로가 되어 있는 상태로 보고, 마귀의 지배를 무너뜨리고 죽음으로부터 생명을 회복하는 그리스도의 해방적 구속의 죽음을 속전(ransom)으로 해석한다.

그러나 고전 교부들의 해석은 라틴 서방 신학자들에 의해 온전히 계승되지 못한 측면이 있다. 라틴 서방 신학은 사람의 죽음과 그리스도의 구속의 죽음에 대한 성경의 가르침의 다른 측면을 강조했다. 서방 교부들과 신학자들이 보는 죽음 해석의 요체는 무엇인가? 서방 신학은 법적인 정의의 관점에서

사람과 그리스도의 죽음을 이해하는 특징을 보여 준다. 이러한 서방 신학 전통을 형성하는 데 있어서 가장 중요한 인물은 아우구스티누스라 할 수 있다. 그는 서방 전통을 형성하는 초석을 마련한 인물로 평가된다.

중세에 이르러 예수의 죽음에 대한 더욱 체계적인 신학적 해석이 이루어졌다. 이 시대에 그리스도의 죽음은 그리스도론의 틀 속에서 더욱 정교하게 다듬어졌고, 이 해석의 틀은 이후 서방 교회 신학에 막대한 영향을 미치게 된다. 이미 후대 교부 시대에 이르러 육화 교리의 발전에 따라, 그리스도의 십자가의 죽음에 대한 속죄 교리는 육화하신 하나님의 아들이 온 인류를 위해 대속적인 죽음을 기꺼이 담당했다는 의미로 발전하였다. 중세 가톨릭교회의 맥락에서 그리스도의 대속의 죽음은 매우 중요한 신학적 토론을 일으켰다.

우리는 이 장에서 중세 이후 서방 신학의 속죄 이해의 초석을 마련한 안셀무스, 그리스도의 죽음에 대한 현대적 해석의 선구로 평가되는 아벨라르두스, 그리고 중세 신학을 종합한 아퀴나스를 살펴볼 것이다. 안셀무스와 아벨라르두스는 죽음을 마귀에게 포로가 되어 있는 상태로 보는 고대 헬라 교부들의 견해를 그다지 강조하지 않았다. 그들은 또한 그리스도의 죽음이 마귀에게 지불된 속전이었다는 해석도 수용하지 않았다. 안셀무스는 중세 가톨릭교회의 대속교리를 형성하는 데 결정적 기여를 하였다. 그는 첫 사람 아담과 하와로 대표되는 인간의 죽음과 그리스도의 죽음에 대한 신학적 해석에 있어서 하나의 획기적인 패러다임을 정립했다. 아벨라르두스 역시 그리스도의 죽음에 대한 하나의 새로운 현저한 해석의 흐름을 형성했다. 그는 그리스도의 대속의 죽음을 하나님의 정의의 표현으로 보기보다 철저하게 하나님의 사랑의 표현으로 보았다.

2. 그리스도의 죽음, 그리고 죽음의 부정성과 정의에 대한 안셀무스의 이해

1) 죽음의 부정성에 대한 이해

중세 캔터베리의 주교인 안셀무스는 죽음을 부정적 현실로 이해한다. 창세기의 첫 세 장은 인간의 죽음이 왜 그리고 어떻게 세상에 들어오게 되었는지, 또 죽음의 성격이 무엇인지를 설명한다. 안셀무스는 창세기 설화를 따라 첫 사람들이 죄를 짓지 않았다면 사람은 죽지 않았을 것이라 주장한다. 죄를 범한 이후 타락한 사람들에게 죽음은 필연적인 현실이 되었다(『왜 하나님은 인간이 되셨나』(*Cur deus homo*), 2권 11장 참조).[1] 그러나 안셀무스는 죄와 죽음이 하나님께서 창조하신 인간의 순수한 본성에 기원을 두고 있지 않다고 한다. 사람의 이성적 본성은 의롭게 창조되었다(2권 1장). 인간의 이성적 본성은 최고의 선인 하나님을 사랑하고 악을 미워하도록 지음을 받았다. 하나님께서 인간을 의롭게 창조하셨고 영원한 복락을 누리도록 하셨기 때문에, 죄를 짓지 않았는데도 죽음의 고통을 겪게 한다는 것은 하나님의 지혜와 정의에 어긋나는 것이다. 따라서 당연히 사람이 죄를 짓지 않았다면 죽지 않았을 것이다(2권 2장). 그러나 첫 사람들이 악마의 유혹을 받아 범죄하고 타락한 이후 아담의 후예들의 본성과 인격 안에 죄가 도사리게 되었다. 죄를 저지른 후, 죽음은 아무도 피할 수 없는 저주의 현실이 되었다. 안셀무스 역시 아담의 불순종의 죄로 말미암아 죽음의 현실이 찾아왔다는 바울의 신학적 이해를 깊이 숙고하고 있음을 알 수 있다.

　죽음의 기원과 성격에 대한 안셀무스의 해석은 그의 저술 몇 군데서 확인할 수 있다. 안셀무스는 아우구스티누스를 따라 원죄를 그대로 받아들인다. 아담이 금지된 선악을 알게 하는 나무의 열매를 먹은 그날에 "육신적으로 죽지 않았지만 …… 언젠가 죽을 수밖에 없는 필연에 종속"되었다.[2] "죄로 말미암아 죽는다"는 바울의 주장(롬 5 : 12 ; 8 : 10)을 그대로 따른 것이다. 안셀무스 역시 현실에서 맞이하는 죽음을 하나님께 순종하지 않은 결과로 생각한다. 안셀무스의 죽음에 대한 성찰이 『연설』(*Proslogion*)에서도 단편적으로 등장한다. 그는 첫 사람 아담이 살았을 에덴과, 그곳에서 누렸을 행복과 그것을 상실한 현실을 대조시킨다. 첫 사람들은 "고통스럽고 무서운 타락"을 탄식한다. 그것은 하나님의 얼굴을 볼 수 없고 하나님의 목소리를 들을 수 없는 유배지의 비참한 현실이다. 그곳에는 빛이 없다. 창조의 목적인 행복을 상실한 불쌍하고 비참한 인간들이 사는 현실이다. 아담의 후손인 모든 인간이 공통적으로 당하는 슬픔이 있다. 빈궁과 텅 빈 공허 속에서 한탄해 보지만 상실한 행복에 대한 커다란 갈망으로 괴로울 뿐이다. 도대체 아담은 무엇을 위해 "우리에게서 생명을 앗아 갔으며 우리에게 죽음을 안겨 주었단 말인가?" 아담의 후예들은 헤아릴 수 없는 "심연"으로 곤두박질치고 말았다. 이것이 바로 아담의 후예들이 당하는 삶 속에 도사린 죽음의 현실이다. 신앙이 없으면 이해할 수 없다.[3]

2) 죄인을 위한 보속으로서의 그리스도의 죽음

　그리스도의 죽음은 아담과 하와가 겪는 죄와 죽음의 비참하기 그지없는 현실에서 생명을 회복하기 위한 것이다. 안셀무스는 그리스도의 죽음이 인간들의 생명과 죽음에 대해 지닌 의미를 그의 주저인 『왜 하나님은 인간이 되셨나』에서 밝혀 주고 있다. 이 기념비적인 저서는 안셀무스가 보소라는 질문자에게 대답하는 형식으로 이루어져 있다. 그는 이 책에서 그리스도의 죽음과 그 이유와 의미를 성육신의 넓은 맥락에서 밝혀 준다.

먼저 보소는 불신자들이 하는 비판을 거론한다. 즉, 그리스도가 여성의 자궁을 통해 태어나고, 보통 사람들이 먹는 음식을 먹으며 영양을 취하고, 또 피곤과 배고픔과 목마름과 매 맞음을 당했으며, 끔찍하기 그지없는 저주의 십자가에서 강도처럼 죽음을 당했다는 주장은 이성적으로 납득하기 어려울 뿐 아니라 하나님에게 해와 모욕을 안겨 주는 것이 아니냐는 것이다. 안셀무스의 대답은 이렇다. 하나님께서 "엄청난 죄악들"로부터 인간의 이성과 생각을 뛰어넘는 방식으로 인간들의 생명을 회복시킨 진리가 바로 거기에 있다. 그것은 "말로 다할 수 없는 하나님의 긍휼"이 담겨 있는 진리라는 것이다(1권 3장). 그리스도께서 낮아지시고 고통을 겪으셨다는 진리는 이해하기 어려운 것이 아니다. 그리스도는 참된 하나님이시고 참된 사람, 곧 신성과 인성이 일치된 분이다. 그리스도께서 겪으신 고통은 신성이 아니라 인성에 적용되는 것이다(1권 8장). 그러나 그리스도의 수난과 죽음은 하나님의 긍휼과 사랑에만 관련된 것이 아니라 죄악에 대한 하나님의 철저한 정의와 관련된 진리이기도 하다. 하나님의 정의 문제는 뒤에서 살펴볼 것이다.

하나님은 왜 인간이 되어 이 세상에 오셨는가? 당연히 인간을 구원하기 위해, 다시 말하면 생명을 회복시켜 주기 위해 오셨다. 이것은 하나님의 극진한 사랑을 보여 준다. 또한 죄와 악마에 사로잡힌 인간들을 위해 악마를 정복하러 오셨다(1권 6장 참조). 그러나 안셀무스는 고대 교부들에게서 두드러지게 나타나는 악마를 물리친다는 사상보다, 인간이 저지른 죄악에 대한 보속으로서의 그리스도의 죽음을 더욱 강조한다.

하나님의 보속이 필요한 죄와 죄악이 야기하는 현실을 안셀무스는 어떻게 이해하는가? 죄란 무엇인가? 안셀무스는 죄를 하나님의 정의가 손상된 심각한 문제로 본다. 인간이 죄를 저지른 것은 하나님의 정의를 위반한 것이다. 그는 원죄가 불의임을 강조한다. 불의는 정의가 없는 것이다(1권 3장). 불의는 합당한 정의의 부재 외에 아무것도 아니다(1권 6장).

인간의 범죄가 불의한 것이기는 하지만 악마가 죄를 저지른 인간을 포로로 잡고 있는 것도 불의한 것이다. 안셀무스는 죄악과 그로 인한 죽음을 악마가 사람을 불의하게 붙잡고 있는 현실로 본다. 악마가 지배하는 권세는 불의한 것이다(1권 7장). 사람이 당하는 고통과 죽음은 하나님의 심판에 의한 형벌이다. 안셀무스는 죽음을 죄, 하나님의 진노, 지옥, 그리고 악마의 권세가 지배하는 현실로 이해한다.

다음, 보소는 그리스도의 죽음이 정의에 합당한 것인가라는 문제를 제기한다. 모든 사람 가운데 가장 정의로운 사람을 죄인들을 대신해서 죽음에 내어 주는 것이 과연 정의에 합당한 것인가? 안셀무스는 그리스도의 죽음이 하나님의 아들이신 그리스도 자신의 자유로운 결정과 기꺼운 순종에 의해 이루어진 것임을 밝힌다(참조. 1권 8장). 그리스도는 자신의 죽음과 같은 위대한 대속의 행동 없이 하나님께서 인간과 화해하시고 인간을 구원하시기를 기꺼워하지 않으시기에, 자신에게 죽음을 명하신다고 이해했으며 기꺼이 자발적으로 순종의 죽음을 받아들였다고 해석할 수 있다(참조. 1권 9장). 달리 말해서 그리스도가 "순종의 풍성한 죽음"을 견뎌야 하는 것을 하나님이 뜻하셨다고 말하는 것은 옳다(참조. 1권 10장). 그러나 그리스도의 죽음이 어떤 "강제적 필연"에 의해 이루어진 것은 아니라는 뜻이다. 그리고 나아가 안셀무스는 그리스도의 순종과 인내 가운데 이루어진 그의 죽음은 정의를 이루기 위함이었다고 말한다.

그런데 하나님께서는 왜 굳이 이성적으로 납득하기 어려운 방식인 죽음으로 인간을 구원하셨는가? 그것이 어떻게 사랑의 표현일 수 있단 말인가? 또 그리스도의 죽음이 사람의 구원을 위해 왜 필요한지도 명확하게 이해가 되지 않는다. 보소는 하나님 자신이 꼭 피를 흘려 죽음으로써만 사람을 구원할 수 있는지 어리둥절해 하는 비판자들의 이야기를 전한다. 전능하신 하나님은 피를 흘리지 않고도 다른 방법으로 사람을 구원하실 수 없단 말인가? (참조. 1권 6장, 9장, 10장)

안셀무스는 이 질문에 대답하기 위해 죄의 의미와 면제, 곧 속죄의 문제를 밝힌다. 안셀무스는 죄를 하나님의 명예가 훼손된 것으로 이해한다. 죄를 저지르는 것은 "하나님께 마땅히 드려야 하는 명예"를 드리지 않는 것과 같다. 그것은 오직 하나님께 속한 것을 훔친 것과 마찬가지다. 그래서 범죄는 "하나님을 모욕"하는 것이고 "하나님께 진 빚"이다. 하나님은 그 빚을 갚을 것을 요구하신다. 반드시 갚아야 할 뿐만 아니라 훔쳐 간 것 이상의 보상이나 배상이 필요하다. 이것이 바로 속죄의 의미다(1권 11장).

그러나 사람이 그 빚을 갚지 않아도 될 만큼 하나님의 긍휼은 크지 않은가? 하나님의 자비와 긍휼만으로 인간이 지은 죄악이 용서된다고 주장하는 것이 적합하지 않은가? 그러나 안셀무스에 따르면 하나님의 자비만으로는 죄악이 용서되지 않는다. 죄를 벌하지 않고 자비만으로 용서하는 것은 적합하지 않다. 정의는 법 아래 있기에 법의 지배를 받아야 한다. 자비로만 용서되면 불의가 정의보다 더 자유로운 것이 되고 말뿐만 아니라 하나님을 불의한 존재로 만든다(1권 12장).

피조물이 하나님께 돌려야 할 마땅한 명예를 도둑질하고서 갚지 않는 것은 하나님이 이 세상에서 가장 참기 어려운 것이다. 안셀무스는 하나님의 명예를 지키는 것이 자연 질서 안에서 "최고의 정의"라고 한다. 그러므로 빼앗긴 명예는 반드시 되갚아야 하거나 심판과 벌이 뒤따라야 한다고 말한다(1권 13장). 하나님은 자신의 명예를 반드시 지키신다. 따라서 잘못된 행동에 대한 즉각적인 보상과 보상을 하지 않는 사람을 강제로 처벌하는 것은 우주 질서의 아름다움을 유지하는 조치다. 모든 죄에는 반드시 보상이나 만족이 뒤따라야 한다(1권 15장).

사람의 입장에서 보아도 죄에 대한 보상이나 배상이 지불되지 않고는 구원, 곧 생명의 회복은 이루어질 수 없다(1권 19장). 지은 죄에 대해서는 측정에 따라 반드시 보상이 이루어져야 한다. 사람은 지은 죄를 용서받기 위해 회개 또는 통회, 겸손한 마음, 금식과 육체노동, 자선 및 용서, 그리고 순종 등을 실천할 수 있다. 그러나 문제는 사람이 자신의 힘으로 죄에 대한 보상을 충족할 수 없다는 점이다(1권 20장). 안셀무스는 죄를 대단히 무겁고 심각한 것으로 간주한다(1권 21장).

첫 사람 아담과 하와가 죄 없이 에덴에 창조되었을 때 그들은 악마의 유혹을 이겨 내고 죄를 짓지 않을 능력을 지니고 있었다. 그러나 그들이 악마의 유혹을 받아 죄를 짓고 악마에게 지배를 받게 된 것은 하나님을 명예를 손상한 것이요 하나님을 모욕하는 것이었다. 그것은 하나님의 진노를 불러일으켰고 하나님과의 화해를 어렵게 만들었다(1권 22장). 안셀무스는 새로운 생명을 향유하기 위해서 사람이 지은 죄로부터, 하나님의 진노로부터, 지옥으로부터, 악마의 권세로부터의 해방이 요구된다고 본다. 그리고 이런 해방의 사역은 사람 자신이 할 수 있는 것이 아니다. 사람이 되신 하나님인 예수 그리스도의 구속을 통해 죽음의 권세로부터 새로운 생명의 실재로 나아갈 수 있다고 본다(1권 24-25장 참조). 인간은 자신이 지은 죄에 대한 완전한 보상을 통해서만 하나님께서 인간의 본성과 함께 시작하신 생명의 완성을 이룰 수 있다. 그러나 인간은 자신의 죄에 대한 완전한 보상을 할 수가 없다(2권 4장). 그래서 인간이 지은 죄에 대한 완전한 보상을 할 수 있는 누군가가 필요하다. 그 누군가는 반드시 사람이어야 한다. 그렇지 않다면 완전한 보상이 될 수 없다. 그러나 사람은 완전한 보상을 이룰 수 없다. 오직 하나님만이 완전한 보상을 이룰 수 있다.

따라서 오직 하나님-사람만이 필연적으로 완전한 보상을 이룰 수 있다(2권 6장). 그리스도는 완전한 하나님이요 완전한 사람으로서, 죄를 지은 인간을 대신해 하나님께 완전한 보상을 드렸다. 그리스도는 자유로운 죽음을 통해 악마를 극복하였으며, 하나님의 정의와 명예는 완전히 보상되었다. 그리스도의 죽음은 "온 세상의 죄악들로 인해 빚진 것을 갚은 위대하고 아름다운 선"이라 할 수 있다. 그것은 사람들의 "모든 죄악을 압도하는", "한 없이 충분한" 생명 회복의 죽음이다(2권 14장). 안셀무스는 그리스도가 수행한 정의의 보상이 악마에게 주어진 것이 아니라 하나님께 드려졌음을 분명하게 주장한다(2권 19장).

마지막으로 안셀무스는 사람의 죄에 대한 정의의 보상이 하나님의 자비를 감소시키는 것이 아님을 강조한다. 그리스도의 죽음에서 하나님의 정의와 하나님의 긍휼이 가장 잘 조화를 이룬다고 주장한다. 인간의 범죄를 대속하기 위해 드려진 그리스도의 죽음은 가장 위대한 자비이면서 동시에 최상의 정의라고 주장한다(2권 20장).

3) 정의와 죽음의 변증법

안셀무스는 그리스도의 죽음을 하나님의 정의를 위한 보속(補贖, satisfactio)으로 규정하는 이해를 체계화하였다. 이러한 만족과 공로라는 신학 용어를 창출하는 데 크게 기여한 고대의 신학자는 바로 테르툴리아누스(Tertullian)로 알려져 있다.[4] 키프리아누스(Cyprian)도 그리스도의 고난과 죽음을 여분의 공로의 획득과 만족과 보상으로 하나님께 지불한 것으로 이해했다. 구약성서의 영향을 받고 신약성서에서 발원하는 이 해석은, 초대교회에서부터 안셀무스를 거쳐 종교개혁 이후의 개신교 신학의 구원론에서 가장 중요한 자리를 차지해 왔다. 이 해석은 라틴 전통에서 예수 그리스도의 죽음에 대한 중심적인 해석이라고 말할 수 있을 것이다. 안셀무스는 『왜 하나님은 인간이 되셨나』에서 그리스도의 죽음에 대해 여러 가지 중요한 질문을 제기한다. 이 책은 그리스도의 성육신뿐만 아니라 그리스도의 십자가의 죽음과 보속의 이유를 '이해를 추구하는 신앙'의 입장에서 이성적으로 탐구한 매우 중요한 신학저술이다. 안셀무스는 육화의 필연성을 그리스도에 의한 죄의 보속을 통해 설명한다. 그는 보속만이 하나님의 정의와 가능한 유일한 인간 구원의 수단이라 생각했다.

앞서 살펴보았지만 안셀무스가 보속의 필연성을 주장하는 논리를 찬찬히 들여다보면 두 가지의 중요한 생각을 확인할 수 있다. 안셀무스에게는 죄의 심각성과 하나님의 명예의 중요성이라는 생각이 깊게 뿌리박혀 있다. 죄에는 반드시 벌이 따라야 한다는 생각이 확고하다. 그렇기 때문에 죄에 대한 보속의 필연성을 강조할 수밖에 없는 것이다. 적어도 하나님의 '명예'라는 개념은 그리스-로마의 문화적 성격을 지니고 있는 듯하다.

그 내용의 핵심을 정리해 보면, 하나님은 인간을 노예로 만든 원수를 극복하시려고 이 죄와 죽음의 세계에 들어오셨다. 죄와 죽음은 인간을 노예로 만든 부정과 지양의 대상으로 이해되고 있다. 예수 그리스도의 죽음은 모든 인간이 당해야 할 죽음을 극복하는 대리적인 죽음으로 이해된다. 예수 그리스도의 죽음의 대리적 방식이 하나님의 공의의 요구를 '보상' 혹은 '보속'하는 것으로 이해되는 것이다. 여기서 그리스도의 죽음은 하나님의 공의와 인간의 죄의 삶의 차이를 메우는 일종의 계산적인 보상 행위라는 인상을 준다. 이러한 만족설에 담긴 기본 생각은 종교개혁기를 거쳐 현대에도 면면히 이어지고 있다.

그리스도의 대속의 죽음에 대한 안셀무스의 이해가 담고 있는 문제들은 아벨라르두스의 비판을 통해 더욱 더 첨예화되었다. 안셀무스의 객관적 해석은 그리스도의 삶과 죽음과 부활이 지닌 포괄적 차원을 법적인 하나님의 정의와 그것을 통한 하나님의 사랑의 차원으로 축소하는 경향을 보여 주고 있다.

3. 아벨라르두스의 그리스도의 죽음, 그리고 죽음의 부정성과 정의에 대한 이해

1) 악마의 지배를 받는 현실로서의 죽음의 부정성에 대한 해석

아벨라르두스는 기독교 신학의 전통을 따라 죄를 신학적으로 규정하면서도 동시에 칸트 이후의 현대 사상을 예견하듯이 윤리적으로 규정하고 있다. 그 역시 이전 교부들의 해석을 따라 모든 사람이 죄를 지었고, 인간은 죄악을 저지른 사악한 존재로 징벌을 받아 마땅하다고 본다. 그러나 아벨라르두스는 고대 교부들에게 공통적으로 나타나는 바, 죄의 결과로서의 죽음의 저주라는 생각을 개진하는 것 같지 않다. 그는 죄를 지은 현실이 죽음의 저주라는 주장을 명시적으로 제시하지 않는 듯하다. 다만 그는 죄를 지은 현실을 철저하게 악마의 지배를 받는 현실로 보고 있다. 인간은 죄를 짓고 악마의 지배를 받게 되었다. 이는 첫 사람들이 자발적으로 악마에게 순종하여 죄를 저지른 결과이다(『로마서주석』 3 : 19-26).

아벨라르두스가 윤리학에서 죄를 규정하고 있다는 점을 주목해야 한다. 그는 자신의 행위에 책임져야 하는 행위를 죄로 규정한다. 안셀무스를 따라 죄를 "하나님을 향한 실제적인 모욕"이나 "악에 대한 동의"를 뜻하는 것으로 보면서도 죄의 다양한 의미를 검토한다(참조. 『윤리학』 14장). 이런 의미에서 죄에 대한 아벨라르두스의 규정은 매우 현대적이라 평가할 수 있다.

2) 가장 위대한 사랑으로서의 그리스도의 죽음에 대한 주관적 해석

아벨라르두스의 화해와 속죄 이해는 로마서에 대한 그의 주석에서 단편적으로 나타난다. 그는 하나님께서 화해자로 세우신 그리스도 예수의 죽음(피)을 통해 인간이 구속을 받았다는 바울의 주장을 해석한다. 그리스도께서 죽으신 이유는 우리가 저지른 사악한 죄 때문이다. 그런데 아벨라르두스는 속죄 사역의 객관적 성격을 강조하는 안셀무스와 달리 주관적 효과를 강조한다. 그는 그리스도의 화해사역이 모두를 위한 것이 아니라 오직 그것을 믿고 소망하는 자들에게만 영향을 미친다고 주장한다(『로마서주석』 3 : 19-26). 그는 하나님께서 "자기 아들을 아끼지 않고" 베풀어 주신 예수 그리스도의 죽음에서 나타난 '하나님의 의'의 본질을 철저하게 사랑으로 이해한다. 물론 그것은 하나님의 정의를 드러내는 것이기도 하다.

그는 로마서 3:19~26에 대한 주석에서 예수 그리스도의 죽음을 통한 구원 또는 칭의를 둘러싼 문제들을 가지고 씨름한다. 바울이 말하는 그리스도의 죽음을 통해 우리에게 선물로 주어진 구원(생명)은 과연 어떤 것인가? 우리가 그리스도의 죽음에 의해 의로워졌다는 주장에서 가장 중요한 문제는 무엇인가? 먼저 왜 하나님은 육체의 죽음을 통해 인간을 구원하기 위해 인간의 몸을 입고 극심한 모욕과 조롱을 겪으셨으며, 결국 사악한 자들이 받는 십자가의 징벌이라는 가장 처절하고 불명예스러운 죽음을 당하실 필요가 있었는지를 밝혀야 한다. 하나님의 아들을 십자가에 못 박는 행위는, 첫 사람들이 에덴동산에서 하나님의 명령을 어기고 선악을 알게 하는 나무의 열매를 따 먹은 행위보다 더욱 악한 행동이다. 그러므로 더욱 큰 형벌이 주어져야 함에도 불구하고, 오히려 그 죽음을 통해 화해와 구원이 이루어졌다. 그렇다면 어떻게 그리스도의 죽음이 하나님께 만족을 주어서 화해와 구원이 이루어질 수 있는가? 포로에 대한 속전은 어떻게 지불해야 하는가? 속전으로 무고한 사람의 피를 요구하는 것이 하나님을 기쁘시게 한다는 생각은 얼마나 잔인하고 사악한 것인가? 이러한 질문에 답하기 위해 하나님께서 어떤 정의의 기준으로 그리스도를 죽음에 내어 주어 우리를 구원하셨는지를 밝혀야 한다.

아벨라르두스는 그리스도의 속죄의 죽음을 '모범'으로 이해한다. 안셀무스가 그리스도의 속죄 사역의 중심이 하나님의 정의임을 우선적으로 강조하는데 반해 아벨라르두스는 하나님의 사랑임을 강조한다. 하나님께서 인간을 악마에게서 구원하시는 데 있어서 결정적인 것은 바로 하나님의 긍휼이다. 그것은 하나님의 "위대한 사랑" 또는 "더 큰 사랑"이다. 바로 이 하나님의 긍휼과 사랑이 죄에서 자유와 하나님의 자녀로서의 진정한 자유를 얻게 한 것이다. 그리스도의 죽음은 "친구를 위하여 자기 목숨을 버린" 큰 사랑(요 15 : 13)이고, "우리가 아직 죄인 되었을 때 우리를 위해 죽으신" 하나님의 확증하는 사랑이다(롬 5 : 8). 이렇게 아벨라르두스는 그리스도의 죽음을 최상의 사랑이 드러난 사건으로 해석했다. 그는 이렇게 쓴다 :

> 구속은 그리스도의 수난에 의해 우리 속에 불붙게 되는 가장 위대한 사랑이다. 이 사랑은 우리를 죄의 속박에서 건져낼 뿐만 아니라 우리에게 자녀로서의 참된 자유를 가져다준다. 그리고 그곳에서 두려움이 아닌 사랑이 지배 원리가 된다.[5]

3) 사랑과 죽음의 변증법

아벨라르두스는 그 앞의 안셀무스, 그 뒤의 토마스 아퀴나스와 더불어 중세 신학에 있어서 하나의 기둥을 이루고 있다. 그는 안셀무스의 가장 위대한 제자로서 신학방법론의 발전에 커다란 역할을 하였다. 사실 그는 신학보다 오히려 엘로이즈(Heloise)와의 비극적 사랑 때문에 대중적으로 더욱 널리 알려져 있다. 그는 일부 현대 학자들에 의해 '계몽운동의 샛별'로 칭송받기도 했다. 그러나 그는 안셀무스나 아퀴나스처럼 체계적인 신학을 펼쳐 내지는 못한 것으로 평가된다.

그리스도의 죽음과 속죄에 대한 그의 해석은 안셀무스나 아퀴나스와 비교해서 상대적으로 단편적이다. 또한 그의 철학적 기반인 유명론(唯名論)의 경향은 주관주의로 기울어지게 했다. 이러한 경향이 그의 속죄론을 도덕적인 해석으로 편협하게 왜곡한 이유로 거론되기도 한다. 아벨라르두스는 안셀무스의 대속 이해가 지닌 편향을 깊이 인식했다. 어떻게 보면 그의 해석은 안셀무스의 보속 이해가 담고 있는 정신과 논리에 대한 매우 심각한 비판으로 볼 수도 있다. 그는 의로운 자의 희생을 통한 만족(보속)이 어떻게 하나님의 정의에 합당한지를 물었다. 그것은 하나님의 사랑과 모순되지 않는가? 그 결과 그는 예수 그리스도의 죽음을 철저하게 하나님의 사랑의 표현으로 이해하고 있다. 그렇다고 해서 그가 하나님의 정의의 성격을 완전히 무시한 것은 아니다. 다만 그가 그리스도의 십자가의 죽음을 이렇게 해석한 것은, 안셀무스의 속죄교리가 보여 주는 경직된 형식들을 싫어하고 개인과 하나님의 관계를 강조하기 원한 사람들에게 호소하는 효과를 거두었다.[6]

아벨라르두스는 그리스도의 죽음과 속죄사역에서 하나님의 사랑만을 지나치게 강조하고 정의의 측면을 소홀히 여겼는가? 그와 동시대에 활동한 신학자인 베르나르두스(Bernard of Clairvaux)는 하나님의 자비가 정의를 매개로 삼아 작용하고, 그리스도의 수난(죽음)은 정의의 회복을 통해 사람의 구원을 성취한다고 주장하면서 아벨라르두스를 비판한다.[7]

4. 그리스도의 죽음, 그리고 죽음의 부정성과 정의에 대한 토마스 아퀴나스의 이해

1) 원정의의 상실로서의 죽음의 부정성에 대한 이해

중세 신학을 집대성했다고 평가받는 토마스 아퀴나스는 죽음을 어떻게 설명할까? 첫 사람들은 '원천적 정의'라 불리는 '완전한 상태'에 거했다(제187장).[8] 선과 악을 아는 나무에서 난 열매를 먹지 말라는 명령이 주어지고, 만일 먹으면 죽을 것이라는 경고가 따른다. 그러나 이미 죄를 범한 악마는 "죄를 지을 수 있는 인간"을 원천적 정의에서 떼어 놓기 위해 거짓말을 하여 "죽음의 공포"를 배제시킨다(제189장). 아퀴나스는 첫 사람들에게도 죽음이 공포의 대상이라는 점을 분명히 전제하고 있다. 다시 말하면, 죽음은 처음부터 부정적인 현실로 인식되고 있다. 그러나 첫 사람들은 악마의 유혹을 받고 "죽음의 공포를 경멸하면서" 자신들에게 "미리 정해진 한계"를 넘어서 불순종의 죄를 짓고 만다(190장). 아퀴나스는 첫 사람들이 유혹을 받고 죄를 지어 원천적 정의 상태에서 떨어져 나온 것을 "육체에서의 소멸의 결함"으로 보고, 이 결함을 통해 인간에게 "죽음의 필연성이 초래"되었다고 주장한다(193장). 아울러 첫 사람들은 "부정한 영들에게 지배"를 받게 되었다(제194장). 그리고 첫 사람들이 죄를 지은 후에 모든 사람은 "원천적 정의 없이, 수반되는 결함을 지닌 채로" 태어나는 운명에 놓이게 되었다(제195장). 첫 사람들은 죄를 지음으로 인해 "본성을 오염시켰고, 오염된 본성"이 첫 사람들로부터 그 본성을 부여받은 자녀들의 "인격을 오염"시켰다(제196장).

아퀴나스는 또한 『신학대전』 제2부의 1부 제85문 "죄의 결과들"에서 죽음을 해명하면서 원천적 정의의 상실이 지은 죄에 대한 하나님의 형벌이라고 주장한다.[9] 아퀴나스는 죽음과 관련하여 두 가지 물음을 던진다. "죽음과 육체의 결함들은 죄의 결과인가?", "죽음과 다른 육체의 결함들은 어떤 면에서 사람에게 본성적인가?" 아퀴나스는 두 가지 물음들에 반박하는 방식으로 대답한다. 아퀴나스는 먼저 첫째 물음을 검토한다. 그는 죽음과 다른 육체의 결함들이 죄의 결과가 아니라는 반론에 대해 죄로 말미암아 죽음이 들어왔다는 바울의 주장(롬 5 : 12)을 제시한다. 아퀴나스에 따르면 첫 사람들이 죄를 짓고 죽음을 의도하지는 않았지만 "우연히" 죽음의 원인이 되었다는 것이다. 죄가 원천적 정의를 제거했기 때문이다. 원천적 정의의 상실은 형벌의 성격을 지닌다. 그러므로 죽음과 신체의 부수적인 결함들은 원죄로 인한 형벌이라는 것이다. 따라서 죽음은 죄인이 의도한 바는 아니지만 하나님의 응보적 정의와 일치한다고 본다(제85문 5절).

이어서 둘째 물음을 다룬다. 죽음은 사람에게 본성적인가? 어떤 사람들은 죽음이 사람에게 본성적인 것이라 주장하지만, 아퀴나스는 하나님은 죽음을 창조하지 않았다고 주장한다. 오히려 하나님은 원천적 정의라는 선물에 의해 육체가 부패하지 않도록 은총을 부여했다는 것이다. 그러므로 죽음은 사람에게 본성적이지 않다. 또한 죽음은 원죄에 대한 벌이기 때문에 본성적이라 할 수 없다(제85문 6절).

아퀴나스의 죽음의 부정성에 대한 이해는 죄와 벌의 심각성에 대한 그의 이해에 상응한다고 할 수 있다. 아퀴나스는 그리스도께서 죽음을 받아들이신 이유 중 하나로 인간이 처벌을 받아야 하는 상태에 대해 말한다. 하나님의 정의는 엄중해서 죄를 짓는 사람은 누구나 처벌을 받도록 요구한다는 것이다. 그리고 벌은 죄과에 따라 저울질 되는데, "무한한 선"인 하나님의 계명을 무시하고 어긴 죄는 "치명적인 죄"이기 때문에 벌도 무한하다고 한다(『사도신경해설』 58항).[10]

죽음의 부정성에 대한 아퀴나스의 이해는 죄에 대한 이해보다는, 죽음 이후의 세계 또는 죽은 자들이 사는 세계인 '음부'에 대한 이해를 통해 더욱 분명하게 나타난다. 아퀴나스에 따르면 음부는 저주를 받은 사람들이 거하는 죽음의 세계이다. 음부는 죽음의 세력인 악마의 집이요 악마가 다스리는 세계다(『사도신경해설』 67항). 구약의 믿음의 조상들을 포함해서 아직도 많은 사람들이 음부의 권세에 놓여 있다(『사도신경해설』 68, 70항). 그리스도께서는 음부를 다스리는 죽음의 세력인 악마를 정복하기 위해 음부에 내려갔다(참조. 『사도신경해설』69항). 결국 아퀴나스의 이해에 따르면, 죽음의 세력이 지배하는 음부는 궁극적으로 구속과 해방을 받아야 할 생명들을 속박하고 있는 부정적인 현실이다.

2) 그리스도의 대속의 죽음에 대한 이해

아퀴나스는 "죄의 삯은 죽음"(롬 6 : 23)이라는 바울의 주장을 따르면서 그리스도의 죽음이 보속의 죽음이라고 한다. 첫 사람들의 죄(원죄)로부터 사람들이 마땅히 겪어야 하는 것들 가운데 가장 중요한 것이 바로 죽음이다. 그리스도께서는 사람들의 죄를 위해 스스로 죽기를 원했다. 이는 사람이 마땅히 받아야 할 벌을 죄 없는 그분이 대신 수용함으로써, 사람들을 죽음이라는 처형 상태로부터 해방시키기 위함이었다. 그리스도께서 자발적으로 받아들인 죽음에의 순종은 대속적인 것이었다(『신학요강』제227장).

그런데 아퀴나스에 따르면 그리스도의 죽음에는 이중의 필연성이 있다. 먼저 그리스도의 죽음은 죄를 치유하기 위한 것이다. 그리스도의 수난은 우리가 죄를 지음으로써 범하는 모든 악에 대한 치유를 위함이다(『사도신경해설』54항). 그리스도의 수난은 인간이 혼자서 보속(補贖)할 수 없는 죄를 하나님 아버지께서 보속하심으로써 제거한다. 여기서 보속이라 함은 죄의 해악을 보상하는 것을 뜻하며, 라틴어로 'satisfactio'라는 단어이다. 이 단어는 어원상 "충분하게 하다"를 뜻하고, 로마법에서 기원한다. 로마법에서 이 단어는 채무자가 빚을 갚을 수 있는 한에서 충분히 갚는다는 뜻이다. 이 법의 용어는 변호사였던 교부 테르툴리아누스(Tertullian, c. 155-c. 225)를 통해 서방 그리스도교 신학용어로 도입된 것으로 알려진다. "우리가 하나님의 원수로 있을 때에도 그분의 아들의 죽으심으로 하나님과 화해하게 되었습니다"(롬 5 : 10).[11] 하나님의 정의는 죄를 짓는 사람 누구나 처벌을 받도록 요구한다. 벌은 죄과(culpa)에 따라 저울질된다. 인간이 지은 죄과(특히 치명적 죄과)는 무한하다. 따라서 인간이 그 무한한 죄과를 감당하는 것은 불가능하다. 오직 온 세상의 모든 죄들을 보속하기에 넉넉할 정도로 큰 그리스도의 죽음으로 인해 죄인들이 용서를 받는다(『사도신경해설』58항).

그렇다면 죄의 보속은 필연적인가? 아퀴나스는 보속의 필연성과 관련해서 안셀무스를 따른다. 아퀴나스는 초기 저작인 『명제집주석』, 『대이교도대전』, 『신학요강』에서 적절한 보속 없이 죄를 용서받는다면 무질서가 우주에 머물게 될 것이므로, 죄는 형벌에 의해 보상되어야 한다고 주장한다. 하나님의 정의는 바꿀 수 없고 보속 없이는 죄의 용서가 가능하지 않다는 신법에 호소한다.[12] 아퀴나스는 보속의 필연성을 하나님의 정의 요구에 둔다. "하나님의 정의는 사람이 그리스도의 수난(죽음)의 보속을 통해 죄로부터 해방되는 것을 요구한다. 그런데 그리스도는 그 자신의 정의를 소홀히 할 수 없었다. …… 그러므로 사람은 그리스도의 수난 이외의 어떤 다른 수단을 통해서도 해방될 수 없었다"(『신학대전』3부 제46문제 제2절 제3항).

다른 하나는 행위의 모범을 보여 주기 위한 것이다. 예수 그리스도의 죽음은 완전한 사랑의 모범이다. 아우구스티누스는 그리스도의 수난이 우리 삶을 완전하게 교육하는 데 충분하다고 말한다. 십자가는 가장 탁월한 인내의 모범이다(『신학요강』제227장). 그리스도의 죽음은 우리를 위한 대리 속죄의 죽음이며 우리를 향하신 하나님의 어마어마한 은혜와 사랑의 표현이다. "그러나 우리가 아직 죄인 되었을 때에, 그리스도께서 우리를 위하여 죽으심으로써, 하나님께서 우리에게 주신 사랑을 나타내셨습니다"(롬 5 : 8).

아퀴나스는 그리스도의 대속 사역에서 사랑과 정의 가운데 어느 하나를 배타적으로 강조하지 않는다. 그는 그리스도의 죽음을 통한 구원 사역에서 이 두 속성이 공존한다는 것과 그 공존 방식을 탁월한 균형 감각을 가지고 규정하고 있다.[13]

한편 아퀴나스는 히브리서의 말씀을 따라, 그리스도의 십자가 수난과 죽음을 죽음의 세력인 악마를 멸하고 죽음의 공포로부터 해방시킨 사건이라고 해석하기도 한다. "그것은, 그가 죽음을 겪으시고서, 죽음의 세력을 쥐고 있는 자 곧 악마를 멸하시고, 또 일생 동안 죽음의 공포 때문에 종노릇하는 사람들을 해방하시려고 한 것입니다"(히 2 : 14-15, 『신학요강』 제227장). 또 다른 곳에서는 그리스도께서 음부에 내려가신 이유들 가운데 하나로 "악마를 완전히 이기기 위한 것"을 들고 있다. 그리스도께서는 십자가의 죽음에서 패배시킨 악마를 완전히 정복하기 위해 그 권좌와 모든 것을 빼앗았으며, 음부의 소유권조차 돌려받기 위해 음부로 내려갔다고 한다(『사도신경해설』 68항). 그러나 결론적으로 정리하면, 그리스도의 속죄의 죽음에 대한 아퀴나스의 해설을 안셀무스의 보속설과 비교할 때, 그리스도의 죽음이 악마를 무찌르기 위한 것이라는 고전적 속전론의 면모는 상대적으로 덜 강조되고 있는 것이 사실이다.

5. 평가

중세기에 들어와서 라틴 서방 신학의 대속 이해는 라틴 세계의 개인적이고 법적인 문화의 토양에서 형성되어, 고전 교부들의 승리자 그리스도의 대속 이해와는 다른 방향으로 전개되었다. 그 초석을 마련한 안셀무스, 그리스도의 죽음에 대한 현대적 해석의 선구로 평가되는 아벨라르두스, 그리고 중세 신학을 종합한 아퀴나스를 살펴보았다. 안셀무스와 아벨라르두스는 사람의 죽음을 마귀에게 포로가 되어 있는 것으로 보는 고전 교부들의 견해를 그다지 강조하지 않을 뿐더러, 그리스도의 죽음이 마귀에게 지불된 속전이었다는 고전 교부들의 해석을 수용하지도 않는다. 안셀무스는 죽음의 부정성과 그리스도의 대속의 죽음에 대한 신학적 해석에 있어서 하나의 획기적인 패러다임을 정립하고 있다. 아벨라르두스 역시 그리스도의 죽음에 대한 하나의 새롭고 현저한 해석의 흐름을 형성하고 있다. 이 해석에서 그리스도의 대속의 죽음은 하나님의 정의의 표현이라기보다는 철저하게 하나님의 사랑의 표현으로 이해되고 있다. 아퀴나스는 정의를 강조하는 안셀무스와 사랑을 강조하는 아벨라르두스 사이에서 보다 균형 있는 종합을 추구하려고 한다. 결론적으로 죽음의 부정성과 그리스도의 대속의 죽음에 대한 신학적 성찰에서 중세기 신학의 기여는 하나님의 정의와 사랑을 법적이고 윤리적인 방향으로 더욱 치밀하게 전개했다는 점에서 찾을 수 있을 것이다.

The dialectic of life and death

5장 종교개혁신학에서 그리스도의 죽음과 생명의 정의(正義)
– 루터와 칼뱅을 중심으로 –

I. 안셀무스의 계승과 고전적 속전 이해의 복원

종교개혁자들은 중세 가톨릭교회의 교리와 윤리의 부패에 대항해서 신약성서의 복음이 지닌 근본정신을 되살려 낸 것으로 평가받는다. 이 장에서는 종교개혁자들 가운데 죽음의 부정성과 그리스도의 대속의 죽음에 대한 뚜렷한 신학적 성찰을 보여 준 루터와 칼뱅의 이해를 중점적으로 고찰할 것이다.

대표적인 종교개혁자들인 루터와 칼뱅은 죽음의 부정성과 그리스도의 대속의 죽음을 어떻게 이해하고 있을까? 특별히 루터는 중세 가톨릭 신학과의 논쟁을 통해 십자가 신학을 전면에 내세우면서도 중세 신학이 소홀히 한 고전적 승리자 그리스도론을 상당 부분 복원했다는 평가를 받고 있다.

루터의 십자가 신학은 죽음의 부정성에 대한 보다 예민한 인식을 보여 줄 것이다. 아울러 루터가 악마와 죽음의 권세 아래의 지배라는 죽음의 부정성

에 대한 고전적 인식과, 악마와 죽음의 권세로부터의 해방이라는 그리스도의 대속의 죽음에 대한 인식에 어떤 새로움을 가미해서 복원시키는지 주목해서 살펴볼 가치가 있다고 생각한다. 칼뱅은 루터보다 더욱 라틴 서방 전통에 충실하지만, 죽음의 부정성을 인식하는 데 있어서는 전통적인 해석이나 루터와도 별 차이가 없을 것으로 예상할 수 있을 것이다.

2. 루터의 그리스도의 죽음, 그리고 죽음의 부정성과 정의에 대한 이해

1) 죽음의 부정성에 대한 신학적 성찰

종교개혁자 마르틴 루터는 죽음의 부정성에 대한 심오한 신학적 성찰을 수행하고 있다. 그는 신앙적으로 또 신학적으로 죽음의 현실을 매우 예민하게 인식한다. 그리고 그리스도와 신앙 밖에서의 죽음의 부정적 현실을 매우 강조한다. 앞 장들에서 살핀 대로 죽음의 현실은 신학적인 두 측면으로 해석될 수 있다. 하나는 죽음의 현실을 인간의 생명을 위협하는 사탄의 세력에 지배된 현실로 해석하는 것이다. 이것은 이른바 고전적 해석에서 현저하게 나타난다.[1] 다른 하나는 죽음을 하나님의 공의와 진노에 관련된 문제로 보는 것이다. 이는 안셀무스가 체계화한 중세의 해석에서 현저하게 강조되었다. 루터는 성경이 죽음의 부정성에 대해 가르치는 이해의 두 측면을 모두 붙잡고 있다. 루터의 연구자들 사이에서도 어느 이해가 더 현저하게 나타나는가를 둘러싼 해석의 갈등이 있다.[2] 그럼에도 불구하고 루터의 신학에서 양자가 함께 나타난다는 점은 분명하다. 양자를 차례로 살펴보자.

(1) 죽음, 악마의 지배 현실

앞서 살핀 대로 초기 및 고대 교부들은 죽음을 악마의 세력이 지배하는 매우 부정적 현실로 이해한다. 루터 역시 이를 따라 죽음을 악마의 세력에 지배된 부정적인 저주의 현실로 이해한다. 그는 성경과 교회 전통을 따라, 첫 사람들과 온 인류가 굴복한 악마의 세력에 대한 예민한 감각을 보여 준다. 그러나 루터는 자신의 체험에 기초하여 악의 세력이 지배하는 현실을 심각하게 성찰한다. 알트하우스에 따르면 루터는 중세기보다 악마를 더욱 심각하게 생각한다. 그에 따르면, 악마가 이 세상의 주인 노릇을 하고 있다(요 12:31; 14:30). 악마는 실로 "이 세상의 신"(고후 4:4)이기도 하다. 루터는 인간을 "하나님의 의지" 아니면 "악마의 의지"의 "포로", "죄수", 그리고 "결박당한 노예"라고까지 주장한다.[3] 루터에게 악마는 하나님과 그리스도의 거대한 적대자로 인식된다. 악마는 하나님에 대적하여 첫 사람들 가운데 "죄와 불순종의 왕국"을 세웠다. "당신이 어떤 방법으로 그것을 보든지 간에, 마귀는 이 세상의 군주이다."[4] 악마는 "육체"와 "세상"을 통해 활동한다. 확실히 루터가 인식하는 악마의 존재는 중세 신학의 그것보다 훨씬 더 강력하다. 이러한 인식은 "하나님과 대립해 있는 권세의 본질과, 또한 하나님과 반역의 권세들 사이에서 벌어지는 우주적 전쟁의 첨예함과 깊이에 대한 새롭고 깊은 통찰력을 가져다주었다."[5]

루터에 따르면, 악마는 불행과 질병과 죽음 같은 부정적인 현실을 통해 역사한다. 그는 악마가 죽음의 권세를 지니고 있음을 강조한다. "그토록 오랫

동안 그(악마)는 죽음의 군주였다."⁶⁾ 죽음은 악마의 세력이 지배하는 현실이다. 죽음이 인간에게 악한 권세를 발휘하는 이유는 바로 인간이 죄를 범했기 때문이다. 죄를 범한 인간 위에 영원하고도 불변적인 하나님의 저주 선고가 내려져 있다. 루터의 죽음의 부정성에 대한 이해는 『갈라디아서 주석』에서 두드러지게 나타나고 있다. 그는 율법, 죄, 죽음, 마귀와 지옥을 인간의 모든 악과 비참을 구성하는 근본 요소로 이해한다. 죄는 아담의 후예들을 지배하고 삼킨다. 죄는 생명을 "절망"하게 하고 "죽음에 대한 염려"에 사로잡히게 한다. 죄와 악과 죽음은 그리스도께서 오셔서 발로 짓밟고 사로잡아 폐해야 할 부정의 세력이다.⁷⁾ 마귀는 환난, 양심의 갈등을 틈타서 율법을 통하여 사람에게 두려움을 가져다주고 죄의식에 사로잡히게 한다. 그리고 하나님의 진노와 심판, 지옥과 영원한 죽음의 공포를 조장해서 결국 죽음의 노예로 만든다.⁸⁾

(2) 죽음, 죄에 대한 하나님의 진노와 저주의 현실

루터는 바울과 교부들의 가르침을 따라, 죄가 심각하다는 점과 그 결과로 생겨난 죽음이 매우 부정적 현실임을 대단히 강조한다. 루터가 보기에 죄는 무한히 크고 가공할 만한 치명적 권세를 가지고 있다. "만일 어떤 사람이 죄의 심대함을 느낀다면, 그는 한 순간도 더 계속해서 살 수 없을 것이다. 그만큼 죄의 권세는 심대하다."⁹⁾ 그래서 루터는 죄가 하나님의 진노와 저주를 불러온다는 점을 지극히 강조한다. 하나님의 진노에 대한 루터의 성찰은 양면적이고 역설적이다. 그는 한편으로 하나님의 진노를 믿는 것이 "진노하시고 적대적인 하나님" 인식을 낳을 때, 그것은 "마귀적인, 우상숭배적인, 그리고 왜곡된 생각일 것"이라고 주장한다. 다른 한편으로는 하나님의 진노가 죄를 향한 하나님의 응답이며 하나의 "실재"라고 주장한다. 결국 루터에게 있어서 하나님의 진노는 하나님의 본성인 사랑에 역행하는 하나의 "낯선" 사역으로 이해된다.[10]

첫 사람들의 범죄로 인해 온 세상의 모든 피조물은 죽음과 저주, 그리고 하나님의 진노 아래 놓이게 되었다. 모든 죄는 하나님을 모욕하고, 하나님께 해를 끼치고, 결국 하나님의 의를 손상하는 것이기 때문에 하나님의 진노를 불러일으킨다. 죄로 인해 영원하고 불변적인 저주의 선고가 사람에게 내려졌다.[11] 사람은 죽음을 통해, 죄로 말미암아 진노하시는 하나님을 대면하게 된다. 그래서 사람이 죽음을 무시무시한 것으로 체험하는 것은 바로 삶의 한 가운데서 체험하는 죽음의 부정성이다. 루터가 무한히 치명적인 현실로 강조하는 죽음은 자연적 또는 생물학적 죽음을 넘어선다. 이러한 루터의 죽음 이해는 시편 90편 주석에서 특별히 분명하게 표현되고 있다. 자연인은 죽음의 심각함과 그 고통을 깨닫지 못한다. 오히려 죽음을 자연적 사건으로 이해하면서 그것을 너무 심각하게 생각하지 말라고 충고한다. 그렇지만 루터는 단순히 육체의 죽음이나 생명 자체의 소멸을 생각하지 않는다. 오히려 생명의 인격적 중심과 깊이에 우리의 관심을 집중시킨다. 죽음은 생물학적 현상 이상이다. "인간의 죽음은 무한하고 영원한 고통이요 진노이다." 인간의 죽음은 하나님에 의해 창조된 자연적 과정의 결과가 아니다. 죽음은 오히려 "하나님의 진노를 통해 그에게 부과되고 시행된" 것이다. 그렇기에 인간이 죽음을 맞이해서 기겁하며 물러서고, 다른 생물이 체험하지 못하는 종류의 공포를 체험하는 것이다. 두려움과 전율 없이 죽음을 대면할 수 없다. 지상의 삶이 붕괴할 때 죄인들은 하나님께서 진노하시며 말씀하시는 "부정"을 체험한다. 죽음 속에서 당하는 하나님의 진노 체험은 영원한 죽음이다. 하나님은 우리의 죄책으로 인해 죽음 안에서 우리를 벌하신다.

하지만 복음과 신앙에 비추어 죽음의 부정적 현실은 긍정의 현실로 바뀐다. 그리스도의 화해와 구속의 사역을 통해서 저주의 죽음을 당할 죄인은 이제 의를 전가받은 죄인이 되어, 하나님의 진노에서 해방되고 복된 죽음을 맞이하게 된다. 죄인이 죽음의 부정적 체험 아래서 자신을 낮추고 하나님께서 복음을 통해 제공하시는 긍휼로 피할 때, "부정" 아래서도 그리스도 안에서 베푸시는 하나님의 위대한 "긍정"을 받게 된다. 이렇게 해서 죽음은 "자식에게 벌을 주기 위해 사용하는 아버지의 채찍"이 된다. 죄의 죽음은 하나님께서 이 땅의 인간에게 부여하신 과제와 고난을 통해 시작되지만, 육체가 죽을 때야 비로소 "즉시" 완성된다. 인간이 흙먼지로 변할 때 죄는 결국 완전히 사라지게 될 것이다. 이것이 죽음의 은혜로운 의미다. 이 은혜를 깨달을 때 그리스도인은 기꺼이 죽음을 받아들일 수 있다. 여기서 은혜라 함은 그리스도께서 완전한 순종 가운데서 견디신 능력에 의해서만 죽음을 기꺼이 받아들일 수 있다는 뜻이다. 그리스도 안에서 맞이하는 죽음의 참 뜻은 죄의 굴레에서의 자유다. 그리스도인의 삶에서 성화의 최종 결과는 완전해져서 기꺼이 죽음을 받아들이는 것이다. 그리스도인은 바울처럼, 모든 죄가 그치고 하나님의 뜻이 완전하게 죽음을 통해 실현될 수 있도록 죽기를 바라게 되는 것이다. 율법의 빛에서 죄의 벌이던 죽음이 이제 죄를 치유하는 수단이 된다. 하나님의 진노에서 해방된 죽음은 진정으로 잠드는 것이다. 죽음은 이제 잠이 된다(시므온의 노래, 눅 2 : 29-32).

루터는 「죽음의 준비에 관한 설교」(1519)에서, 죽음을 준비하는 그리스도인이 하나님의 은총과 신앙 안에서 죽음의 부정성을 어떻게 극복해야 하는지 가르친다. 그리스도인에게 죽음은 끝이 아니고 영원한 생명으로 들어가는 복된 길이다. 그리스도인은 하나님의 용서하시고 구속하시는 긍휼의 약속에 대한 신앙과, 그리스도의 복음에 의해 끊임없이 인도되어야 한다. 그리고 하나님의 진노로서의 죽음을 이겨 내고 은혜로운 의미의 죽음으로 나아가야 한다. 죽음은 단지 어린 아이가 어머니 몸에서 이 세상으로 태어날 때 통과하는 좁은 출구와 같은, "생명으로 들어가는 좁은 문과 작은 길"일 뿐이다. 따라서 사람이 죽음으로써 장차 올 세상으로 태어나는 불안의 협곡을 통과하는 것이다. "그러므로 죽는 사람은 이후에 거대한 공간과 큰 기쁨이 있을 것이라는 지식을 가지고 용기 있게 불안 속으로 들어가야 한다." "그리스도인은 죽음을 맛보지도, 보지도 않는다. 말하자면 그는 죽음을 느끼지 못하고, 죽음에 의해 겁먹지도 않고, 다만 그가 잠드는 것처럼 정말로 죽지 않는 것처럼 조용하게 평화롭게 죽음으로 들어간다."[12]

2) 그리스도의 죽음에 대한 루터의 신학적 성찰

(1) 루터의 십자가 신학

루터는 중세 로마 가톨릭교회의 부패를 개혁하기 위해 그들의 영광의 신학을 비판하면서 바울이 강조한 십자가 신학을 무척 부각시켰다. 그는 1518년 「하이델베르크 논제」 20에서 "고난과 십자가"를 통해서만 신학적으로 하나님을 인식할 수 있다는 십자가 신학을 주장했다.[13] 앞서 살펴보았듯이 루터의 십자가 신학에는 죽음의 부정성이 두드러지게 강조되고 있다.

루터는 예수께서 십자가 위에서 한 네 번째 말씀인 마태복음 27 : 46("나의 하나님, 나의 하나님, 어찌하여 나를 버리셨습니까?", 표준새번역)과 갈라디아서 3 : 13("그리스도께서 우리를 위하여 저주를 받은 사람이 되심으로써, 우리를 율법의 저주에서 속량해 주셨습니다. 기록된 바 '나무에 달린 사람은 모두 저주를 받은 사람이다' 하였기 때문입니다.", 표준새번역) 말씀을 중요하게 생각한다. 그는 성경 진술의 진정한 뜻을 밝히려 하면서, 그리스도의 고난은 인간을 위한 것이며 인간의 가장 깊은 내적 곤경에 대한 참여로 이해되어야 한다고 주장한다. 루터는 예수님이 십자가에서 죽어 가면서 겪은 고난의 인간적 성격을 충분히 강조한다. 루터는 예수께서 십자가 위에서 한 말씀이 죽음의 공포에 대한 피조물의 자연스런 저항일 뿐이라고 본다.[14]

예수는 "정말로 진정한 인간"으로서 의인의 고난을 당한다. 그리스도는 십자가에서 하나님의 진노와 개인적 고뇌를 깊이 체험했다. 예수는 절망의 시험을 받은 사람이었다. 그래서 루터는 예수 그리스도가 하나님 아래서 당한 죄인의 곤경의 모든 깊이와 무거운 짐을 통해 인간을 이해하고 또 도울 수 있다고 보았다. 이것이 바로 예수 그리스도가 죄인을 정확히 이해하고 또 그를 돕는 방법을 알고 있다고 말할 수 있는 이유가 된다.

예수 그리스도는 진정으로 하나님께 버림받았다. 그는 실로 진노와 지옥을 체험했다. 물론 그의 체험은 죄인을 대신한 것이다. 예수 그리스도가 겪은 죽음은 육체의 죽음뿐만 아니라 "마치 하나님으로부터 영원히 버림을 받았다고 느끼듯이 하나님의 진노를 느끼는 그런 양심의 고뇌와 공포"까지 포함한다. 루터는 "저주"의 의미를 축소하지 말아야 한다고 주장한다. 예수 그리스도는 죄인의 형벌과 저주를 담당했다. 그리스도는 이렇게 죽음의 고뇌와 하나님께 버림받는 것과 하나님의 진노 아래 놓이는 것에 대한 공포를 철저하게 체험했다. 그는 자원해서 죄인들의 전적인 곤경 안으로 들어갔다. 그리고 "죄인들의 친구"가 되었다.[15] 루터의 십자가 이해는 그리스도가 철저하고도 심각하게 지옥의 고통과 하나님의 완전한 유기를 체험했다고 본다. 그래서 그리스도의 죽음의 수난은 죄인들의 양심을 깊은 절망으로 빠뜨리고, 죄인들에게 "공포"와 "전율"을 야기한다. 루터는 우리가 하나님의 아들인 예수 그리스도의 십자가의 죽음을 깊이 숙고하면 진정으로 공포로 전율하게 될 것이고, 더 깊이 숙고하면 할수록 그 느낌은 더 깊어질 것이라고 한다.[16]

2) 그리스도의 죽음 – 악마의 세력에 대한 승리

실제로 루터는 '만족'이란 개념을 빈번하게 사용하지만 그것이 죽음과 사탄으로부터 인간을 구속하고 또 그의 은혜의 영원한 왕국을 세우는 그리스도의 구원 사역의 능력이 지닌 의미를 충분히 표현할 수 없다고 생각한다. 만족은 "아직도 그리스도의 은혜를 표현하기에 너무 약하고, 그의 고난의 공로를 제대로 높이 평가하지 못한다."[17] 만족 개념에 만족하지 못해서인지는 모르겠지만, 루터는 특별히 성경과 고전 교부들이 강조한 죽음의 세력인 마귀에 대한 승리라는 표상을 두드러지게 사용한다. 루터는 그리스도가 십자가의 죽음에서 악마를 물리치고 또한 지옥에 내려감으로써 악마가 지배하는 지옥에 대한 승리를 쟁취한다고 주장한다. 그리고 이렇게 그리스도는 죄와 사망과 지옥을 정복하셨다고 주장한다.[18]

루터의 구원론을 주의 깊게 연구한 바 있는 구스타프 아울렌은 루터의 속죄 이해의 참된 성격을 규정해 주는 결정적 증거에 주목한다. 그는 루터가 라틴 서방 교회 전통에 속해 있음에도 불구하고, 안셀무스가 체계화한 중세기의 도덕주의적이고 합리주의적인 보속 이해에 머무른 것이 아니라 고전 교부들이 가르친 "승리자 그리스도" 구원론을 부활시켰다고 주장한다. 아울렌은 폭군인 마귀의 세력을 무찌르고 승리한 고전적이고 극적인 견해가 루

터에게서 "더 깊이" 부활했다고 평가한다.[19]

아울렌의 주장을 뒷받침해 주듯이, 루터 저작의 많은 곳에서 그리스도가 죽음과 저주의 세력인 마귀를 멸절시켰다는 주장이 나타난다.[20] 루터는 고전 교부들을 따라 그리스도의 속죄의 사역을 욥기의 비유를 들어 설명한다. 낚시꾼이 낚시 바늘에 미끼를 끼워서 물에 던져 넣으면 고기가 와서 미끼를 채 가려다 바늘에 걸린다. 그러면 낚시꾼은 물에서 고기를 끌어올리게 된다. 마찬가지로 하나님께서도 낚시꾼이 고기를 다루듯이 마귀를 다루었다. 하나님은 그리스도의 신성을 낚시 바늘로 삼기 위해 그의 독생자를 세상에 보내셨다. 그리고 그리스도의 인성을 미끼로 삼아 그리스도의 신성인 바늘에 걸었다. 마귀는 그리스도의 인성이 미끼인 줄을 알지 못한 채 그것을 삼켰고, 그리스도의 신성인 바늘에 걸려 질식된 채 잡혔다. 마귀는 어리석게도 자신이 하나님의 아들을 잡았다는 사실을 미처 깨닫지 못했던 것이다. 루터는 악마와 죽음의 세력에 대한 승리라는 고전 교부들의 이해를 따라 그리스도의 십자가 죽음을 마귀의 세력에 지배되는 죽음을 극복하는 싸움으로 이해했다.

루터는 부활절 찬양에서 그리스도의 십자가 죽음을 악마의 권세를 물리친 것으로 설명한다. 악마가 그리스도를 악한 궤계로 멸망시키려 했지만, 하나님은 악마를 소환해서 그의 악한 궤계를 좌절시키셨다. 그리스도의 죽음은 저주와 죽음에 대항한 생명의 싸움이었다. 악마와 죽음의 권세가 생명을 삼키려 했지만, 그것은 마치 바닷물을 작은 그릇에다 담으려 하는 것과 같이 어리석은 행동이었다. 그리스도는 죄와 죽음을 삼켜 버리고 승리했다.[21]

3) 그리스도의 죽음 – 하나님의 의를 만족시키기 위한 죄의 보속

앞서 살펴보았듯이, 루터는 하나님의 말씀과 율법을 통해 드러나는 죄의 심각성과 치명성을 무한히 강조한다. 루터는 바울과 교부들의 가르침을 따라, 첫 사람들이 악마의 유혹을 받고 자신의 의지를 사용하여 지은 죄가 하나님의 명예와 의를 손상시킨 것으로 이해한다. 이로 인해 죄악과 악마의 권세에 대해서 뿐만 아니라 죄인에게도 하나님의 진노가 임한다고 말한다. 하나님의 진노를 거두기 위해서는 하나님의 의가 만족되어야 한다. 루터는 안셀무스의 가르침을 따라, 하나님의 의를 만족시키는 것을 매우 강조한다. 그는 하나님의 긍휼과 자비는 하나님의 의를 만족시키지 않고는 효과를 일으키지 않으며 또 영원한 축복과 구원이 될 수 없다고 주장한다.[22] 실제로 루터는 만족이라는 개념을 빈번하게 사용한다. 그런데 죄의 용서와 하나님의 의의 만족은 아무 대가 없이 이루어지는 것이 아니다. 그러나 죄인인 인간은 스스로 죄를 용서받을 공로를 만들어 낼 수 없고 하나님의 의를 만족시킬 수 없다. 인간의 죄를 위해 하나님에게 만족을 가져오는 중재자가 필요하다.

그래서 루터는 영원히 불변적인 하나님의 진노를 거두고 죄를 보속하기 위해서 그리스도의 대속의 희생이 요청된다고 주장한다. 그리스도는 자신을 죄의 보속으로 "하나님께 지불하고" 그로 인해 하나님께서 진노와 영원한 심판을 죄인에게서 거두신다.[23] "그리스도, 하나님의 아들이 우리 대신 서 있고 우리 모든 죄를 그의 어깨 위에 지셨다."[24] 루터가 "놀라운 교환"이라 부르는 대리 사역을 통해, 그리스도는 인간이 하나님에게 진 모든 부채와 죄책을 자신에게 돌린다. 그리고 인간이 이룰 수 없는 만족을 이룬다. 그리스도는 이중적 방식으로 죄인을 위해 만족을 이루었다. 즉, 그는 한편으로는 율법에 나타난 하나님의 뜻을 성취하고, 다른 한편으로는 죄에 대한 벌, 곧 하나님의 진노를 대신 당한다. 만족은 인간의 죄와 벌을 대신한 그리스도에 대한 심판을 통해 이루어진다. 죄에 대한 심판은 하나님의 진노에 본질이 있다. 그리스도의 죽음은 하나님의 진노 아래 있다. 그는 무죄하지만 죄인의 죽음을 대신하여 자기 생명을 하나님에게 지불함으로써, 죄인에게 내린 하나님의 진노가 걷힌다.

그리스도의 죽음을 죄로 손상된 하나님의 의를 보속하기 위한 대속의 죽음이라는 루터의 사상은 복음서나 서신들에 대한 설교와 해석에서도 나타난다. 그리스도는 십자가의 죽음을 통해 속전을 지불함으로써 죄와 죄인들에게 내려진 불같은 진노에서 죄인들을 구속했다. 루터는 "구속은 죄를 속하고, 죄책을 떠맡고, 진노의 대가를 치루고, 죄를 소멸하기 위해 그것에 합당한 가치 있는 속전을 치르지 않고는 불가능했다"[25]고 주장한다.

그리스도의 죽음에서 죄에 대한 심판의 본질로서 하나님의 진노가 나타났다는 루터의 설명에서 죽음의 부정성이 역력히 드러나고 있음을 확인할 수 있다. 죽음은 죄와 악마의 결합으로 인해 생겨난 아주 부정적인 현실이다. 그런데 그리스도는 하나님의 진노요 저주인 죽음의 공포를 철저하게 체험했다. 이 죽음에는 하나님의 저주와 진노가 드러나 있는데, 십자가의 수난과 죽음에 처한 그리스도에게는 하나님의 진노에 대한 공포가 여실히 드러나 있다. 따라서 그리스도가 당한 고난과 죽음은 우리 자신이 겪어야 할 죽음의 저주가 얼마나 부정적인 현실인지를 역력히 볼 수 있는 거울이라 할 수 있다.

3. 그리스도의 죽음, 그리고 죽음의 부정성과 정의에 대한 칼뱅의 신학적 성찰

1) 죽음의 부정성에 대한 신학적 성찰

칼뱅 역시 죄와 죽음을 서로 밀접하게 관련시킨다. 이 점에서 칼뱅은 죄와 타락에 관한 창세기와 바울의 가르침과 교부들, 특별히 아우구스티누스의 원죄에 대한 가르침을 충실히 따른다. 칼뱅은 아우구스티누스처럼 원죄가 유전되고 영혼의 모든 부분을 오염시키고 있다고 생각한다(2.1.8).[26] 그리고 바울을 따라 원죄가 하나님의 진노를 불러일으킨다고 생각한다. 모든 인간은 본성상 하나님의 진노의 자식들이라는 것이다(엡 2 : 3). 인간은 "죄로 말미암아 하나님으로부터 소외되고 진노의 자녀가 되었고, 영원한 죽음의 저주를 받았으며, 구원의 소망이 전혀 없고, 하나님의 모든 축복을 박탈당했으며, 악마의 노예, 죄의 멍에를 멘 포로"가 되어 무시무시한 파멸 속에 떨어지게 되었다(2.16.2). 악마의 유혹을 받아 죄를 범한 인간은 그야말로 "저주와 죽음, 그리고 파멸"을 체험할 수밖에 없는 곤경에 처하게 되었다.

그는 아담이 저지른 죄의 본질이 불신앙과 불순종에 있다고 생각한다. 그리고 불신앙과 불순종은 하나님과의 연합과 사귐을 파괴하였다. 첫 사람 아담이 죄를 지은 것은 "의의 원천"을 버린 것이고, 영혼의 모든 부분이 죄에 의해 정복된 것이다(2.1.9). 칼뱅은 아담이 지은 원죄가 온 인류를 멸망에 처하게 했을 뿐만 아니라 하늘과 땅의 모든 질서에 부정적인 영향을 미쳤다고 본다.

> 본래 아담은 그의 창조주와 연합하고 사귐을 가짐으로 영적인 삶을 영위하였지만 원죄로 인한 이 연합과 사귐의 파괴 또는 소외는 영혼의 죽음이다. 아울러 원죄로 온 인류는 멸망에 처할 수밖에 없고 하늘과 땅을 포함한 온 자연의 질서까지 오염되었다. 바울은 "피조물이 다 이제까지 함께 탄식하며 함께 고

통을 겪고 있는 것을 우리가 아느니라"(롬 8 : 22)(2.1.5)

이렇게 해서 첫 사람들의 첫 범죄(원죄)와 타락으로 인해 모든 인간이 생명에서 죽음으로 전락했다(2.6.1). 칼뱅은 바울이 주장하는 대로 한 사람 아담으로 말미암아 죄가 세상에 들어오고 그 죄로 말미암아 죽음이 온 것처럼, 모든 사람이 죄를 지었고 그 죄로 인해 죽음이 모든 사람에게 임했다고 주장한다(롬 5 : 12). 이제 죽음이 모든 사람에게 왕 노릇한다(롬 5 : 17). 사람들은 죽음의 권세 아래 노예가 된다(2.1.6). 그러나 칼뱅은 인간이 자신의 이성으로는 죄의 참상과 결과인 죽음을 직시할 수 없다고 생각한다.

칼뱅 역시 루터와 마찬가지로 성경과 교부들의 가르침을 따라 죽음을 철저히 죄의 결과로 보고, 악마의 지배를 받는 부정적인 현실로 이해하고 있음을 볼 수 있다. 그러나 루터와 비교해 볼 때 칼뱅이 죄로 인한 인간 본성의 부패를 지극히 강조하고 있는 것은 틀림없지만, 죽음의 부정성을 극적이고 역동적으로 설명하는 것 같지는 않다.

2) 그리스도의 죽음에 대한 신학적 성찰

칼뱅은 그리스도의 사역을 삼중적인 직무로 설명한다 : 즉, 예언자 직무, 왕의 직무, 그리고 제사장 직무. 칼뱅은 예수 그리스도의 예언자 직무를 가난한 자에게 복음을 전하고, 포로된 자에게 자유를 주고, 눈 먼 자를 다시 보게 하며, 눌린 자를 자유하게 하며, 하나님의 은혜를 선포하는 것으로 설명한다(2.15.2). 또한 왕의 직무를 그리스도가 악마, 세상, 그리고 온갖 악한 것들과 싸워 승리하는 통치로 설명한다(2.15.4). 그리고 제사장의 직무에서 그리스도의 대속 사역을 다루고 있다. 그리스도의 죽음을 철저하게 죄인의 구속과 화해를 위한 대속의 죽음으로 이해한다. 그리스도는 죄인을 위해 죽음으로써 죄와 그 대가로 주어진 하나님의 진노와 형벌과 저주를 대신했다. 칼뱅은 로마서(3 : 24-25), 고린도전서(6 : 20), 디모데전서(2 : 5-6), 베드로전서(1 : 18-19)(2.15.5), 그리고 히브리서(9 : 13-14, 22, 26, 28)를 인용하는 가운데 그리스도의 대속의 죽음을 강조하고 있다(2.16.4).

첫 사람들의 범죄로 말미암은 하나님의 의로운 저주와, 심판주이신 하나님의 진노는 아무도 감당할 수 없는 것인데, 예수 그리스도가 희생제물과 화목제가 되었다고 말한다(2.15.6). 예수 그리스도는 죽음을 통해 죄인들의 죄를 대속하시고 하나님에게 만족을 드렸다.

> 우리가 받은 면제는 이것이다. 즉, 우리로 하여금 형벌을 받도록 만든 그 죄책이 하나님의 아들의 머리 위로 옮겨진 것이다(사 53 : 12). 우리는 무엇보다도 삶 전체를 통해 떨면서 근심 가운데 빠지지 않기 위하여, 즉 하나님의 심판에 대한 두려움 속에서 떨지 않기 위하여 이 대속을 기억해야 한다(2.6.15).

예수 그리스도는 빌라도의 법정에서 범죄자로 고발과 심판과 형벌을 받았다. 그는 의로운 자로서 그 모든 고발과 심판과 형벌을 대신 받았다. 예수 그리스도는 "저주받고 버림받은 사람의 가공할 만한 고문"(2.16.10)을 그의 영혼에 받았다. 그러나 칼뱅은 예수 그리스도가 악마와 죽음의 권세에 대항해 승리하였음을 강조한다. 그는 그리스도의 사역이 "죄를 정복하는 것"이고, "공중의 권세들을 쳐부수는 것"이고 "죽음을 삼켜 버리는 것"이었다고 설명한다(2.12.3). 예수 그리스도는 지옥의 군대들과 영원한 죽음에 항거하여 투쟁하였다(2.16.10). 그리스도의 대속 사역은 죽음으로 말미암아 죽음의 세력을 잡은 자, 곧 악마를 제거하고, 또 죽음을 두려워하여 죽음에 매이고 종노릇하는 모든 사람을 풀어 주었다(히 2 : 14-15).

그럼에도 불구하고 칼뱅은 그리스도의 죽음과 그 사역을 주로 만족과 화해의 관점에서 이해한다. 이런 의미에서 그는 안셀무스의 해석을 충실히 따르고 있다고 할 수 있다. 하나님은 의로운 심판주이기 때문에 법을 어기고 하나님의 의를 손상시킨 자들을 심판하신다. 그러나 인간은 결코 스스로 하나님을 만족시킬 수 없다(2.16.1). 그리스도의 희생의 죽음으로 죄인들의 죄악이 속죄되기까지 그들은 저주 아래 있을 수밖에 없다(갈 3 : 10, 13). 그리스도의 죽음은 모든 죄인에게 내린 진노와 의로운 심판을 대신 받은 속죄, 즉 하나님에게 드려진 올바른 배상과 희생이다. 그는 인간의 죄로 인한 하나님의 공의의 침해와 그로 인한 하나님의 진노의 심판을 강조한다.

> ……예수 그리스도께서 인간의 변호자로 개입하셔서 모든 죄인들이 받아야 할 하나님의 의로운 심판을 대신 걸머지심으로 하나님 보시기에 가증스러운 모든 죄악을 그의 보혈로 도말하셨다. 이로써 예수 그리스도는 아버지 하나님께 만족과 희생을 돌렸으며, 중개자로서 하나님의 진노를 화해시키셨다. 이것이 바로 하나님과 인간 사이에 마련된 화평의 기초인 것이다……(2.16.2).

그리스도의 죽음을 통해 "하나님의 의로운 심판이 만족되었으며, 그의 저주는 제기되었고, 죄의 값이 완전히 지불되었다"(2.6.13). 그리스도는 죽음을 통해 속죄함으로써 죄인들을 죽음에서 해방시켰다. 그러나 그리스도는 죽음에 삼켜지지 않았다.

물론 칼뱅은 속죄와 화해를 위한 예수 그리스도의 수난과 죽음은 하나님의 사랑의 결과요 표현임을 밝힌다. 예수 그리스도의 수난과 죽음은 우리를 위한 하나님의 사랑의 확증이라는 것이다(2.16.3, 4). 칼뱅은 우리를 위한 생명의 실체를 예수 그리스도의 수난과 죽음에서 찾는다(2.16.5). 칼뱅 역시 바울의 속죄 사상을 이어받아 예수 그리스도의 수난과 죽음의 신학적 의미를 추구하는 데 더 관심이 많다.

칼뱅 이후의 개혁교회 신앙고백서들에서도 형벌대속설의 이해는 그대로 계승되고 있다. 먼저 하이델베르크 요리문답(The Heidelberg Catechism, 1563)에도 예수 그리스도의 고난과 죽음은 하나님의 심판과 저주를 대리한다는 의미에 집중하고 있다. 38문답을 살펴보자.

> 문 : "예수님께서 그의 심판자인 '본디오 빌라도에게' 고난을 받으셨는데 그 이유는 무엇입니까?"
> 답 : "그는 죄가 없으시지만 지상의 심판자에 의하여 정죄를 받으심으로 우리에게 떨어질 무시무시한 하나님의 심판으로부터 우리를 자유케 하실 수 있기 위함이었습니다."

39문답에 예수 그리스도의 수난과 죽음의 대속의 의미가 담겨 있다.

> 문 : "그분이 다른 형태의 죽음이 아니라 십자가에 달려 죽으셨다는 사실이 무슨 더 큰 의의를 갖습니까?"
> 답 : "그렇습니다. 왜냐하면 나는 이 십자가의 죽음을 볼 때 내가 당해야 할 저주를 그분이 당하셨음을 확신하기 때문입니다."[27]

예수 그리스도의 십자가의 죽음은 죄인들에게 내릴 하나님의 저주를 대신 걸머진 속죄의 죽음이다. 웨스트민스터 신앙고백서 8장 5절에서도 예수 그리스도의 수난과 죽음은 "영원하신 성령을 통하여 하나님 아버지께 유일회적으로" 드려진 "완벽한 순종과 희생제사"로서, 그것에 의하여 "아버지 하나님의 의를 완전히 만족"시키셨다고 한다.[28] 만족설은 종교개혁기의 칼뱅과 하이델베르크 신앙고백과 웨스트민스터 신앙고백서를 통해 19세기 네덜란드의 개혁교회 신학자들과 영미의 장로교 신학자들, 그리고 20세기 복음주의 신학자들에게 전형적인 예수 그리스도의 수난과 죽음 해석과 실천으로 계승되고 있다.[29]

4. 평가

위에서 고찰한 대로 루터는 신앙적으로 또 신학적으로 죽음의 현실을 매우 예민하게 인식하고 있다. 그는 죽음의 부정성에 대한 성경의 가르침의 핵심적인 두 측면을 모두 붙잡고 씨름하고 있음을 알 수 있다. 루터는 죽음이 인간의 생명을 위협하는 악마의 세력에 지배된 현실임을 고전 교부들보다 더욱 역동적으로 해석하는 데 기여했다고 평가할 수 있을 것이다. 또한 죽음을 하나님의 공의와 진노에 관련된 문제로 보는 안셀무스의 보속적 해석에서 하나님의 정의를 더욱 예민하게 부각하고 있다고도 평가할 수 있을 것이다. 칼뱅의 경우 죽음의 부정성과 관련해서 고전 교부들이나 안셀무스의 해석과 커다란 차이를 보이는 것 같지는 않다. 그리스도의 대속의 죽음과 관련해서, 칼뱅은 루터와 달리 고전 교부들의 악마와 죽음의 권세에 대한 승리와 그로부터의 해방이라는 측면에 그다지 주목하지 않고 있음을 볼 수 있다. 그는 안셀무스의 보속설이 가톨릭교회의 면죄부 판매로 이어진 측면을 비판하면서도, 보속설이 지닌 본질적인 정신을 충실하게 계승하고 있다고 평가할 수 있을 것이다.

The dialectic of life and death

3부

현대 철학과 신학에서 그리스도의 죽음,
그리고 죽음의 부정성과
생명의 정의(正義)

6장 근대 철학과 신학에서 그리스도의 죽음, 그리고 죽음의 부정성과 생명의 정의(正義)

- 칸트, 헤겔, 그리고 슐라이어마허를 중심으로 -

I. 삶과 죽음에 대한 도덕적, 역사적, 그리고 낭만적 해석

서구의 종교 사상은 16세기 종교개혁 이후 18세기에 이르는 시기에 엄청난 변화의 국면을 맞이한다. 이른바 계몽주의로 불리는 시대 정신은 종교개혁의 신앙 유산을 철저하게 해체했다. 합리성을 강조하는 계몽주의의 영향 아래서 교부 시대 이후 종교개혁자들을 통해 계승된 고전 속전론과 라틴 서방교회의 도덕적이고 법적인 속죄론에 대한 과격한 비판과 재해석이 이루어졌다.

이 시기의 죽음에 대한 이해는 어떤 변화를 겪었을까? 전체적으로는 데카르트의 합리주의에 기초를 둔 도덕주의, 역사주의, 자연주의, 그리고 낭만주의 등의 사조가 죽음 이해에 결정적인 영향을 미쳤다. 아마도 가장 커다란 변화는 죽음에 대한 자연적 해석이 두드러지게 강조된 점을 꼽을 수 있

을 것이다. 삶과 죽음에 대한 자연적 해석의 강조는 자연스레 죽음의 부정성을 완화시켰다.

이 장에서는 칸트의 도덕철학, 헤겔의 역사철학, 그리고 슐라이어마허의 낭만주의와 범신론에 기반을 둔 죽음 이해를 중심으로 이 시대의 죽음 해석의 면모를 살펴볼 것이다.

2. 칸트(Immanuel Kant, 1724-1804)의 도덕철학적 종교론에서의 삶과 죽음 이해

1) 도덕적 교의학과 죽음

칸트는 자신의 전체 철학적 기획을 따라 종교도 이성의 한계 안에서 이해하려고 했다. 칸트는 종교에 관한 그의 주저 『이성의 한계 안에서의 종교』에서 기독교의 정통적인 교리들을 합리주의적인 도덕의 관점으로 전부 재해석하고 있다. 다시 말하면 칸트는 전통적인 기독교 교의학을 '도덕적 교의학'[1]으로 대체한다고 말할 수 있다. 그의 합리적이고 도덕적인 종교론은 19세기뿐만 아니라 현대의 기독교 신학에 커다란 영향을 미쳤다.

칸트는 죽음에 관해 뚜렷하게 두드러진 사유를 펼치는 것 같지는 않다. 다만 『만물의 종말』이라는 짧은 책에서 죽음 또는 종말을 '시간에서 영원으로의 이행'으로 규정하고 있다.[2] 칸트의 합리적이고 도덕적인 철학과 교의학에서 죽음 일반의 문제에 대한 뚜렷하게 구별된 성찰과 해석을 찾기는 어려운 듯하다. 그럼에도 불구하고 칸트에게서 죽음 이해와 밀접한 관련을 지니고 있는 중요한 주제들에 대한 숙고가 전혀 없는 것은 아니다. 잘 알려진 바와 같이, 칸트는 『순수이성비판』에서 순수 이성의 한계를 명확히 설정한다. 이어서 두 번째 비판서인 『실천이성비판』에서 도덕 형이상학과 종교의 영역에 대한 순수 실천 이성의 '요청'(Postulate)이라는 형식으로 세 가지 필수불가결한 요소, 곧 하나님, 영혼불멸, 그리고 자유를 전제하고 있다. 칸트가 보기에 이 세 영역은 그 실존(existence) 여부를 이성이 증명하거나 반증할 수 없다.

그리고 칸트는 자신의 종교론이 담긴 『이성의 한계 안에서의 종교』에서 기독교 신학의 전반적인 교리들을 이성적인 도덕 철학의 관점으로 재해석하고 있다. 여기서 죄악과 타락, 그리스도의 속죄 등과 같은 죽음과 밀접하게 관련되어 있는 주제들을 다루고 있다. 아래에서는 이 세 주제에 대한 칸트의 생각을 중심으로 해서 그의 죽음 이해를 살펴볼 것이다.

2) 삶, 영혼불멸, 그리고 죽음

본래 영혼불멸은 플라톤 이래 서구 사상에서 죽음과 긴밀하게 관련되어 있는 주제라고 할 수 있다. 칸트는 죽음을 영혼불멸의 문제로 접근했다. 그렇다면 칸트는 왜 영혼불멸을 실천 이성의 요청 형식으로 접근하는가? 영혼불멸은 경험이 가능한 현상계에 속하는 사물이라 할 수 없다. 따라서 신과 마찬가지로 영혼불멸 또한 이성의 이론적 인식을 벗어나 있는 영역이기 때문에 증명이 가능하지 않다. 이렇게 해서 칸트에게 있어서 영혼불멸은 도덕 형이상학이나 종교의 주제에 속하게 된다. 칸트는 도덕철학이 인간의 노력의 궁극적 목적, 곧 최고선(the Highest Good)과 그것의 도덕적 삶과의 관계에 대하여 뭔가를 말해야 한다고 본다. 칸트는 『실천이성비판』에서 최고선은 완전한 행복과 함께 도덕적 덕을 완성한다고 주장한다. 여기서 도덕적 덕은 완전한 행복을 누리기 위한 조건이 된다. 그러나 불행하게도 덕은 행복을 담보하지 못하고 심지어 그것과 마찰을 빚을 수 있다. 칸트가 보기에 덕과 행복의 완성은 이 세상의 삶에서 실제로 이루어질 가능성이 없다. 그래서 덕과 행복을 완성하기 위해서는 무한한 시간, 곧 영원이 요구되고, 행복을 완성하기 위해서는 영혼불멸이 실천 이성의 "요청"으로 요구된다고 한다.[3] 불멸하는 영혼은 죽음 뒤에 이 세상에서 이루지 못한 도덕적 완전성을 향해 끊임없이 나아가는 존재자로 요청되고 있다. 칸트는 주장한다 : "그러므로 최고선은 실천적으로는 영혼의 불멸성을 전제하고서야 가능하다."[4]

이렇게 볼 때 칸트에게 있어서 영혼불멸은 일차적으로 도덕과 그것이 빚어내는 행복과 관련을 지니지만 동시에 죽음과 밀접한 관련을 지닌 주제라고 할 수 있다. 칸트는 죽음의 형이상학 또는 존재론을 펼치지 않는다. 다시 말하면 칸트는 플라톤과 같이 영혼불멸에 대한 사변을 펼치지 않는다. 칸트에게서 죽음이나 죽음 이후의 삶에 대한 사변을 기대해서는 안 된다. 이런 의미에서 칸트에게서는 죽음 자체의 존재론이 별 의미가 없다고 볼 수 있겠다. 칸트는 오히려 이 세계에서 누릴 행복한 삶에 집중한다. 그 행복한 삶을 위해 도덕의 영역을 넘어선 하나의 전능한 도덕적 존재자와 자유 그리고 영혼불멸 같은 종교적 이념이 필수적이라고 본다. 현세에서 완전한 정의란 실현될 수 없기에 정의의 온전한 실현을 위해 하나님과 영혼불멸과 같은 도덕 형이상학의 원리가 반드시 요청된다는 것이다.

아도르노(Theodor Wiesengrund Adorno, 1903 – 1969)는 칸트의 실천이성의

요청에서 프로테스탄트적인 구체 욕망을 읽어 낸다. 하나님과 영혼불멸의 요청은 "기존 질서의 견딜 수 없는 상태를 심판하며," 그것을 "인식하는 정신을 강화시킨다". 어떤 의미에서 그런가? 아도르노는 이렇게 주장한다.

> 어떤 세계내적 개선도 죽은 자들을 정의롭게 대하는 데에는 충분할 수 없으며, 어떤 개선도 죽음의 불의를 건드리지 않으리라는 점 때문에, 칸트의 이성은 이성에 반대하는 희망을 품게 된다. 절망에 대해 끝까지 생각할 수 없다는 점이 칸트 철학의 비밀이다.[5]

칸트가 요청한 하나님과 영혼불멸의 원리가 삶과 죽음에 대한 정의에 맞닿아 있다는 사실은 매우 중요한 문제의식이라 하겠다.

3) 죄악, 그리고 삶과 죽음

앞서 살펴보았듯이 성경은 죽음을 죄의 결과라고 주장하고 있고, 신학적으로도 죽음이 죄와 관련되어 있다는 해석이 대체로 받아들여져 왔다. 죄는 창조에서 주어진 정의의 상실로 설명되고 있다. 따라서 죽음은 정의가 상실된 상태라고 할 수 있다. 칸트의 도덕적 교의학에서 죄와 악은 어떻게 이해될까? 칸트에게서도 죽음은 죄와 타락에서 기인하는 것일까?

칸트는 신학의 근본 문제인 악을 종교론의 첫 주제로 다룬다. 칸트가 순전히 이성적이고 도덕적인 관점을 가지고 죄악의 주제를 다루지만 그것을 결코 소홀히 여긴다고 할 수는 없다. 오히려 그는 소박한 정감주의나 낙관적인 이성주의를 비판하면서 죄악의 문제를 매우 진지하게 다루고 있다.

악의 근원에 대해 알려 주는 창세기의 원죄(Erbsunde)와 타락(Sundenfall)

이야기를 칸트가 어떻게 해석하는지를 살펴보는 것이 도움이 될 것이다. 칸트에 따르면 근원은 '이성근원'과 '시간근원'으로 고찰될 수 있다. 칸트가 보기에 성경은 악의 근원을 역사, 곧 시간 근원으로 이해한다. 창세기에서 악의 출현은 무죄의 상태에서 첫 사람들이 하나님의 계명에 순종하지 않은 '죄'로 인해 생겨나는 것으로 설명되고 있다.[6] 잘 알려져 있듯이, 아우구스티누스를 포함해서 많은 신학자들은 첫 사람의 범죄, 곧 원죄가 유전된다는 논리에 따라 대속 또는 보속을 주장했다.

그러나 칸트의 해석은 전통적인 신학의 그것과 현저하게 다르다. 칸트는 원죄가 유전된다는 전통적인 신학자들의 생각을 받아들이지 않는다. 칸트가 보기에 첫 사람으로부터 유전이나 상속에 의해 악을 물려받는다는 표상은 가장 부적절한 것이다. 악은 자유롭게 행하는 존재자를 전제할 때만 이해될 수 있다. 이런 의미에서 악은 도덕적이라 할 수 있다. 칸트는 성경이 말하는 첫 사람의 죄, 곧 신의 계명을 어긴 행위를 "도덕법칙의 위반"으로 해석한다. 이렇게 첫 사람이 저지른 죄악은 도덕적인 성격을 지니고 있는 것이다. 칸트는 인간에게 책임을 마땅히 물어야 할 어떤 도덕적 성격의 악에 대해서는 시간근원을 찾아서는 안 되고 오히려 이성근원만을 물을 수 있다고 생각한다. 그러나 결국 "악으로의 성벽"의 이성근원은 탐구할 수 없는 문제로 남는다.[7]

칸트는 악의 정의 및 근원 또는 기원에 대해 기독교의 전통 교리와 신학적 해석들과 두드러지게 다른 견해를 제시한다. 그렇다면 칸트에게 있어서 선과 악의 근거는 무엇인가? 칸트는 이 물음과 관련해서 두 가지 대답을 하는 것으로 보인다. 먼저 칸트에 따르면 인간이 자유로운 도덕적 존재자라면 인간의 본성이 선하다 또는 악하다 주장하는 것은 의미가 없다. 왜냐하면 선과 악은 오직 행위의 도덕적 책임을 물을 수 있어야 판단할 수 있는 문제이기 때문이다. 따라서 선이나 악의 근거는 자유로운 도덕적 존재자가 채택하는 도덕 규칙 또는 준칙(maxims)에 놓여 있다고 할 수 있다. 도덕 준칙을 채택하는 제일 근거는 출생과 더불어 인간 안에 현전하므로 경험의 기초를 넘어서 '선험적'이라 할 수 있다.[8] 또 다른 곳에서 칸트는 원죄와 타락을 자연 본성의 "선천적인 악의성" 또는 "[법칙] 위반의 선천적인 성벽" 또는 "악으로의 성벽"에서 기인하는 것으로 주장한다.[9] 칸트에게 있어서 선천적인 악으로의 성벽은 자유로운 도덕적 존재자의 의지와 상관없는 결정 요소가 아니라고 이해해야 한다.

이 대목에서 성경과 전통적인 신학적 교의학이 죄악과 악마와 죽음을 긴밀하게 결합시키는 점을 주목해야 한다. 그러나 칸트는 첫 사람이 지은 죄악을 도덕적으로 해석하면서 그것을 죽음과 결합시켜 이해하지 않는다. 다만 그는 "아담 안에서 모든 이가 죄를 지었고" 또한 여전히 죄를 짓고 있다는 바울의 해석(롬 5:12 ; 고전 15:22)을 인용하지만 죄와 타락을 죽음과 연관해서 설명하지는 않는다.[10] 여기서 우리는 칸트가 죄악과 악마적인 현실을 삶 속의 죽음을 포함하는 죽음의 부정적 현실의 원인으로 보는 성경과 기독교 전통 신학의 관점을 수용하지 않고 있음을 볼 수 있다. 칸트의 이런 입장은 뒤에서 살펴볼 그리스도의 속죄의 죽음에 대한 그의 입장과 상응한다고 할 수 있겠다.

칸트가 악을 도덕적인 실재라 규정한다고 해서 악을 도덕적으로 근절시킬 수 있다고 주장하는 것은 아니다. 칸트는 인간의 본성에 근절시킬 수 없는 근원적인 악, 곧 "근본악"이 있음을 인정한다. 인간의 악한 본성은 자기 사랑에서 유래하는데 도덕 법칙을 의도적으로 따르지 않으려는 마음에 뿌리를 두고 있다. 칸트는 교리적 의미의 원죄를 받아들이지는 않지만 인간의 악성이 선천적인 죄과라고 한다. 칸트는 존재자 자체가 본래 선하고, 악은 단지 선의 결여나 선을 위한 상대적 실재에 불과하다는 견해들을 부정한다. 악은 의지를 전도시키고 신으로부터 이탈하게 하는 자유의지의 결과이다.

그러나 칸트는 악을 근절시킬 수는 없지만 선한 최초의 소질까지 부패한 것은 아니라고 말한다. 때문에 인간에게는 여전히 개선의 능력과 선으로의 복귀에 대한 희망이 남아 있다고 본다.[11] 인간은 악으로의 성벽을 점진적으로 개혁해야 한다. 개선이나 회복은 어떤 외적 도움에 의해서가 아니라, 도덕적 준칙들의 최상의 근거인 도덕 법칙의 순수성을 복구하는 데 있는 것이다.[12] 이를 위해서 칸트는 사유 방식의 혁명과 기질의 점진적인 개혁이 필수적이라고 주장한다. 다만 덕을 점차적으로 습득하거나 도덕적 습관의 개선이 가능함에도 불구하고 도덕적 준칙과 행위 사이에 패인 간극은 여전히 남아 있게 됨을 인정한다.

4) 그리스도의 삶과 죽으심

전통적인 신학적 교의학은 예수 그리스도의 죽음을 첫 사람 아담의 죄를 대리하는 속죄의 죽음으로 설명한다. 그러나 칸트는 당연히 전통적인 신학적 교의학의 속죄론을 받아들이지 않는다. 앞서 살펴보았듯이, 칸트는 플라톤 이후의 서구 사상에서 죽음 이후의 실재에 대한 형이상학적 사변의 주제로 널리 다루어진 영혼불멸을 철저하게 도덕적인 관점에서 설명한다. 말하자면 영혼불멸은 실천이성의 요청으로서 도덕적인 삶의 완성을 위해 요구된다. 그리스도의 삶과 죽음에 대한 칸트의 관심도 마찬가지라 할 수 있다.

칸트는 '만족'(satisfaction)과 '칭의'(justification)와 같은 전통적인 신학의 용

어들을 사용하지만, 십자가에서 이루어진 하나님의 행위를 기술하기 위해서가 아니라 십자가에서 상징적으로 표현된 인간의 도덕적 투쟁과 재생을 기술하기 위해 사용한다. 오히려 칸트는 그리스도의 죽음을 철저하게 합리와 도덕의 관점에서 해석하면서 죽음을 존재론이 아니라 도덕적인 삶의 문제로 본다. 또한 칸트는 그리스도의 죽음을 도덕적 죽음의 모범으로 해석하고 있다. 그리스도의 죽음은 그의 삶의 귀결이라는 것이다.

이렇게 칸트는 대리 속죄 교리를 분명한 논조로 반대한다. "속죄"라는 단어가 담고 있듯이, 속죄 교리는 죄에 대한 교리와 분리해서 이해될 수 없다. 앞서 살펴본 대로 칸트는 죄악을 결코 소홀히 여기지 않지만 철저히 도덕적인 견지에서 이해한다. 칸트는 죄책이 있기는 하지만 신에게 흡족한 마음씨로 이행해 간 한 인간의 의롭게 됨의 이념이 연역적으로 어떤 실천적 효용을 갖는지 의심한다. 인간의 죄는 오직 도덕적인 책임을 따져 물어야지 누군가 타율적으로 대신할 수 없다는 것이다. 칸트가 보기에 자율적인 도덕적 존재자 자신의 죄과를 다른 누군가가 대신 떠맡는다는 생각은 전혀 타당하지 않다. 한 도덕적 주체의 죄과는 금전상의 채무와 같이 자신이 떠맡아야 할 책임의 문제일 뿐이다. 칸트는 다음과 같이 주장한다 :

> [죄과는] 타인에게 이양될 수 있는 양도 가능한 책무가 아니라, 가장 사적인 책무, 곧 죄 없는 자가 제아무리 벌 받을 자를 위해 그 죄책을 떠맡고자 할 만큼 아량이 넓다 해도 짊어질 수가 없는, 오로지 벌 받을 자만이 짊어질 수 있는 죄책이기 때문이다.[13]

칸트의 도덕적 교의학의 입장에서 자유로운 도덕적인 존재자의 죄과는 대리 속죄를 통해 해결할 것이 아니다. 죄는 전적인 도덕적 개심 또는 회심을 통해서만 면제될 수 있다. "죄과를 짊어지고 있는" 도덕적 인간은 "전적인 개심을 전제하고서만 하늘의 정의 앞에서 사면을 생각할 수 있다". "참회의 방식이든 예식의 방식이든 간에" 그 어떤 속죄도 "개심의 결여"를 메워 줄 수 없을 뿐더러, 설사 그러한 개심이 있다고 하더라도 죄과를 지닌 사람의 정당성을 하늘의 법정 앞에서 조금도 증가시켜 줄 수 없다고도 주장한다.[14] 그 어떤 도덕적 회심이나 자신의 선량한 윤리적 개선의 노력을 전제하지 않은 인간을 신이 속죄해 준다는 생각은 "미신적"이고 "광신적"일 뿐이다.

> [……] 미신적으로, 어떠한 회심도 전제함이 없이 속죄에 의해서, 또는 광신적으로 소위 (한낱 수동적인) 내적 조명을 통하여 보충함으로써 자기활동에 기초하는 선으로부터 점점 더 멀어지는 일이 없도록 하기 위해서는, 우리가 이 윤리적 선의 근저에 선량한 품행의 징표 외에 어떤 다른 징표도 두어서는 안 된다는 것을 확신하게 되는 일이다.[15]

칸트는 기독교의 정통 속죄 교리가 하나님의 정의를 다루는 방식에 동의하지 않지만, 죄의 문제를 정의 문제로 접근하는 것은 받아들인다. 죄는 정의가 결여된 상태라고 할 수 있다.[16] 칸트는 전통적인 교의학에서 사용되는 '회심' 개념을 자주 사용하고 있는데, 그는 이 개념을 도덕적으로 재해석한다. 그에 의하면 회심은 "죄의 주체"가 "정의에 맞게 살기 위해서 죽는 것"이고, "악에서 벗어남이자 선으로 들어섬이고, 옛 인간을 벗어 버림이자 새 인간을 입음"이다.[17] 그러나 칸트는 도덕적 주체가 회심의 길, 곧 선의 길에 들어 선 후에도 신의 정의 앞에서 전체 품행이 심판을 받을 때 여전히 도덕적으로 비난받아야 한다고 주장한다. 대속은 말할 것도 없고 속죄에 의해 말소될 수 없는 죄책이 있다고 생각하기 때문이다.[18]

이상의 논의를 정리해 보면, 칸트의 이성적인 도덕적 교의학에서는 근본악과 정의에 대한 진지한 성찰이 수반되지만 죽음의 부정성에 대한 사유는 그다지 뚜렷하게 나타나지 않는다고 평가할 수 있을 것이다. 전통적인 교의학과 달리 칸트의 도덕 교의학에서는 죽음을 죄악과 악의 세력 등의 부정적 현실과 연관시키는 논의들이 전혀 나타나지 않는다. 이런 면에서 칸트의 도덕적 교의학은 철저하게 도덕적 삶의 개선에 관심을 둔 전형적인 근대의 사고라고 평가할 수 있겠다.

3. 헤겔(Georg F. W. Hegel, 1770-1831)의 정신철학에서의 삶과 죽음 이해

1) 삶과 죽음의 변증법

헤겔은 죽음을 어떻게 이해할까? 헤겔은 『정신현상학』에서 정신의 삶과 죽음의 변증법을 단편적으로 제시하고 있다. 그는 정신이 생명을 실현하는 데 있어서 죽음이 결정적인 계기로 작용함을 역설하고 있다. 그는 정신의 생명이 맞이하는 죽음이 자연적인 죽음과 확연히 다름을 암시하면서 이렇게 쓰고 있다 : "자연 상태에 묶여 있는 동식물은 스스로의 힘으로 존재하는 대로의 직접적인 상태를 초탈할 수 없고 다른 동식물에 의해서 초탈될 수밖에 없으며, 이렇게 초탈될 때면 만신창이가 되어 죽음을 맞이한다."[19] 헤겔은 정신이 변증법의 과정을 통해 순수 지식 또는 절대정신에 도달하는 현상을 기술하는 가운데 죽음의 계기를 마련하고 죽음에 대한 심오한 사유를 펼치고 있다.

헤겔의 죽음에 대한 사유를 이해하기에 앞서 그의 변증법 논리의 대강을 살펴볼 필요가 있다. 헤겔은 개별 정신이 순수 지식을 통찰하고 절대정신에 다다르는 데 있어서 품는 성급함을 질타한다. 개별 정신은 성급하게 중간 단계의 수단을 건너뛰고 곧장 목표에 다다르려는 불가능한 바람을 품고 있다.[20] 그러나 삶과 죽음을 이해하는 데 있어서 당연히 정신의 인내가 요청된다. 헤겔이 중간 단계를 언급하면서 정신의 인내를 강조할 때 그것은 긍정에 대립되는 것으로서의 부정의 계기를 지칭하는 것이다.

헤겔은 신학의 길을 꿈꾸었던 젊은 시절에 경험한 "죽음에 대한 명상"을 통해, 죽음의 두려움을 이겨 내면서 죽음을 준비하는 그리스도인의 삶에 대한 단상을 제시하고 있다. 그는 한편으로 죽음의 공포를 무시무시하게 조장하는 설교자들을 의혹의 눈으로 바라보면서도,[21] 다른 한편으로는 죽음의 부정성을 깊이 사유하고 있다. 여기서 헤겔은 정신의 자기 전개 과정에서 필연적으로 일어나는 부정의 계기, 곧 "분열 또는 매개의 활동"에 주목한다. 정신은 오직 자신이 절대적인 분열 속에 참여함을 의식할 때 비로소 진리를 획득하게 된다. 부정적인 것에서 눈길을 돌리고 긍정적인 것만을 의식하고 나아가 "직시"로는 힘을 발휘할 수 없다는 것이다. 분열의 활동은 정신의 한 양상인 오성의 힘과 활동에 의한 "참으로 경이롭고도 더 없이 위대한, 아니 절대적이라고도 할" 힘의 발현이다. 이 활동이 야기하는 것이 바로 "비현실적인 것" 또는 부정의 현실이라 할 수 있다. 여기에는 거대한 부정의 힘이 발동하게 마련인데, 이것이 바로 "사유의 에너지"이고 "순수 자아의 에너지"라고 한다.

헤겔은 "비현실적인 것" 또는 부정의 힘을 "죽음"이라 부를 수 있다고 한다. 죽음은 어떤 것과도 비교할 수 없는 참으로 "가공할 만한 것"이어서 죽음을 확고히 파악하기 위해서는 거대한 힘이 요구된다. 헤겔은 죽음에 대한 그 어떤 낭만주의나 심미주의 이해를 반대하면서, 참다운 생명이라 할 수 있는 "정신의 생명"은 "죽음을 회피하고 황폐함을 모면하려는 생명이 아니라 죽음을 무릅쓰고 그 안에서 자기를 유지해 나가는 생명"이라고 한다.[22] 이렇게 부정이나 매개를 직시하지 않고, 자신의 외부로 돌리는 주체 또는 정신은 무기력할 뿐만 아니라 참된 정신 또는 주체라 할 수 없다.

그렇다고 헤겔이 죽음을 생명의 자기실현을 위한 부정의 계기로만 파악하는 것은 아니다. 참다운 인간성을 논의하는 맥락에서 헤겔은 자연적 의미의 죽음을 부정의 힘으로 보기도 하지만 긍정적으로 설명하기도 한다.[23] 죽음은 "개인 스스로가 끝내 도달하는 보편적인 모습"으로서 "순수한 존재"이다. 그러나 자연적인 죽음이 긍정적이라고 하더라도 그것은 소극적 현실에 불과한 것이다. 헤겔은 공동체가 한 인간이 자연적 운명으로서의 죽음을 넘어서 "행위를 통하여 다듬어진 의식의 권리가 죽음 속에서 관철"되도록 도와야 한다고 말한다. 이것이 바로 이성적인 죽음이라 할 수 있다. 죽음의 안식이 지닌 참다운 의미를 이해하는 것이 중요하다. 그 의미는 죽음이 자연에 속하는 것이 아니라 오히려 자연이 죽음을 마음대로 좌지우지할 수 없도록 죽음의 진리를 밝히는 것이다. 이것이 바로 죽음의 의식(儀式)이 지닌 참뜻이다. 헤겔은 죽음이 자연 속에서 드러난 부정의 힘이고 개별 존재의 운동이기는 하지만 공동체로 귀결하는 성격이 있음을 강조한다. "결국 죽음은 개인 스스로가 공동의 세계를 위하여 떠맡는 궁극적인 최고의 노동이다."[24]

2) 아담의 죽음과 그리스도의 죽음에서의 삶과 죽음의 변증법

앞서 살펴보았듯이, 헤겔은 죽음을 절대 정신이 자신을 전개해 나가는 과정에서 들어온 모순, 곧 부정의 계기로 간주하고 있다. 헤겔은 『종교철학』에서 첫 사람의 창조를 신의 이념이 객관화된 계시의 계기로 해석하고 있다. 창세기에 따르면 첫 사람들은 본래 선하게 창조되었다. 여기서 인간의 본성이 선하다는 명제가 도출되었다. 그러나 헤겔은 '인간이 본성적으로 선하다'는 명제에 기초한 당대의 교육학을 비판하면서, 이 명제에는 부정성을 매개로 하는 전개가 결여되어 있다는 점을 지적한다. 인간의 본성이 선하다는 명제에 기초해서 교육이 이루어질 때 부정적 계기는 단지 억제되어 있을 뿐이라는 것이다.[25]

실제로 헤겔은 창세기의 낙원 이야기가 묘사하는 최초의 자연 상태(헤겔의 표현)가 타락임을 주목한다. 헤겔은 이것을 의식의 상태로 규정한다. 의식의 상태는 의지와 인식을 전제한다. 의식의 상태에서 자연적 의지는 악으로 규정된다. 다시 말하면 의식의 상태는 분리와 대립이라는 부정성을 포함하고 있다. 이로써 인간은 선과 악 사이에서 선택해야만 하는 상황에 내몰릴 수밖에 없는 것이다. 바로 여기에서 죽음의 첫 계기, 곧 죽음이 유래하는 기원을 찾을 수 있다. 첫 사람들은 선악을 인식하게 됨으로써 처음으로 유한한 존재와 죽을 수밖에 없는 존재가 된다. 헤겔은 선악의 인식을 부정적으로만 보지 않는다. 그는 선악의 인식이 정신의 "절대적·실체적 규정"이요 그 "속성을 형성하는 인식"이라고 본다.[26]

그런데 성경은 이 선악의 인식에 대한 신의 징벌을 말한다. 징벌의 내용은 바로 육체의 고통과 죽음이다(창 3 : 19).[27] 그렇다면 성경이 징벌로 표상하는 육체의 고통과 죽음을 헤겔은 어떻게 파악하는가? 그는 징벌과 죽음을 모두 모순으로 파악한다. 따라서 정신의 입장에서 최초의 자연 상태는 악이 아니라 지양되어야 할 부정과 모순의 상태로 파악되어야 한다.

이제 헤겔이 제시하는 아담의 죽음에 대한 해석을 뒤로 하고 그리스도의 죽음에 대한 해석을 살펴보자. 헤겔에 따르면 신인(Gottmensch)인 그리스도는 정신 자신의 "이념의 절대적 내용과 그 규정"의 계시이다. 그리스도의 등장과 죽음은 정신의 역사의 결정적인 과정으로 파악된다. 헤겔은 그리스도의 죽음의 의미에 대한 상세한 설명을 제공하고 있다.[28]

『종교철학』에서 헤겔은 그리스도의 죽음이 가르침과 삶의 일치라는 점에서 도덕적인 의미를 지닌다는 것을 짧게 언급한 후에 사변적인 의미를 길게 설명한다. 그리스도의 죽음은 신적 본성과 인간적 본성의 일치라는 점에서 유한성의 최고점이라 할 수 있다. 이런 측면에서 그리스도의 죽음을 "최고의 부정이며 가장 추상적이고 자연적인 부정"이라고 한다. 그리스도의 죽음에 대한 헤겔의 해석에서 루터의 신학의 영향이 중요하다. 헤겔은 루터의 신 죽음의 신학을 정신의 자기 전개 과정에서 필연적인 계기로 나타난 그리스도의 죽음에 대한 해석으로 이해하고 있다. "신적 이념 가운데 내재해 있는" 그리스도의 죽음은 "신적 이념의 최고 외화"이다. 신은 죽었다. 신 자신이 죽었다는 것은 분열의 가장 깊은 심연을 표상으로 가져오는 엄청나고 무서운 표상이다.[29]

헤겔은 신 자신의 죽음인 그리스도의 죽음을 철저하게 신의 사랑의 관점에서 파악하고 있다. 헤겔은 신적 이념 자체의 가장 완전한 현존재인 그리스도의 죽음이 가장 깊은 분열의 심연과 두려운 표상의 죽음이라는 점에서 "최고의 사랑"의 표상이라 한다. 사랑은 타자 가운데 자신의 인격성과 소유 일체를 버리는 최고의 행위라고 할 수 있다. 그리스도의 죽음은 "삶의 제약을 절대적으로 대변하는 가장 외적인 타자 존재 가운데서 자신을 포기하는"

사랑을 직관할 수 있는 죽음이라 할 수 있다. 이 죽음은 단지 "타자를 위한 것"을 넘어 "타자 존재와의 보편적 동일성 가운데 있는 신성을 위한 것"이다. 이것을 정리하면, 그리스도의 죽음의 의미는 "아들이 신적 존재로 전제되고 신적 존재가 아들로 변화되며 아들이 절대적 사랑인 죽음에 이른다는 사실"에 있다.[30]

그러면 헤겔은 그리스도의 희생과 대속의 죽음을 과연 어떻게 이해할까. 성경에서 그리스도의 죽음은 우리를 위한 희생의 죽음과 절대적 보상의 행위로 표상되고 있다(롬 4 : 25 ; 갈 1 : 4 ; 2 : 20). 주목할 만한 흥미로운 점은 헤겔이 칸트와는 다른 해석을 제시한다는 것이다. 물론 헤겔은 칸트의 이름을 직접 언급하지는 않는다. 바로 앞에서 살핀 대로, 칸트는 모든 개인이 자신과 자신의 행위에 대해 도덕적 책임을 져야 한다는 입장이었고 타인의 죄와 죽음을 대리한다는 대속 교리를 인정하지 않았다. 그러나 헤겔은 칸트와 다른 입장을 개진한다. 헤겔이 보기에, 칸트의 입장은 형식적으로는 정당하다. 주체가 개별적인 인간으로 고찰되는 칸트와 같은 입장에서는 이런 비판이 가능하다는 것이다. 그러나 헤겔은 그리스도의 희생과 죽음이 우리와 같은 개별적인 인간과는 거리가 먼 특별한 의미가 있는 것으로 본다. 이 특별한 의미를 파악하기 위해서는 죽음의 구체적인 의미에 대해 더 상세하게 고찰할 필요가 있다.

헤겔의 시각에서 죽음은 자연적 유한성과 직접적 현존재의 외화의 "지양"으로 간주된다. 헤겔은 이렇게 주장하고 있다. "죽음은 자신 속에서 자신을 파악하며 자연적인 것 가운데서 소멸을 파악하는 정신의 계기이다."[31] 그러나 그리스도의 죽음을 곧장 죽음의 지양으로 파악해서는 안 된다. 자연적 죽음의 관점에서 그리스도의 죽음이 담고 있는 부정성을 숙고해야 한다. 그리스도의 죽음에서도 죽음은 고통이고 아픔이라는 점에서 자연적인 죽음으로 나타난다. 이런 자연적 죽음의 방식은 "정신의 역사에 대한 외적인 서술"의 매개가 된다. 헤겔은 신의 이념에서도 자연적 죽음의 부정성이 달리 설명될 수 없다고 한다. 이런 측면에서 그리스도의 죽음이 담고 있는 자연적 방식은 즉자적 정신과의 화해 및 정신 자신과의 화해를 위한 부정적인 계기를 포함하고 있다고 할 수 있다.[32]

그렇다면 그리스도의 죽음의 구속과 속죄의 근거가 어디에 있는가? 헤겔은 정신의 진정한 본성과 역사와 자연적 존재의 죽음에서 구속과 속죄의 근거를 찾는다.[33] 헤겔에 의하면, 그리스도의 죽음은 자연적 죽음이라고 하더라도 우리와의 죽음의 연관을 포함하고 있다. 그리스도의 죽음은 그 자체로 영원히 일어나는 신의 이념의 절대적 역사를 서술하기에 "우리를 위한 보상의 죽음"이라 할 수 있다.[34] 그렇다고 우리에게 낯선 다른 존재가 희생된 것이 아니고 다른 존재가 벌을 받음으로써 벌 자체가 존재한 것도 아니다. 모든 사람이 각자 자신을 위해 죽는다는 사실을 부인할 수 없다.

그리스도의 죽음에서 죽음은 유한성의 정점으로 규정되고 있다. 이 죽음은 자연적 죽음이면서 동시에 "악인의 죽음"이고 "십자가 위에서의 수치스런 죽음"이기도 하다. 그런데 가장 비천한 십자가의 죽음이 가장 고귀한 죽음으로 전도되었다. 놀랍게도 십자가의 죽음으로 인해 당시 황제의 권력에 의해 손상되고 품위가 떨어진 현존재의 삶은 내적으로 삶 자체를 느끼면서 수치스런 죽음을 부끄러워하지 않게 되었다. 불명예와 치욕의 상징인 십자가의 죽음이 국가적 삶과 시민적 존재를 벗어나서 신의 나라의 표지로 고양된 것이다.

헤겔은 부활과 승천을 "죽음의 죽음", 곧 죽음의 지양의 표상으로 파악한다(행 2 : 27 ; 시 16 : 10). 신의 이념은 죽음의 쓰라린 고통과 악인의 치욕에 이르기까지 외화됨으로써 인간의 유한성이 최고의 존재로 밝혀진다는 사실이 그리스도의 죽음에서 성취되었다. 이런 의미에서 그리스도의 부활과 승천은 "죽음의 죽임이며 무덤의 극복이고 음부의 극복이며 부정적인 것을 이겨 낸 승리이다."[35] 그리스도의 부활과 승천에서 인간성이 폐기되는 것이 아니다. 오히려 인간성은 죽음과 최고의 사랑 가운데 보존된다. 정신은 죽음의 지양을 통해 비로소 "부정의 부정"으로서의 정신임을 드러낸다. 이로써 정신은 죽음과 같은 부정적인 계기를 포함할 뿐 아니라 사랑의 신을 포함하고 있음을 드러낸다. 죽음은 신의 이념을 전개하는 정신의 역사에서 신의 절대적 사랑을 계시함으로써 절대적 화해를 가져오는 필수적인 부정의 계기가 된다. 헤겔의 말을 직접 인용하면서 이 단락을 맺기로 하자.

> 신적 이념은 최고의 분열로 전개되며 죽음과 고통이라는 반대쪽으로 나아간다. 이것은 절대적인 전도이며 최고의 사랑이고 부정의 부정이며 절대적 화해이고 앞서 전개된 신과 종말에 대한 인간적 대립의 지양이다. 이것은 대립의 해소로서 인간을 축복 속에서 신적인 이념으로 받아들이는 영광이다.[36]

4. 슐라이어마허(Friedrich D. E. Schleiermacher, 1768-1834)의 신학에서의 그리스도의 죽음, 그리고 죽음의 부정성과 정의

1) 초기 『종교론』의 범신론적 죽음 이해

슐라이어마허가 당대 주요한 플라톤 번역가요 해석가라는 점은 그의 죽음 해석을 이해하는 데 주목할 만한 사실이다. 그래서일까? 그는 죽음을 부정적인 현실로 보기보다는 긍정적인 현실로 이해하고 있다. 슐라이어마허는 초기 낭만주의 영향을 받은 『종교론』에서 죽음에 대해 짧게 다루고 있다. 그는 우주의 직관에 무관심한 채 현세에 집착하는 계몽주의 사고에 젖은 현대인들을 비판하면서 죽음을 인상적으로 정의하고 있다. "유한성의 한복판에서 무한자와 하나가 되고 순간 가운데 영원인 것"이 바로 종교적인 의미의 불멸성, 곧 죽음이라 할 수 있다.[37] 아무래도 당대의 낭만주의와 스피노자의 범신론의 영향인지 모르지만, 슐라이어마허의 죽음에 대한 이해는 매우 범신론적인 것으로 보인다. 그는 초기 낭만주의 종교론의 핵심적인 개념인 '우주', '일자', '전체', 그리고 '무한성' 등의 개념과 죽음을 연관시키고 있다. 죽음은 우주와의 "융합" 또는 "우주의 직관을 통해 우주와 하나"가 되는 것이라는 표현이 등장한다. 죽음은 "무한성"을 향해 날아오르게 하는 희망의 현실처럼 보인다. 죽음은 한 개인이 개인성을 떨쳐버리고 "일자와 전체 안에서" 사는 삶으로 나아가는 문이고 이것이 "참된 삶"이다.[38]

그는 현세의 삶에 집착하는 개인주의적인 계몽의 인간들에 대해 매우 비판적이다. 개인주의적인 계몽의 사람들은 "인간성을 넘어가기 위하여 죽음이 그들에게 보여 준 유일한 기회를 한 번도 파악하려 하지 않는다."[39] 그는 근대의 계몽적인 개인들에게 우주의 속삭임에 귀를 기울일 것을 권면한다. 그는 공관복음서에 나오는 유명한 예수의 말씀에서 예수를 '우주'로 바꾸어 표현한다. 누구든지 우주를 위해 목숨을 버리는 자는 살겠고 살려는 자는 잃을 것이라고(참조. 마 16 : 25 ; 막 8 : 35 ; 눅 9 : 24). 오히려 죽음을 부인하고 자신을 보전하기 위해 애쓰는 생명은 불쌍한 것이다. "인격의 영원"이 중요하다. 인간들은 스스로 가질 수 있는 불멸성을 잃고 산다. 슐라이어마허는 심지어 "우주에 대한 사랑으로부터" 자신의 삶을 포기해 보라고 권한다.

이렇게 볼 때 낭만주의와 스피노자의 범신론의 영향을 깊이 받고 있는 초기 『종교론』의 슐라이어마허에게 있어서 죽음은 결코 부정적인 현실이 아니다.

2) 『기독교신앙』의 자연주의 죽음 이해

초기 『종교론』에서 낭만주의적이고 범신론적인 언어로 죽음의 긍정성을 기술했다면, 『기독교신앙』에서는 죽음이 인간의 삶을 위해 가지는 기능을 매우 적극적으로 개진하고 있다. 슐라이어마허는 근대 이후 뚜렷하게 부상하는 자연주의적인 죽음 이해를 수용하면서 그것에 비추어 죽음에 대해 가르치는 성경과 기독교 교리의 내용을 해석하고 있다. 앞서 살펴보았듯이, 본래 성경과 기독교 교리, 그리고 그에 대한 전통적인 신학의 해석에서 죽음은 죄의 결과로 간주되고 있다. 이와 관련해서 창조의 완전성과 죄와 타락을 서술하는 창세기 1~3장과 로마서 5장의 본문이 규범적 역할을 한다. 슐라이어마허의 죽음 해석을 파악하기 위해서 먼저 위 두 본문을 기초해서 펼치는 '인간과 세계의 근원적 완전성'과 '죄와 악'이라는 주제에 대한 그의 견해를 살펴보아야 한다. 이 두 주제는 죽음과 밀접한 관련을 지니고 있다.

먼저 슐라이어마허는 인간과 세계의 근원적 완전성은 절대의존의 감정의 보편성에 기초한 신앙의 명제라고 한다.[40] 슐라이어마허는 인간의 근원적 완전성을 네 가지 차원의 통일로 설명한다. 즉, 자연적 완전성, 정신적 완전성, 도덕적·윤리적 완전성, 종교적 완전성이 그것이다. 이 네 가지 완전성은 인간 생명 일반의 근본조건이다.[41] 나아가서 그는 인간의 근원적 완전성의 의미를 해명한다. 전통적인 신앙고백서들은 근원적 완전성을 하나님의 형상에 따라 의롭고 거룩하게 창조된 것을 의미하는 것으로 보았다. 전통적인 원죄 교리에 의하면 인간의 근원적 완전성, 곧 하나님의 형상과 '근원적인 의로움'(iustitia originalis)은 죄로 인해 결핍 또는 상실되었다. 신의 형상은 인간의 완전성을 신과의 유사성으로 기술하고, 근원적 의로움은 인간의 완전성을 인간에게 부과되는 신적 요구에 상응하는 것으로 기술한다. 그렇지만 슐라이어마허에 따르면 이 근원적인 의로움이라는 표현은 적당하지 않다.42) 그는 근대 자연과학의 발전을 수용하여 전통적인 신학이 주장하는 근원적 완전성으로부터 원정의(original justice) 개념을 분리시키는 것으로 보인다.

그는 위에서 설명한 창조의 '근원적 완전성'이라는 맥락에서 죄와 악과 죽음의 문제를 다룬다.43) 슐라이어마허에 따르면 죽음은 창조 이야기가 서술하는 인간과 세계의 근원적 창조 상태의 완전성에 모순이 되지 않는다. 창조 이야기에서 세계의 근원적인 배치 또는 구성은 인간의 죽음을 제약하고 있다. 따라서 죽음의 제약이라는 것이 반드시 창조의 불완전성을 의미하는 것으로 해석될 수 없다. 창조 이야기는 인간이 자연적인 죽음을 겪는다는 것을 부인하지 않는다. 오히려 인간이 이 세상에서 영원한 생명을 누리는 것이 근원적 세계배치(Welteinrichtung)였다는 해석이야말로 결코 정당하지 않다. 죽음을 통하지 않는 이행은 "세계의 통일성을 교란하는 표상"이라고 할 수 있다.

흔히 전통적인 신학적 해석에 따르면 죽음에 대해 언급하는 창세기 2~3장이나 로마서 5장을 근거로 죽음이 창조세계의 근원적인 배열에 속하지 않는다고 한다. 그러나 슐라이어마허가 이해하기에, 두 본문은 죽음이 근원적인 세계배치에 속하지 않는다는 표상을 분명하게 언급하지 않는다. 이 본문들은 첫 사람이 죄를 짓지 않았다면 영원히 살 수 있었다거나 온 세계가 죄 때문에 변경되었을 것이라고 명시적으로 해석될 수 없다는 것이다. 슐라이어마허에 따르면 오히려 구약과 신약성서 어디에도 인간이 죽지 않도록 창조되었다거나 인간의 본성이 변경되었다고 주장하지 않는다. 고린도전서 15 : 56에서는 죄의 도래 이전에 이미 죽음이 존재한 것을 지시한다고 본다.[44)] 이에 반해 많은 전통적인 신학자들은 인간이 자연의 근원적 구성에 의해 죽음을 피할 수 없는 동물들과 달리 불멸의 운명을 타고 났지만 죄를 지음으로써 죽을 운명을 갖게 되었고 주장했다. 그러나 슐라이어마허가 보기에 그런 주장은 "전적으로 신빙성이 없는 것"이다.

이렇게 슐라이어마허는 죽음 자체를 죄의 결과로 보는 전통적인 신학적 해석들을 포기하고 있다. 그렇다면 슐라이어마허는 죄를 어떻게 이해하는가? 죄는 "신 의식을 향한 방향이 우리 가운데 아직 나타나지 않은 시간의 힘과 일"이고 오로지 "자연의 혼란"으로 간주될 수 있을 뿐이다.[45)] 원죄(peccatum originis)는 "모든 사람들이 갖고 있는 죄의 성향을 수태한 것과 지참한 것으로 서술"되면서 동시에 그 가운데 "자신의 고유한 잘못"을 감추고 있는 것으로 "인류의 총체적 행위와 총체적 잘못"으로 표상된다.[46)] 또한 죄성은 "선에 대한 완전한 무능"으로 간주될 수 있다.[47)]

그렇다면 슐라이어마허는 죄나 원죄와 죽음 사이의 관계를 어떻게 이해할까? 종교개혁 전통의 고전적인 신앙고백서들인 「아우크스부르크 신앙고백서」나 「갈리아 신앙고백서」나 「벨기에 신앙고백서」 등은 원죄가 저주와 영원한 죽음을 야기한다고 분명히 주장하고 있다. 그러나 슐라이어마허는 원죄가 그 원인을 자신 밖에 지닌 근원죄(peccatum originis originatum)로서 현실적 죄(peccatum actuale)에 선행하면서 그것을 강화한다는 점을 인정하지만 그 어디에서도 죽음을 죄의 결과로 간주하는 것 같지는 않다.[48)]

또 한 가지 주목해야 할 점은 죄와 악과 죽음의 관계이다. 앞에서 살펴보았듯이, 전통적인 신학의 담론에서 죄와 악과 죽음은 서로 밀접한 관련을 지닌 것으로 간주된다. 슐라이어마허는 죄를 악과 결합된 세계의 속성으로 이해한다. 모든 악은 죄에 대한 벌로 생각될 수 있다. 악은 사회적 악과 자연적 악으로 나눌 수 있는데, 전자만이 직접적으로 죄에 대한 벌로 간주될 수 있고, 후자는 매개적으로만, 곧 간접적으로만 죄에 대한 벌로 간주된다고 할 수 있다. 창세기에서 죽음이 인간에게 "범죄의 보상"으로 "유보"되어 있고 이 사실을 확인하기 위해 첫 사람의 죽음이 죄가 낳은 직접적인 결과라고 말하는 것은 죽음이 자연적 악의 기저를 상징하기는 해도 사회적 악과는 전혀 관련이 없다는 것을 뜻한다.[49] 따라서 악은 죽음과 달리 세계의 근원적 완전성에 속하지 않는다. 죽음은 악으로 간주될 수 없다. 비록 성경이 죽음을 통해 종이 아니라 죽음에 대한 공포를 통해 종이 된다는 점을 말하지 않는다고 해도 그렇다.[50]

이렇게 슐라이어마허는 죽음을 죄의 결과로 이해하지 않고 악으로 간주하지도 않는다. 그렇다면 그는 죽음을 어떻게 규정할까? 슐라이어마허는 전통적인 신학적 규정을 떠나 근대 생물학의 자연주의적인 이해를 전폭적으로 수용하는 듯하다. 그에 의하면 죽음 자체는 인간의 근원적 한계로 이해될 수 있다. 즉, 개별 인간의 죽음뿐만 아니라 죽음의 현실 자체는 "인간 편제의 근원적 관계에서[의] 제약"이다.[51] 죽음은 생물학적인 현상일 뿐이라는 것이다. 죽음은 "유기적인 힘이 감소하고 힘의 최고점의 저편에서 정신을 위한 힘의 사용이 감소하는 것"이나 "외적인 자연의 힘이 육체적인 생명에 맞서 소모적으로 밀어닥치는 것"과 연관된다.[52] 그렇다고 죽음이 부정적인 것은 아니다. 오히려 죽음은 인간의 삶과 관련해서 매우 긍정적인 기능을 한다.

3) 죽음에 대한 긍정적 해석

슐라이어마허의 죽음 이해를 전체적으로 정리해 보자. 먼저 초기 『종교론』에서 슐라이어마허는 현세의 삶에 집착하면서 인간성을 넘어가기 위하여 죽음이 제공해 주는 유일한 기회를 한 번도 파악하려 하지 않는 근대 개인주의적인 계몽의 인간들의 자세를 비판하고 있다. 낭만주의와 범신론의 영향을 크게 받은 초기의 슐라이어마허에게 죽음은 우주의 무한성을 향해 날아오르게 하는 희망의 현실이었다. 죽음은 하나의 개인이 개별성을 떨쳐버리고 '일자' 또는 '전체'로 표상되는 우주와 연합하는 진정한 삶이라고 보았다.

슐라이어마허는 『기독교신앙』에서 죽음에 대한 당대의 생물학과 진화론의 관점을 적극적으로 고려하고 있는 것으로 보인다. 즉, 죽음에 근본적으로 제약된다는 조건이 인간의 발전에 있어서 가장 강력한 동인들 가운데 하나라는 것이다.[53] 그에 따르면 죽음의 결과는 인간 삶의 총체성을 늘리고 그 최대치에 근접하게 해 준다. 개인의 죽음은 인간의 세계 지배를 가능하게 하는 세계의 수용성을 감소시키지 않고 억제하지도 않는다. 오히려 죽음은 삶을 가장 강하게 전개시키는 계기가 된다. 그는 "외부 세계의 작용을 유발하는 인간적 활동성은 죽음의 운명이 없을 때보다 죽음에 대한 염려에서 더 많이 기대될 수 있었다."[54]

슐라이어마허의 죽음 이해는 전반적으로 매우 긍정적이다. 죽음 자체에 대한 이해도 그렇고 삶과 관련해서 볼 때도 그렇다. 슐라이어마허의 이해는 성경과 교리 전통이 간직하고 있는 죄와 악, 그리고 죽음 사이의 깊은 결속이 지닌 부정성에 대한 변증법적 사유를 해체하고 범신론적이고 자연주의적인 이해를 대폭 수용한 것과 관련이 있지 않을까 생각해 본다.

4) 그리스도의 죽음과 하나님의 정의

슐라이어마허의 그리스도의 죽음에 대한 이해는 그리스도의 세 가지 직무, 곧 예언자, 제사장, 왕의 직무 가운데 제사장 직무를 다루는 부분에서 나타난다. 그리스도의 제사장 직무는 능동적 순종으로서의 율법의 완전한 성취와 수동적인 순종으로서의 그리스도의 속죄의 죽음을 포함한다.[55] 앞서 살펴보았듯이, 슐라이어마허는 악을 죄의 형벌로 이해한다. 죽음은 악에 포함되지 않는다. 악을 형벌로 간주한다고 해서 각 개인이 정확히 개인적 죄와 연결된 악을 전적으로 또 배타적으로 당하는 것은 아니라고 한다. 그리스도는 온 세상의 죄를 대표하는(representing) 정치와 종교 당국에 의해 수난을 겪었다. 그러나 그리스도는 '죄와의 공감'(sympathy with sin)을 통해 죄에 대해 승리하였고, 그 결과 죄와 악의 결속이 극복되었다. 따라서 그리스도의 수난과 죽음을 통해 형벌이 폐지되었다고 할 수 있다.[56]

필자가 보기에, 슐라이어마허는 아마도 칸트와 안셀무스의 이해를 비판적으로 결합하여 자신의 독특한 견해를 제시하는 듯하다. 다시 말하면 그는 칸트의 도덕적 모범설에 대한 생각을 비판적으로 수용하여 안셀무스의 만족설의 본질적인 의미를 다시 해석하는 것처럼 보인다. 그는 그리스도가 수난과 죽음에 자신을 기꺼이 내어 주어 순종함으로써 하나님의 정의를 만족시켰고 구속과 화해가 이루어졌다는 안셀무스의 공식을 수용한다. 나아가 그리스도의 대속 사역을 통해 죄와 악 사이의 연결이 끊어졌고 죄의 형벌로부터의 자유가 이루어졌다고 한다. 그는 이 신앙고백의 참된 의미가 무엇인지를 묻는다. 그는 먼저 그리스도의 죽음의 수난이 화해를 가져오는 절대적인 자기 부정의 사랑을 계시함을 주장한다. 그가 보기에, 예수의 수난과 죽음이 필연적이라거나 적절하다고 인위적으로 주장하는 것은 그릇된 이해다. 그리스도가 구약의 희생처럼 완전히 수동적으로 수난과 죽음을 당했다는 생각도 그릇되다. 하지만 그리스도의 수난과 죽음을 통해 죄의 형벌이 사해졌다는 진술은 옳다. 이 진술의 참된 의미는 그리스도가 죄의 형벌을 짊어졌다는 것이다. 말하자면 그리스도의 죽음의 수난은 하나님의 정의를 만족시키기 위해 무한하다고 표현할 수밖에 없는 인간들의 죄에 대한 형벌의 양을 구성하는 악들의 합과 같다는 생각은 옳다. 그러나 그리스도의 수난과 죽음을 하나님이 그의 수난과 죽음을 형벌로 지정했고, 그 결과 그리스도가 죄에 대한 일차적이고 가장 직접적인 형벌, 곧 하나님의 분노를 느꼈을 것으로 가정하는 의미에서 형벌의 전가(transference)라는 견해는 그릇되다. 왜냐하면 이 견해는 도덕적 악과의 자연스러운 연결을 고려하지 않은 채 하나님의 형벌의 절대적인 필연성을 상정하기 때문에 그릇되다. 아울러 이 견해는 하나님의 의가 가장 야만적인 인간 조건으로부터 하나님에게 전가되었다는 주장으로 빠질 수 있다.[57)]

슐라이어마허는 안셀무스가 주장하는 '대리 만족'(vicarious satisfaction) 개념을 '만족시키는 대표자'(satisfying representative) 개념으로 수정할 것을 주장한다. 슐라이어마허에 따르면 '대리'와 '만족'이라는 두 용어를 그리스도의 대제사장 직무의 측면들을 구성하는 '유일한' 표현구로 확정하는 것은 적절하지 않다. 그는 능동적 순종과 수동적 순종을 동시에 가리키는 이 두 용어를 나누어서 이해해야 한다고 주장한다. 곧 '대리'를 수동적 순종에만 적용하고 '만족'을 능동적 순종에만 적용해야 한다는 것이다. 그리스도의 '만족'은 결코 '대리적'이지 않다. 그리스도의 수난이 '대리적'이라는 것은 확실하다. 아직 죄의식을 통해 자신이 불행한 처지를 깨닫지 못한 사람들과 관련해서도 그리스도가 완전하게 "죄와의 공감"을 가졌다는 의미에서 분명히 대리적이라 할 수 있다. 만일 누군가가 악들을 당했다면 그의 고통은 일반적인 의미에서 '대리적'이라고 할 수 있다. 그러나 도덕적 악을 행하지 않은 사람은 고통을 당해서는 안 된다. 그러므로 누군가 악을 경험할 경우 그는 도덕적 악이 있는 사람을 대신해서 고통을 당한다고 할 수 있다.

그렇지만 슐라이어마허가 보기에, 이런 '대리적' 특질이 결코 '만족'을 제공하지는 못한다는 것이다. 그리스도의 생명의 교제 속으로 참여한 모든 사람은 죄가 완전히 극복되고 고통을 통해 만족이 인간의 현세의 삶에서 이루어질 때까지 그리스도의 수난의 교제에 참여하도록 부름을 받는다. 그때까지 모든 고통은, 심지어 단지 상대적으로 무죄한 사람 편에서조차도, 언제나 대리적 성격을 지닌다. 만일 전통적인 속죄 이해에서처럼 '대리'와 '만족' 두 측면을 분리하지 않으려면 그리스도를 우리의 '만족시키는 대표자'로 불러야 한다. 두 가지 의미에서 그렇게 부를 수 있다. 먼저, 그리스도의 이상적인 존엄의 방식으로 그리스도는 그의 구속의 활동에서 "인간본성의 완전성"을 대표한다는 의미에서 그렇다. 다음, 그리스도의 "죄와의 공감"의 절대적 능력이 그의 자유로운 죽음에의 순종에서 가장 완전하게 나타났고 그 능력이 우리의 불완전한 죄의식을 완전하게 하고 완성하는 데 영속적으로 기여한다는 의미에서 그렇다. 안셀무스의 만족설이 오해의 소지를 제공하듯이, 그리스도의 수난과 죽음을 신적인 비합리적인 보복의 필연성의 재가나 자의적인 자학의 모범으로 정당화해서는 안 된다.[58]

5. 평가

　이 장에서는 현대 신학과 종교철학에 결정적인 영향을 미친 칸트, 헤겔, 그리고 슐라이어마허의 삶과 죽음 이해를 살펴보았다. 칸트의 합리적인 도덕적 교의학에서 근본악과 정의에 대한 진지한 성찰이 나타나지만 그리스도의 죽음이 담고 있는 죽음의 부정성과 정의에 대한 이해는 소홀히 여겨지는 것으로 보인다. 전통적인 교의학이 보여 주는 바와 달리, 죽음을 죄악과 악의 세력 등의 부정적 현실과 연관시키는 논의들이 전혀 나타나지 않는다. 이런 면에서 칸트의 도덕적 교의학은 철저하게 도덕적 삶의 개선에 관심을 둔 전형적인 계몽주의 사고라고 평가할 수 있겠다.

　헤겔의 경우 신 죽음의 신학에 대한 변증법적 통찰을 통해 죽음의 부정성을 깊이 있게 전개하고 있는 것으로 보인다. 성금요일의 십자가 죽음에서 하나님 자신의 죽음을 맞닥뜨린다는 헤겔의 통찰은, 죽음이 하나님의 계시와 사랑이 드러나는 자리라는 심오한 생각으로 초대하는 듯하다. 그러나 헤겔의 변증법적 존재론에서 죽음의 부정성에 대한 깊은 성찰은 정의와 결속된 채 이해되는 것 같지 않다.

　슐라이어마허 역시 계몽이 추구한 일방적 합리주의에 반대하면서 그리스도의 죽음이 지닌 대속의 의미를 상실하지 않지만, 그의 사유의 환경이었던 낭만주의와 자연주의의 과도한 영향으로 인해 죽음을 너무 일방적으로 낭만적이고 긍정적이게 서술한 것이 아닌가 하는 생각이 든다. 그는 그리스도의 죽음이 담고 있는 죽음의 부정성과 정의에 대한 통찰을 너무 소홀히 여기는 것이 아닐까.

7장 20세기 전반기 신학에서 그리스도의 죽음, 그리고 죽음의 부정성과 생명의 정의(正義)

— 칼 바르트, 칼 라너, 그리고 오스카 쿨만을 중심으로 —

I. 죽음, 삶의 부정인가? 삶의 완성인가?

서구 사회에서 20세기 전반기는 엄청난 전쟁의 세기요, 가히 폭력적인 죽음의 세기로 기억될 수 있다. 이 세기 창조 세계 위에 죽음의 어두운 그림자가 짙게 드리웠다. 마치 대양과도 같은 엄청난 고통과 죽음의 현실에서 어떻게 창조주의 얼굴과 그의 선하심을 발견할 수 있겠는가? 이러한 시대상에 상응하여 기독교 신학에서도 죽음의 부정성에 대한 신학적 이해가 깊이 성찰되었다. 이 시대의 신학은 19세기가 제기한 죽음과 생명에 대한 역사주의나 자연주의 또는 낭만주의 관점에 대한 깊은 회의, 아니 그것을 넘어서는 관점을 보여 주고자 씨름했다고 할 수 있다.

그래서일까? 개신교 신학에서 이른바 변증법적 신학은 죄의 삶으로서의 죽음에 대한 성찰을 두드러지게 보여 준다. 물론 가톨릭 신학의 경우 그 전

통의 무게로 인해 개신교의 변증법적 신학이 보여 준 만큼 그런 삶과 죽음에 대한 과격한 모순적 이해는 나타나지 않는다. 가톨릭 신학은 삶과 죽음의 연속성과 죽음에 대한 자연적 이해와 초자연적 이해 사이에 균형을 추구하는 경향이 있다. 그럼에도 불구하고 가톨릭 신학 역시 죽음의 부정성에 대해 둔감할 수는 없었다.

우리는 이 장에서 20세기 전반기와 후반기 초의 기독교의 삶과 죽음의 변증법을 이 시대를 대표하는 개신교와 가톨릭 신학자인 칼 바르트와 칼 라너, 그리고 오스카 쿨만의 죽음 이해를 통해 살펴볼 것이다.

2. 칼 바르트(Karl Barth, 1886-1968) 신학에서 나타나는 삶과 죽음의 변증법

1) 죽음, 하나님의 심판의 표지(sign), 그리고 정의의 문제

바르트는 1920년대부터 1960년대까지 신학의 전반적 주제들에 대한 방대한 성찰을 수행했다. 바르트는 죽음의 본성과 실재에 대해서도 적잖은 분량의 해명을 제공하고 있다. 바르트는 창조와 화해에 대한 설명에서 죽음을 비교적 집중적으로 다루고 있다. 바르트의 창조 이해에서 독특한 점은 그가 언약을 "창조의 전제와 내적 근거"로 이해한다는 것이다. 창조는 "언약의 외적 근거"로서 무엇보다도 하나님 사랑의 성취의 무대라 할 수 있다(41절). 바르트는 이른바 "무"(Das Nichtige)(50절)와 관련해서, 잘 알려진 대로 창조의 "어두운 측면"이나 "부정" 또는 "피조물의 모순"과 같은 어떤 죄악의 실재를 인정하고 있지만[1] 창조를 그 기초에 있어서 하나님이 긍정한 실재로 규정한다(42절). 창조가 은총과 칭의의 성격을 지니고 있다는 점이 그 긍정의 근거로서 중요하다. 창조는 선할 뿐만 아니라 의로운 성격을 지닌다. 바르트에 따르면 하나님은 존재를 현실화할 때 의롭게 하신다. 하나님이 창조를 긍정하신 것은 하나님이 창조를 "의롭게 하심"을 뜻한다.[2]

그렇다면 선하고 정의로운 창조 안에서 죽음의 현실이 어떤 계기를 통해 등장하게 되었는가? 바르트 역시 죽음의 기원을 설명하는 창조 이야기를 로마서 5장에 나오는 바울의 아담-그리스도 유형론에 비추어 죄의 결과로 해석한다. 바르트는 바울이 말한 "죄의 삯"으로서의 죽음을 깊이 성찰하고 있다. 바르트는 죄를 "거대한 모순"으로 인간을 "찌그러뜨리는 것"이요 "비틀어버리는 것"으로 설명하는데, 죽음을 삯으로 요구하는 죄는 이보다 더 악한 것이라고 한다. 죄의 삯으로서의 죽음은 인간이면 태어나서 한 번은 반드시 겪는 자연적 죽음 또는 생물학적 죽음과 다르다. 바르트에 따르면 바울이 말하는 죄의 삯으로서의 죽음은 자연적 죽음보다 "훨씬 더 크고, 훨씬 더 위험한 것"이다. 이 죽음은 마치 무겁고 어두운 그림자처럼 우리의 온 생애를 뒤덮고 있는 "거대한 부정"이라 할 수 있다. 사실 그것은 "거부와 버림을 받은 생명"이라 할 수 있다.[3]

그렇다고 바르트가 자연적 죽음 이해를 전적으로 배제하는 것은 아니다. 그는 창조론의 맥락에서 인간의 삶의 시간적 유한성이라는 관점에서 성경이 죽음의 본성과 현실에 대해 어떻게 말하는지 상세하게 검토한다. 구약성서에서 죽음은 매우 부정적인 현실로 예민하게 인식되고 있다. 죽음은 본유적으로 인간의 삶의 끝이요 한계로 체험되고 있다. 구약성서의 인간들에게 죽음이나 죽음의 세계는 매우 부정적인 현실로 체험되고 있다. 죽은 자들의 세계는 하나님의 임재와 통치가 부재한 곳으로 이해되고 있다. 다시 말하면 그것은 하나님과의 관계가 단절된 현실이다. 그래서 죽음은 고통스럽고 피해야 할 부정적인 현실이다. 그야말로 죽음은 인간의 삶의 시간에 드리운 어두운 그림자와 같은 것이다. 바르트는 이렇게 죽음을 매우 부정적이고 악한 현실로 이해하는 성경의 관점을 수용한다.

창조의 맥락에서 죽음의 현실은 창조의 부정성과 관련된다. 확실히 죽음의 현실은 선한 하나님과 하나님의 선한 창조의 본성과 양립할 수 없는 모순이다. 바르트는 죽음이 결코 인간의 본성에 속한 운명이 아님을 매우 강조한다.[4] 성경은 선한 하나님의 본성과 창조의 본성에 어긋나는 죽음의 기원을 죄와 타락에서 찾는다. 죄와 타락이 선한 창조를 부정과 모순의 현실로 만든 계기라고 본다. 죄와 타락이라는 계기를 통해 죽음이라는 부정의 현실이 창조 안에 들어오게 된 것이다. 이런 뜻에서 죽음은 인간의 창조 본성에 모순된다. 하나님께서 선하게 창조하신 인간 본성의 "본유적인 부분"이라 말할 수 없다. 그것은 "부정적이고 악한 그 무엇", 아니 "무한정한 악의 성격을 지닌" "절대적인 부정"이요 "무"이다.[5] 죽음은 인간 생명의 종말로 그 죄악의 그림자 안에 서 있다."[6] 따라서 바르트는 성경과 마찬가지로 죽음의 기원이 죄에 있음을 분명히 하고 있다 : "죄가 있기에 악과 악마, 그리고 죽음과 지옥이 있다."[7]

죄의 삯(롬 6 : 23)으로서의 부정적이고 악한 죽음은 성경에서 죽음의 현실이 하나님의 심판이라는 주장에 맞닿아 있다. 바르트는 우리가 실제로 만나는 죽음을 "하나님의 심판의 표지"라고 주장한다. 하나님의 심판의 표지라는 표상이야말로 "가장 실제적이고 온전한" 표상이다. 우리가 체험하는 죽음에는 심판의 흔적이 새겨져 있다. 이 심판은 비유로 말하자면 "괄호 안의 모든 더하기를 바꾸어 버리는 괄호 밖의 빼기"와 같은 것이다. 우리가 이런 죽음을 불가피하게 맞이할 수밖에 없다는 사실은 죽음의 위협이 우리의 온 삶을 마치 그림자처럼 지배하고 있다는 뜻이다.[8]

우리가 하나님의 심판의 표지로 만나는 죽음은 무엇보다도 공포로 체험된다. 죽음은 "본유적으로 또 본질적으로" 저주와 비극은 아님에도 불구하고 "비본성적 질서 안에, 아니 반본성적 질서 안에 깊이" 숨겨져 있다. 이런 의미에서 죽음을 긍정적인 현실로 이해할 수 없다. 플라톤의 견해를 따르는 사람들이 주장하듯이, 죽음을 "형제"라거나 "친구"라거나 "해방자"라고 부르는 것은 전혀 참된 주장이 아니다. 이런 주장은 죽음의 부정적 현실 앞에 심각하게 설 때 마치 공중의 물방울같이 사라질 뿐이다. 바르트는 죽음을 아무 것도 아닌 듯 여기며 그저 밝고 긍정적 현실로 이해하는 입장을 비판한다. 죽음을 두려워하는 사람이 죽음을 두려워하지 않거나 죽음을 두려워할 필요가 없는 것처럼 행동하는 사람보다 진리에 더 가까운 사람이다. 죽음은 결코 죄와 죄책(guilt)에서 분리될 수 없기에, 죄와 죄책을 망각하지 않고는 죽음이 그다지 위험하지 않다거나 심지어 유쾌하게 환영할 만한 현실이라고 주장할 수 없다. 또한 죽음은 죄와 죄책에 대한 하나님의 심판의 표지이기에 죽음을 마땅히 두려워할 수밖에 없다. 인간은 본성적으로도 죄와 죄책으로 맞는 죽음에 저항하게 되어 있다. 죽음 앞에서 오직 탄식하는 것이 지극히 본성적이고 정상적인 모습이라 할 수 있다.[9]

바르트는 죽음의 본성과 실재에 대한 성경의 견해를 고찰한 후에 성경 전체가 죽음의 부정성을 심각하게 여긴다고 주장한다. 성경 전체는 죽음이 아니라 생명이 인간의 본성에 부합한다고 주장한다. 죽음은 인간 본성에 모순적인 현실일 뿐이다. 죽음은 단지 "비실존"일 뿐만 아니라 인간의 "부정의 인봉이고 성취"이다. 죽음은 삶의 "철저한 부정"을 의미할 뿐이다. 따라서 우리가 죽음을 필연적으로 맞을 수밖에 없다는 사실은 죽음의 부정의 위협을 피할 수 없다는 것을 의미한다. 그래서 우리는 필연적으로 죽음의 두려움 속에서 살 수밖에 없는 것이다.[10]

그렇다면 바르트는 죽음과 정의의 관계에 대해서 어떻게 이해할까? 위에서 살펴보았듯이, 바르트는 죽음을 죄악과 결속되어 있는 것으로 보고 있다. 따라서 죄악과 죽음은 정의 문제와 분리될 수 없다. 바르트는 화해의 맥락에서 죽음을 정의와 연관해서 설명하고 있다. 죽음의 문제는 죄악의 극복과 정의의 확립으로부터 분리될 수 없다. 바르트는 분명히 첫 인간 아담의 죄와 타락을 하나님에 대한 불의, 곧 하나님이 선물로 주신 창조의 정의를 상실한 문제로 이해하고 있다.[11] 이 점에서 바르트는 확실히 아우구스티누스와 안셀무스에 의해 확립된 서방 신학 전통을 따르고 있다고 평가할 수 있을 것이다.

2) 그리스도의 죽음, 그리고 죽음의 부정성과 정의

바르트는 예수 그리스도의 죽음을 여러 곳에서 성찰하고 있다. 바르트는 먼저 예수 그리스도의 죽음을 하나님의 선택이라는 관점에서 해명하고 있다. 그는 예수 그리스도의 선택을 은총의 언약으로 간주하면서 그 죽음이 "대속"과 "대표"와 "대리"의 성격을 지닌 것으로 주장하고 있다.[12] 예수 그리스도의 대속과 대표로서의 죽음이 지닌 본질을, 이 죽음을 통해 바로 하나님의 의, 곧 하나님의 정의가 계시되었다는 점에서 찾고 있다. 은총의 언약을 극적으로 보여 주는 예수 그리스도는 "하나님의 의로움"[13]을 드러낸다. 그런데 하나님의 의가 드러난 방식이 참으로 역설적이다. 하나님의 정의가 예수의 죽음을 통해 드러난 인간의 죽음의 부정성을 통해 계시되었다. 말하자면 인간 예수는 인간이 받아야 할 진노, 심판, 그리고 거부를 대신 받은 것이다. 그는 인간이 마땅히 받아야 할 버림을 담당하면서 죽음을 겪었다.[14] 하나님은 죄를 감당하는 예수 그리스도의 죽음 안에서 대리적 심판을 집행하신다.[15] 하나님은 이 대리적 심판을 집행함으로써 하나님의 정의를 확립한다. 바르트는 예수의 죽음에서 드러난 부정성에 대한 신적인 인내 또는 감내의 면모를 잘 보여 주고 있다.

바르트는 하나님의 긍정인 창조의 칭의를 설명하는 맥락에서, 예수 그리스도의 죽음이 위에서 언급한 바 있는 창조의 어두운 측면이나 부정 또는 피조물의 모순을 짊어진 것이라고 주장한다.[16] 바르트는 예수 그리스도의 죽음에서 하나님의 참여와 연대의 의미를 발견하고 있다. 예수는 피조물의 고통과 죽음에 "일시적이지만 목적론적으로 동참"하셨다. 그리고 예수 그리스도의 죽음과 부활은 피조물에게 죄악으로 인해 상실된 하나님의 정의를 다시 부여하기 위한 것이라는 점이 중요하다.[17]

바르트는 또한 창조된 시간의 끝, 곧 유한성의 관점에서 죽음의 본성과 실재를 설명하면서 그리스도의 죽음을 해명하고 있다. 신약성서의 죽음 이해의 중심은 예수 그리스도의 십자가의 죽으심이다. 전통적인 해석과 바르트의 해석 사이에 두드러지게 차이가 나는 특징은, 예수의 죽음에서 죽음의 부정성과 그 죽음의 부정성에 대한 하나님의 참여와 연대를 주목하는 점일 것이다. 바르트에게 있어서 예수의 죽음은 하나님의 심판으로서 죄인의 죽음을 그대로 짊어진 것이다. 예수 그리스도의 죽음에서 하나님의 심판이 성취

되었다는 것이 신약성서의 중심적인 통찰이다. 바르트는 죄악에 대한 하나님의 심판으로서, 또 그 귀결로서 죽음의 공포라는 죽음의 부정적 성격이 예수의 죽음에서 분명하게 드러난 점을 강조하고 있다. 예수께서는 우리가 당할 '영원한' 부패의 위협을 함축하는 죽음의 고통을 당하셨다.[18] 바르트는 예수께서 당하신 죽음의 공포를 야기하는 어두운 측면을 가감하지 않고 강조한다. 곧 예수께서는 "불사르는 힘, 영원한 고통과 전적인 어두움"으로서의 죽음을 당하셨다.[19] 그야말로 심판과 두려움으로서의 죽음의 부정적 현실이 예수 그리스도의 대리적이고 대표적인 죽으심에서 분명히 드러난 것이다.[20] 그것은 비통한 종결이라 할 수 있다.

아울러 바르트는 예수 그리스도의 십자가의 죽음을 정의롭지 못한 부조리한 죽음의 문제에 대해 분명히 가장 좋은 대답이 되는 신정론, 곧 하나님의 정의를 가장 잘 보여 줄 수 있는 가장 좋은 대답으로 보았다.[21]

바르트는 화해의 맥락에서 예수 그리스도의 죽음의 본질, 곧 대속의 죽음을 상세하게 해명하고 있다. 바르트는 예수 그리스도의 죽음을 그의 온 공생애와 십자가의 죽으심을 포괄하는 하나님의 아들의 순종과 자기 겸비의 맥락 안에 포함시켜 성찰한다(59절). 사실상 예수 그리스도의 십자가의 죽으심은 성육신이라는 겸비의 완성이라 할 수 있다.[22] 바르트는 먼저 칭의의 측면에서 예수 그리스도의 죽음을 해명한다. 십자가의 죽으심은 예수 그리스도께서 심판자로서 심판 받는 자가 되어 죽음을 포함한 우리의 자리를 대신하신 것이다. 예수 그리스도의 순종과 겸비는 자유로운 사랑의 행위이지만 하나님의 정의를 상실한 인간을 대신해서 심판을 받음으로써 정의를 확고히 세운 점을 또한 강조해야 한다.[23] 이 점에서 바르트는 하나님께서 오직 자비만으로 용서할 수 없다고 하는 안셀무스의 주장에 동의하지 않지만, 안셀무스가 대속 이해에서 강조한 하나님의 정의 문제를 매우 충실히 따르는 듯하다.[24] 바르트는 그리스도의 십자가의 죽으심이 칭의 사건이며 하나님의 의의 확립이고 하나님 앞에서 의로운 인간 생명의 도입이라고 한다.[25] 하나님의 정의로운 심판이 죄인을 대신한 예수 그리스도의 십자가 죽음에서 수행되었기에 칭의 받은 인간은 하나님의 정의가 회복된 새 생명을 지닌 인간이라 할 수 있다.

그렇다면 성화의 맥락에서 예수 그리스도의 죽음의 의미는 무엇일까? 바르트는 예수 그리스도의 죽음(십자가)이 성화의 완성(끝)이라고 한다.[26] 바르트의 이 주장은 우리가 성화의 완성으로서 예수 그리스도의 십자가의 수난을 그대로 반복해서 모방해야 한다는 뜻은 아니다. 우리의 죽음이 예수 그리스도의 죽음의 재현으로서의 모방일 수는 없다. 단지 바르트가 강조하려는 바는 인간의 죽음이 유비적 상응으로서의 모방이어야 한다는 뜻이다.[27] 그리스도인들이 예수 그리스도의 죽음을 유비적 상응으로 모방하는 것은 강력한 훈련의 요소가 된다.

3) 예수 그리스도의 죽음 이후의 죽음

바르트는 예수 그리스도의 죽음이 죽음의 본성과 실재를 근본적으로 바꾸어 놓았다고 주장하면서도, 다른 한편으로는 죽음의 자연적 본성이 지닌 부정적인 성격에 대한 현실주의적인 입장을 놓치지 않는다. 즉, 예수 그리스도의 죽음은 죄인의 죽음의 본성과 실재를 근본적으로 바꾸었다. 예수 그리스도의 죽음에서 죄악의 결과로서의 죽음에 대한 승리가 이루어졌다. 예수 그리스도의 죽음 안에서 죄와 죄책에 의해 죽음을 초래한 모든 사람들이 죽음으로부터 풀려났다. 이제 죽음은 우리 뒤에 놓인 어떤 것과 같다. 그것은 이제 더 이상 우리의 전망에 등장하지 않는다. 죽음은 이제 확실히 정죄, 지옥, 그리고 부정의 현실이 아니다.[28] 바르트는 우리를 위한 예수 그리스도의 대리의 죽음 이후에 죽음은 더 이상 하나님의 심판으로 체험되지 않는다는 점을 여러 곳에서 반복적으로 분명히 주장하고 있다.[29] 예수 그리스도의 대속의 죽음으로 말미암아 첫째 죽음은 더 이상 심판으로 일어나지 않는다. 바르트는 심판 자체와 심판의 표지를 구별한다. 이제 죽음은 하나님의 심판 자체가 아니다. 심판의 표지로 여전히 위협의 대상이지만 새로운 의미를 부여 받는다. 예수 그리스도의 죽음과 부활로 인하여 그 쏘는 것을 빼앗겼으나, 인간은 여전히 심판에 대한 표지로서 죽음을 두려워할 수 있다. 그러나 죽음을 실제 심판으로 여기며 두려워할 필요가 없다.[30]

바르트는 예수 그리스도의 죽음을 통해 죄악이 야기하는 죽음의 권세가 무너졌음을 분명히 주장함에도 불구하고 단순히 승리주의를 내세우지 않는다. 바로 이것이 흥미로운 점인데, 바르트는 그리스도의 죽음을 통한 칭의 이후에도 우리가 시간의 끝에 맞게 될 자연적인 죽음을 여전히 능동적으로 기꺼이 맞이한다기보다는 수동적으로 맞게 될 현실로 생각한다. 바르트에 따르면 예수 그리스도 안에서 죽음은 감내될 뿐만 아니라 극복된다.[31] 또 다른 곳에서 바르트는 그리스도인은 여전히 죽음을 선호할 수는 있겠지만 원할 수는 없다는 생각을 조심스럽게 피력하고 있다.[32] 이런 의미에서 바르트의 죽음에 대한 이해와 태도는 "비관주의"는 아니지만 "현실주의"라고 할 수 있는 면이 있는 것으로 평가할 수 있을 것이다.[33]

바르트의 이러한 죽음에 대한 이해와 태도는 철저하게 죽음을 다스리시는 하나님을 강조하는 것과 깊은 관련이 있다. 바르트는 이른바 죽음 자체에 대한 성찰(memento mori)보다 죽음을 다스리는 주(主)로서 구원자요 조력자인 은혜의 하나님을 집중해서 성찰할 것을 권면한다. 바르트는 다음과 같이 주장한다 :

> [······] 삶의 마지막 지점에서 단지 죽음만이 아니라 하나님 역시 우리를 기다리신다. 기본적으로 또 적절하게 말해서 우리가 두려워해야 할 대상은 그 적대자[죽음]가 아니라 바로 하나님이다. 우리는 죽음에서 죽음 자체를 두려워할 것이 아니라 하나님을 두려워해야 한다.[34]

바르트에게 있어서 하나님의 다스림 아래 있는지가 중요하다. 죽음도 하나님의 다스림 아래 있다. 하나님께서 죽음을 다스린다면 죽음이 마지막 원수라고 하더라도 우리에게 두려움과 충격을 줄 수 없다. 하나님의 의지가 없다면 죽음은 우리에게 조금도 해를 입힐 수 없다. 우리가 하나님의 다스림을 받는다면 죽음 가운데서도 죽음을 벗어날 것이며 구원을 받을 것이다. 따라서 하나님의 다스림을 받는 죽음을 두려워할 필요가 없다. 왜냐하면 하나님은 죽음 가운데서도 우리와 함께 하실 것이기 때문이다. 예수 그리스도의 죽음은 바로 죽음 가운데서도 하나님께서 우리를 위해 존재하시고 우리를 사랑하신다는 것을 보여 주는 것이다.

4) 삶과 죽음의 변증법 : 죽은 자의 부활과 새 창조, 그리고 영원한 생명

과연 바르트는 삶과 죽음의 과격한 단절만을 주장하는 것일까? 그에게 있어서 죽음은 생명의 철저한 모순이고 대적이기만 할까? 죽음과 생명의 어떤 연속성은 생각할 수 없는 것일까? 위에서 살펴본 바와 같이 바르트는 여러 곳에서 삶과 죽음의 단절과 모순을 과격하게 주장하지만, 어떤 연속성의 가능성을 완전히 부정하지 않는 듯하다. 바르트의 이런 이해와 태도를 가장 독특하고도 결정적으로 보여 주는 교리가 죽은 자의 부활 또는 죽은 자로부터의 부활이라 할 수 있다. 바르트에 따르면 이 교리는 삶과 죽음의 본성과 그 관계에 대해 무엇을 가르치는가?

바르트는 부활에 관한 바울의 주장을 해석하면서 이 질문에 대한 대답의 실마리를 제공하고 있다. 곧 "죽은 사람이 어떻게 살아나며, 그들은 어떤 몸으로 옵니까?" 이렇게 묻는 사람들에게 바울은 이렇게 대답한다. "그대가 뿌리는 씨는 죽지 않고서는 살아나지 못합니다"(고전 15 : 35-36, 표준새번역). 바르트는 어떻게 죽음("옛 사람")에서 부활 생명("새 사람")이 나오는지를 설명하는 가운데 자연 안에 있는 부활의 유비에 대한 바울의 설명을 주목하고 있다. 바르트는 "씨앗과 식물 사이에" 있는 "죽음"을 말하고 있다. 죽음에서 부활로의 변화는 마치 씨앗이 죽어 식물로 다시 사는 것과 비슷하다는 이야기다. 바르트는 이런 자연 현상이 부활을 지시한다고 한다. 자연 과정에서 어떤 "속성의 변화"가 일어나듯이, 부활에서도 어떤 "변화" 또는 하나의 순수한 "종합의 이미지"와 같은 것이 일어난다는 것이다.

그렇다고 부활에서 일어나는 변화가 결코 자연의 속성 변화와 같다는 뜻은 아니다. 후자는 단지 전자의 유비일 따름이라는 것이다. 바르트는 우리가 씨앗과 식물이 따로 있는 것처럼 본다면 생명을 전체로 보지 못하고 단지 혼란스러운 두 조각만을 보는 것이라고 주장한다. 바르트는 바울이 시간의 연속 과정에서 일어나는 동일한 사물의 현상을 설명하고 있다고 본다. 우리가 씨앗과 식물을 동일시한다면 마치 더하기와 빼기의 "종합"인 "영점"과 같은 어떤 결정적 변화의 지점을 생각할 수 있다는 것이다. 바르트는 이 결정적 변화 또는 종합을 "새 창조"라고 표현한다. 죽음에서 생명으로의, 더 정확히는 죽은 옛 생명에서 새 생명으로의 새 창조의 유비가 모든 자연 속에서 두루 나타난다고 한다.[35]

죽은 자들의 부활은 증명되거나 개념적으로 이해될 수 없고 단지 유비적으로 이해될 수 있을 뿐이다. 그러나 바울이 말하는 부활이 "변화"라는 것은 분명해 보이고 심지어 그것을 "종합"이라 부를 수 있다. 이 변화 또는 종합 덕분에 옛 생명이 결정적인 지점을 거쳐 완성된 후에 그 너머에서 새 생명이 나타날 수 있다. 땅에 뿌려진 씨앗이 살아나기 위해 죽어야 하듯이, 옛 생명은 새 생명으로 살아나기 위해 죽어야 한다. 이런 의미에서 죽음은 우리의 생명의 마지막이 아니라 "전환점"이라 할 수 있다. 바울이 말한 대로 씨앗이 그 자체로 죽고 자신의 완전한 요소를 지닌 채 식물로 넘어가는 결정적 지점이 존재한다. 그것은 마치 썩을 것으로 심어 썩지 않을 것으로 거두는 것과 같다(고전 15 : 42).[36] 그리스도의 부활을 통해 죽음은 마지막이 아니라 전환점이 되었다. 죽음은 진정한 생명으로 인도하는 문이 되었다는 뜻이다. 이제 창조에서 우연히 들어온 죽음은 새 창조에서 새 생명으로 변화된다.

바르트는 『교회교의학』에서 예수의 죽은 자로부터의 부활은 부정적 현실로서의 죽음이 새 생명으로 지양되는 것이라 주장하고 있다.[37] 다시 말하면 부활은 바로 하나님의 의를 상실한 생명의 대적으로서의 죽음, 곧 하나님께서 부정하시는 생명이 폐기되고 하나님의 의가 회복된, 곧 하나님이 다스리는 영원한 생명으로 고양되는 것이라 할 수 있다. 이런 의미에서 바르트가 강조하는 죽음은 단지 자연적 또는 생물학적 죽음이 아니다. 그것은 이미 우리의 삶 속에 도사리고 있으면서 우리의 삶을 시들게 하고 파괴하는 부정적인 권세라고 할 수 있다. 그래서 반드시 폐기되어야 하는 죽음이다. 바르트가 말하는 영원한 생명 역시 마찬가지 맥락으로 이해할 수 있다. 그것은 바로 "하나님이 긍정하시는 생명", 달리 말해서 하나님의 다스림을 받는 생명을 뜻한다. 말하자면 그것은 자연적 생명의 무한한 연장이 아닐 뿐더러 자연적 종말을 넘어서는 하나님의 선물이라 할 수 있다.

3. 칼 라너(Karl Rahner, 1904-1984)의 죽음의 신학

1) 왜 죽음의 신학인가?

라너는 대략 1940년대부터 1970년대까지 활동한 20세기의 가장 주목할 만한 로마 가톨릭 신학자로서 죽음을 가장 진지하고도 깊이 있게 신학적으로 성찰했다. 그는 초월철학과 실존철학에 비추어 가톨릭 신학 전반의 주제들을 체계적이고도 심도 있게 재해석하였으며, 특히 죽음에 관한 신학적 성찰을 담은 단행본을 내놓기도 했다. 그는 현대의 죽음에 대한 부정적인 역사적 체험의 문제에 대한 대답으로 죽음이 지닌 긍정과 부정의 성격을 동시에 주목하면서, 예수 그리스도 안에서 맞이하는 죽음을 신학적으로 정립해야 할 필요성을 환기시킨다. 그는 기독교 교리에서 죽음에 관해 규정된 신앙의 명제를 출발점으로 삼아, 죽음에 대한 형이상학적이고 존재론적인 이해가 불가피함을 호소한다. 라너에게 있어서 죽음은 기본적으로 인간의 인식과 체험에 완전히 감추어진 형이상학적이고 존재론적 영역이라 할 수 있다. 그의 죽음 이해는 세 개의 커다란 명제를 중심으로 이루어진다. 첫째, 전인과 관련된 사건으로서의 죽음, 둘째, 죄의 결과로서의 죽음, 그리고 셋째, 그리스도와 함께 죽는 죽음이다. 아래에서 차례로 살펴보자.

2) 죽음, 전인(全人)의 종말 사건

라너는 죽음을 전인에게 충격을 주는 종말의 사건으로 규정한다.[38] 그에 의하면 전인은 자연 본성과 인격의 연합체로 볼 수 있다. 따라서 인간은 죽음을 인격의 측면과 자연 본성의 측면에서 체험하게 된다. 라너는 죽음의 보편성이라는 테제에서 출발해서 영혼과 육체의 분리로서의 죽음을 다루고 인간의 인격 성장의 완성으로서의 죽음을 고찰한다.

죽음의 보편성, 곧 모든 사람은 죽는다는 테제는 기독교 신앙에서도 부인될 수 없는 절대 명제라고 할 수 있다. 이 테제는 경험적 귀납의 측면에서나 신적 계시의 측면에서도 부인될 수 없다. 다시 말하면 생물학적으로도 죽음은 필연이고, 신학적으로도 죽음의 보편성은 모든 사람이 죄인이기에 모두가 마땅히 죽을 수밖에 없다.

가톨릭 교리는 죽음을 영혼과 육체의 분리로 줄곧 서술해 왔다. 이 테제는 죽음의 본질에 대한 더욱 심층적인 고찰이라 할 수 있다. 라너가 보기에 성경은 이 테제를 명시적으로 말하지 않는다. 특별히 구약성서는 더욱 그렇다고 할 수 있다. 그러나 라너는 죽음을 영혼과 육체의 분리로 보는 설명은 초대 교부들 이래 고전적인 신학적 서술로 간주될 수 있고 받아들여져야 한다고 본다.[39] 그런데 라너가 보기에 영혼과 육체의 분리에 대한 고전신학의 진술은 죽음을 전인에게 충격을 주는 사건으로 이해하는지 분명하게 밝혀 주지 않는다. 라너에 따르면 영혼은 죽음과 함께 육체에서 분리되지만, 죽음이 주는 충격은 영혼과 육체의 연합체인 전인에게 미칠 수밖에 없다. 죽음의 충격이 육체에게만 미치고 영혼에는 아무런 중대한 영향을 미치지 않는다는 설명은 적절하지 않다.[40] 라너의 이런 해석은 플라톤 철학의 이원론적인 영혼불멸의 죽음 이해가 지닌 어떤 단선적 약점에 빠지지 않게 해 주는 장점이 있다. 곧 라너의 해석은 죽음을 영혼이 육체에서 해방되는 긍정적 현실로만 단선적으로 이해하지 않을 수 있는 길을 지시해 준다.[41] 라너의 해석을 따를 때 영혼과 육체가 분리되는 죽음은 단순히 영혼의 해방으로서가 아니라 전 인에게 미치는 부정적인 충격으로 체험될 수밖에 없다.

마지막으로 죽음이 나그네살이의 종결이라는 신앙의 테제는 죽음이 지닌 양면성을 드러내 준다. 죽음은 정신적 인격체로서의 인간의 종말인 동시에 생물학적 생명의 종말이기도 하다. 전자는 삶의 성취로서의 "능동적 완성"이요 "생명의 수확"이요 "자기소유의 실현"이요 진정한 "자기 창조"요 "인격적 현실의 충만"이다. 동시에 생물학적 종말로서의 죽음은 인간을 붕괴시키는 하나의 충격이요 하나의 멸절이요 외부에서 덮쳐 오는 충격적 사건이라 할 수 있다.[42] 이런 의미에서 죽음은 삶을 성취하는 긍정의 현실이기도 하고 가장 철저하고 무기력하게 당하는 부정의 현실이기도 하다.

3) 죄의 결과로서의 죽음

일반적으로 "죽음이 죄의 결과"라는 신앙 명제는 성경에서 "아담의 죽음" 또는 "죄인의 죽음"으로 달리 표현될 수 있다. 이 명제가 바로 죽음을 부정의 현실로 보는 기독교의 독특한 죽음 이해를 대변한다. 그렇다면 죄를 짓고 타락하기 이전의 첫 사람들도 역시 죽을 운명을 타고 났을까? 죽음의 기원과 관련해서 이런 질문을 던지는 것은 중요하다. 첫 사람의 타락 이전의 죽음 문제에 대해서는 일치된 해석보다는 서로 대립적인 해석들이 제시된다. 앞서 살펴보았듯이, 고대 교부들이나 오늘날의 정교회 신학자들은 대체로 타락 이전의 첫 사람들은 죽지 않고 영원히 살 운명을 부여받았다고 본다. 그러나 이런 전통 신학의 이해는 현대 신학에서 그대로 수용되지 않는다. 오늘날 서방 교회에 속해 있는 많은 현대 신학자들은 타락 이전의 첫 사람도 타락 이후의 죽음과는 다르겠지만 결국 죽음의 종말을 맞이했을 것으로 본다.

라너 역시 현대 신학의 견해들을 대체로 수용한다. 물론 그는 첫 사람 아담이 죽지 않을 가능성을 지니고 창조되었다고 본다. 그러나 비록 죄를 짓지 않았더라도 어떤 형태로든지 이 세상에서 누릴 삶의 종말을 맞이했을 것으로 본다. 라너는 좀 더 자세한 설명을 덧붙이는데 이를 살펴볼 필요가 있다. 그에 따르면, 타락 이전의 첫 사람은 타락 이후의 인간들이 맞이하는 부정적인 현실을 전혀 체험하지 않는 전적으로 긍정적인 죽음을 맞이했을 것이라고 한다. 첫 사람은 생물학적 육체 구성이 붕괴되는 충격을 겪지 않고 그 상태를 온전히 유지한 채 이 세상에서의 생명을 완전하고도 충만하면서도 성숙한 인격을 온전히 완성하는 죽음을 맞이했을 것이다. 라너는 그 죽음을 "임종이 없는 죽음" 또는 "전인이 실현하는 순수하고 명료하고 능동적인 완성"이라 표현한다.[43] 즉, 죽음이 부정적인 현실로 탈바꿈하게 된 것은 죄 때문이라는 것이다.

이와 관련해서 라너는 죄와 죽음을 정의 문제와 연관시킨다. 죄와 죽음을 정의 문제와 연관시키는 신학적 설명은 오늘날 현대 신학에서는 잘 등장하지 않지만, 본 연구에서 부정의 현실로서의 죽음의 문제를 해명하는 데 있어서 매우 중요한 주제라고 생각한다. 첫 사람 아담은 창조와 더불어 '원 정의'(original justice)를 부여받았다. 그러나 죄와 타락과 더불어 이 '원 정의'를 상실했다는 것이다. 라너는 이 '원 정의'를 하나님의 은총을 통한 하나님과의 연합에서 찾는다. 따라서 '원 정의'를 상실했다는 것은 은총을 통한 하나님과의 연합에 뿌리를 둔 하나님의 생명을 상실했다는 뜻으로 볼 수 있다. 죄는 '원 정의' 상실의 원인이 되는 것이고 죽음은 이 '원 정의' 상실과 밀접한 관련을 지닌다고 할 수 있다. 필자가 보기에 이 '원 정의'의 상실은 죽음의 부정의 또는 부조리를 설명하는 데 중요한 사유가 될 수 있다.

그런데 라너는 죽음을 전적으로 죄의 결과로만 이해하지 않는다. 대체로 종교개혁 신학을 계승하는 개신교 신학, 특별히 앞서 살핀 바르트나 이어서 살필 쿨만의 변증법적 신학에서는 죽음을 전적으로 죄의 결과로 이해하면서 죽음의 부정성을 강조하는 경향이 두드러진다. 그러나 라너에 따르면 가톨릭 신앙의 교리는 죽음을 죄의 벌로 이해하기도 하지만 동시에 자연 현상으로도 이해한다는 것이다. 자연 상태로서의 죽음은 영혼과 정신으로 구성된 인간의 필연적 귀결로 볼 수 있다는 것이다. 이렇게 보면 죽음 자체를 전적으로 부정의 현실로만 이해할 필요가 없는 것이다. 죄인의 죽음은 죄에 대한 벌이기에 부정의 현실임을 부인할 수 없지만, 동시에 신앙으로 그리스도의 구원의 죽음에 참여하는, 말하자면 "그리스도와 함께 죽는 죽음"은 구원의 사건이 된다는 것이다.[44] 이 죽음이 긍정의 현실임은 두말할 필요가 없을 것이다.

라너는 죽음의 양면성 가운데 어느 하나를 배제해서는 안 된다고 주장한다. 죽음에 대한 양면적 이해를 벗어나서 어느 한쪽을 배제하는 '자연주의'와 '영혼(정신)주의' 양 극단을 비판한다. 인간은 영적 인격으로서 능동적인 죽음, 곧 자기-긍정, 자기-실현, 자기-완성의 죽음을 맞이하는 동시에 생물학적 존재로서 "파괴"요 "사고"의 죽음을 당한다. 죽음은 "어두운 운명"이요 "밤에 찾아오는 도둑"과 같이 끔찍한 사건이라 할 수 있다. 죽음은 "인격의 행위"인 동시에 "피동적 숙명"이요, "종말"인 동시에 "완성"이요, "충만"인

동시에 "허무"이다.[45] 그러나 라너가 "죽음의 자율적 해석"이라 부르는 현대의 물리주의 또는 생물학주의와 같은 자연주의와 고대 플라톤주의와 같은 영혼주의는 인간의 본질을 이루고 있는 두 부분, 곧 영혼과 육체 사이에서 일어나는 변증법을 무시하고 두 원리 가운데 하나에다 인간을 귀속시킴으로써 "죽음의 어두움"을 부정한다. 라너의 죽음의 신학에서 영혼과 육체의 변증법은 죽음의 긍정의 측면과 부정의 측면을 균형 있게 조명하는 원리가 된다.

라너가 죽음을 긍정과 부정이 긴장을 이루는 변증법적 현실로 이해하려고 애쓴다고 해서 죽음을 부정의 현실로 보는 성경의 기본적인 이해를 약화시키는 것은 아니다.[46] 라너는 죽음이 죄의 벌이라는 성경의 명제를 숙고한다. 인간은 현실에서 죽음을 "상실"이나 "체벌"로 분명하게 체험한다. 그는 토마스 아퀴나스의 해석을 따라 "죽음이란 일차적으로 인간의 육체적 구성 안에서 죄의 본질이 드러나는 표현이요 발로이고, 바로 그 이유 때문에 이차적으로 죽음이 죄의 벌이 된다."[47]라고 주장한다. 인간의 육체에 비추어 볼 때 죽음의 법은 은총 안에서 이루어지는 삶의 완결로서의 죽음을 불가능하게 한다. 죽음의 법은 또한 원죄의 결과로 볼 수 있는 정욕의 가장 분명한 표시라 할 수 있다. 달리 말하면 죽음은 정욕의 절정으로 드러나는 현상이다.

죽음이 죄의 결과라는 성경의 인식은 죽음과 악마의 관계를 주목하지 않을 수 없게 한다. 실제 아담의 죄가 사탄의 유혹에 의해 촉발되었기 때문이다. 인간의 죽음과 악마 사이에 어떤 긴밀한 연관이 있다. 악마는 끝장나는 파멸로서의 죽음을 의지한다. 하나님의 은총을 구하지 않고 은총을 떠나 스스로 자율적으로 삶을 종결하고자 하는 결단 속에 죽음에로 유혹하는 악마의 의지가 작용한다고 말할 수 있다.[48]

이렇게 죽음의 긍정성과 부정성의 변증법적 긴장을 강조하는 라너의 죽음의 신학에서도 죽음은 기본적으로 부정의 현실이라는 성경과 기독교의 근본 테제는 여전히 희석되지 않고 충분히 강조되고 있다. 아담의 죽음으로 명명되는 인간의 죽음은 공허 또는 끝없는 심연으로 체험될 수밖에 없다. 그것은 또한 버림받음, 절망, 두려움(공포), 고독, 무의미로 체험된다.

4) 그리스도와 함께 죽는 죽음-대속의 죽음, 그리고 순종과 사랑의 행위로서의 죽음

그리스도와 함께 죽는 죽음은 그리스도의 죽음에 참여하는 죽음 또는 그리스도의 구원의 죽음을 자신의 죽음으로 삼는 신비로 달리 표현될 수 있다. 라너는 그리스도와 함께 죽는 죽음을 세 단계로 설명한다. 첫째는 그리스도의 죽음 자체를 고찰한다. 먼저 그리스도께서 죄를 빼놓고는 아담 안에서 타락한 인간의 죽음과 똑같은 죽음을 죽으셨음을 강조한다. 그리스도의 죽음도 앞서 살핀 바와 같이 죽음의 여러 복합적인 차원을 지니고 있다. 곧 그리스도의 죽음은 "능동적 행위이자 수난"이요 "정신이 육체적 형식을 포기함"이요 "전우주적 관계로의 해방"이다. 인간의 죽음의 복합적인 의미를 담고 있는 죽음으로서 그리스도의 죽음은 또한 인간의 구속을 의미한다.[49]

라너는 중세기 이후 그리스도의 죽음의 구원의 의미를 깊이 밝혀 준 안셀무스의 만족의 속죄론을 검토한다. 라너에 따르면 만족설이 표방하는 적극적인 내용은 의심의 여지없이 옳음에도 불구하고 그리스도의 구원의 죽음이 지닌 내용을 제대로 설명해 주지 못하고 있다. 특별히 안셀무스의 속죄론은 그리스도의 죽음에서 성경이 매우 강조하는 그의 순종과 비하와 사랑의 행위를 성급하게 건너뛰면서 우리가 과연 그리스도의 죽음에 의해서만 구원받았는지에 대해 뚜렷하게 밝혀 주지 않고 있다.[50] 죽음이 피동적이고 수동적으로 당하는 충격적인 사건이라는 전제를 받아들인다면, 그리스도의 구원 행위는 그의 죽음 자체에 있는 것이 아니고 그 죽음을 초래한 고통과 수난에 대한 인내와 순종과 관련이 있음을 당연히 강조해야 한다. 그리스도는 절대 자유를 가지고 하나님의 은총의 계시요 행위로서의 죽음을 맞이함으로써, 아담이 당하는 어두운 죽음, 곧 부정의 죽음의 성격 자체를 바꾸어 놓았다는 점이 중요하다는 것이다.[51] 라너는 이런 의미에서 그리스도의 죽음과 인간의 죽음 사이의 차이를 부정하지 않으면서도 유사점이 있음을 조심스럽게 주장한다. 다시 말하면 그리스도의 죽음과 인간의 죽음을 유비적으로 이해하는 것이 바람직하다는 것이리라.

둘째, 라너는 은총의 상태에서 죽는 그리스도인의 죽음, 곧 주님 안에서 죽는 죽음을 고찰한다. 은총의 상태에서 맞이하는 죽음은 단지 내세에서의 최종 결과만 다른 것이 아니라 죄인이 당하는 죽음 자체와 다르다. 그리스도인이 맞이하는 죽음은 시련을 이기고 단련하는 데 도움이 되는 죽음이다. 트렌트 공의회는 이 의인의 죽음을 "죄의 벌이 아닌 죄의 결과"(poenalitas sed non poena)로 표현하면서 죄인의 죽음과 구별하고 있다. 라너가 보기에 이 스콜라 학파의 죽음 이해는 의인의 죽음을 너무 부정적으로 서술한다. 실제로 성경을 보면 그리스도인의 죽음에 관해 더 적극적인 진술들이 나온다. 신약성서는 '주의 죽으심'(dying of the Lord)과 '그리스도 안에서 죽는 죽음'(dying in Christ), (계 14 : 13 ; 살전 4 : 16 ; 고전 15 : 18)을 '죽음이 아닌 죽음', 다시 말하면 '생명을 주는 죽음'(요 11 : 26 ; 딤후 2 : 11 ; 롬 6 : 8)으로 말한다. 성경이 말하고자 하는 바는, 그리스도와 함께 죽고 새 생명을 얻는 과정이 그리스도인의 현세의 삶 전체를 통해 이루어진다는 것이다(롬 6 : 6, 11 이하 ; 7 : 4-6 ; 8 : 2, 6-12). 따라서 신약성서를 충실히 따를 때, 그리스도와 함께 죽는 그리스도인의 죽음 역시 인간 생명의 종말이요 실제상의 죽음임을 인정해야 하고 현세의 삶 전체를 '하나의 완결'로 집약하는 구원의 사건임을 온전하게 강조해야 한다.[52]

마지막으로 라너는 그리스도의 죽음이 지닌 구원의 능력이 죽음의 과정에서 어떤 방법으로 성사적(聖事的) 가시성을 띠게 되는지를 고찰한다. 성사는 그리스도 안에서 이루어지는 하나님과 인간의 만남의 사회적 가시성(social visibility)의 표지요 예식이다. 죽음을 생명이 종식되는 한 시점이 아니고 삶 전체에 걸쳐서 일어나는 하나의 과정으로 본다면, 그리스도인의 죽음을 매일의 성사의 실천에 적용할 수 있다. 세례와 성찬 및 다른 성사들이 그리스도의 죽음을 삶 속에서 기억하고 죽음을 준비하는 실제적인 훈련 수단이 될 수 있다는 것이다. 비록 성사의 본질 전부가 오직 죽음과 연관되는 것은 아니지만, 그리스도인의 죽음과 성사 사이에는 근본적인 관계가 있다고 한다. 성사의 삶은 그리스도의 죽음을 그리스도인의 삶에 실제로 적용하는 실천이라 할 수 있다.[53]

위에서 살핀 바와 같이, 라너의 죽음의 신학은 매우 심오한 존재론 위에서 전개되고 있다. 그는 한편으로는 성경의 죽음 이해가 지닌 삶과 죽음의 변증법을, 다른 한편으로는 현대의 자연적 또는 생물학적 죽음 담론이 강조하는 삶의 긍정성을 진지하게 수용한다. 이를 통해 전통 신학의 견해들이 지닌 죽음에 대한 이해의 취약점을 보충함으로써 죽음에 대한 신학적 지평을 넓혀주고 있다고 평가할 수 있겠다.

4. 오스카 쿨만(Oscar Cullmann, 1902-1999)의 죽음 이해

1) 영혼불멸인가, 죽은 자의 부활인가?

20세기 전반기 개신교 신학은 양차 세계대전의 폐허 위에서 형성되었다. 신학자들은 이 시대의 엄청난 죽음과 파국에 대한 직접 체험을 신학에 담아냈다. 급진적인 정신이 모든 면을 지배했으며 죽음 이해도 예외가 아니다. 특히 죽음 이해에 있어서 매우 논쟁적인 국면이 조성되었다. 오스카 쿨만은 이 시대의 급진성과 논쟁적 국면을 죽음 이해의 영역에서 극적으로 부각시킨다. 쿨만은 신약성서에 대한 논쟁적 주석을 통해 이 시대 개신교 신학의 죽음 이해에 활력을 불어넣었다. 그의 죽음에 관한 테제는 논쟁을 야기하기에 충분하다. 그는 플라톤의 헬라 정신을 따라 "영혼불멸"을 선택할 것인지, 아니면 유대-기독교 정신을 따라 "죽은 자의 부활"을 선택할 것인지를 결단하라고 촉구한다. 기독교 역사에서 반복적으로 등장했던 히브리 정신과 헬라 정신 사이의 긴장이 죽음 이해의 영역에서 다시 두드러지게 나타나게 되었다. 쿨만은 히브리 정신과 헬라 정신 사이의 연속성과 조화보다는 불연속성과 대립을 극적으로 강조한다. 그가 제기한 '영혼불멸'과 '몸의 부활'의 극적인 대립은 이 시대 개신교 신학의 죽음 이해에서 드러나는 두드러진 특징을 한껏 부각시킨다.

그는 기독교 신학과 신앙이 헬라 문화와 로마 사회에 뿌리를 내린 후 오랫동안 당연시 되고 믿어지던 '영혼불멸'이 본래 기독교의 소망이 아니라 헬라 정신의 산물일 뿐이라고 주장한다. 그리고 '죽은 자의 부활'이 진정한 유대-기독교의 교설이라고 주장한다. 그는 너무나도 오랜 세월 동안 '영혼불멸설'

이 '죽은 자의 부활' 신앙을 밀쳐 왔다고 판단한다. 그래서 그는 유대-기독교 정신에 뿌리를 두지 않고 오직 헬라 정신에 속한 영혼불멸설을 과격하게 부정하는 입장을 개진한다. 아울러 쿨만이 보기에 영혼불멸설은 개인적인 욕망을 지나치게 부추기면서 부활 교리가 지닌 우주적 속량 및 새 창조의 지평을 소홀히 여기는 경향이 짙다. 쿨만은 죽은 자의 부활을 기독교 신앙의 위대한 가르침으로 부각하려고 한다.[54] 쿨만의 논쟁적인 테제는 과연 성경에 뿌리를 둔 기독교의 죽음 이해가 무엇인지 깊이 성찰하기를 원했던 이 시대 개신교 신학의 전반적인 분위기를 분명하게 볼 수 있는 계기를 마련해 주었다.

2) 예수의 죽음과 소크라테스의 죽음

쿨만은 공관복음서에 나타나는 예수의 십자가의 죽음 이해와 더불어 바울 신학에서 두드러지게 나타나는 죽음의 부정성을 강조하고 있다. 쿨만은 예수 그리스도의 십자가의 죽음이 지닌 부정성을 부각하기 위해 소크라테스와 예수의 죽음을 대조시킨다.[55] 플라톤이 『파이돈』에서 대화의 형식으로 자세하게 전해 주는 소크라테스의 마지막 시간과 죽음은 영혼불멸의 가장 숭고한 모습을 보여 준다. 플라톤이 전해주는 바에 따르면 소크라테스는 영혼불멸을 지속적으로 가르쳤을 뿐만 아니라 실제 죽음의 순간에도 몸소 실천하는 모범을 보여 주었다. 소크라테스는 영혼이 육체를 떠나 누리게 될 자유를 특별히 중요하게 여겼다. 그래서 소크라테스는 죽음의 순간에도 침착하고 평화로운 마음과 자세를 잃지 않을 수 있었다. 말하자면 소크라테스는 삶을 통해 오랜 시간 충분히 준비해 온 아름다운 죽음을 맞이한 것이다. 그래서 그는 죽음을 전혀 두려워할 필요가 없었고 오히려 죽음을 위대한 벗으로 여길 수 있었다.

그러나 쿨만은 소크라테스의 잘 준비되고 품위 있고 아름다운 죽음을 긍정적으로 보지 않는다. 쿨만은 영혼불멸설에 대해 매우 비판적인 입장을 보인다. 쿨만이 보기에 영혼불멸설은 죽음에 대한 두려움에서 자유롭게 해 주고 죽음을 부정적인 현실로 이해하지 않게 한다. 영혼불멸설은 영혼과 육체가 서로 분리되는 이원적 실체라고 가정한다. 영혼불멸설을 따르는 사람들에게 영혼은 매우 긍정적인 현실인 데 반해 육체는 매우 부정적인 현실이다. 그들은 육체가 영혼의 자유를 막는다고 생각한다. 그러니까 육체는 영혼이 자체의 본질, 즉 자유를 실현하는 데 방해가 되는 것으로 여겨진다. 영혼은 본래 이데아, 곧 영원한 세계에 속해 있는데 육체라는 부정적 현실에 갇혀 있다. 다시 말하면 육체는 영혼에게는 감옥이라 할 수 있다. 따라서 죽음이 영혼과 육체가 분리되는 순간이요 상태라고 할 때 불멸하는 영혼에게 죽음은 고통을 가져다 주는 부정적인 현실이 될 수가 없다. 오히려 육체가 붕괴하면 영혼은 이제 육체를 벗어나 비로소 영원한 본향으로 돌아갈 수 있게 된다. 그러니까 죽음은 바로 영혼을 육체의 감옥에서 풀어 주는 매우 긍정적인 현실이다. 죽음은 영혼에게 자유와 해방을 가져다 주는 소중한 벗이 되는 것이다. 이런 의미에서 소크라테스에게 죽음은 "위대한 해방자"라고 할 수 있다.

그러나 영혼불멸을 굳게 믿고 영혼의 자유를 꿈꾸며 죽음을 맞이한 소크라테스와 달리 예수는 매우 고통스러운 죽음을 겪었다. 『파이돈』이 소크라테스의 죽음을 알려 준다면, 복음서들은 예수의 죽음을 증언한다. 복음서들이 전해 주는 제자들의 증언에 따르면, 예수는 죽음을 앞두고 매우 놀라고 슬퍼한다. 복음서들은 예수의 죽음에 대한 인간적 두려움을 가감 없이 그대로 전해 주고 있다. 예수가 십자가 위에서 한 마지막 말들로 알려진 이른바 가

상칠언(架上七言) 가운데서 그 가장 극적인 표현을 발견할 수 있다. "나의 하나님, 나의 하나님 어찌하여 나를 버리셨나이까"(막 15 : 34 ; 참조. 마 27 : 46). 예수에게 있어서 죽음은 하나님의 선물이 아니라 두려운 현실이다. 쿨만은 예수의 실제 죽음을 부인하려고 한 초기 교회의 영지주의자들(Gnostics)을 비판하면서 예수는 육체뿐만 아니라 영혼에 있어서도 죽음의 두려움을 체험했음을 강조한다.[56]

물론 소크라테스가 평화로운 죽음을 맞이한 것에 비하면 예수는 평화로운 죽음과는 전혀 관계없는 폭력적인 죽음을 맞이했다. 예수는 죽음을 결코 벗이나 해방자로 여기지 않는다. 오히려 예수는 고대 히브리 이해를 따라 죽음을 하나님께 전적으로 버림받는 부정의 현실로 이해한다. 그래서 예수는 죽음을 피하기 위해 하나님께 울부짖는다. 그렇다고 예수께서 죽음을 전적으로 거부하고 저항했다는 뜻은 아니다. 예수는 분명히 죽음을 수용했다. 그러나 예수는 자신의 죽음이 자신을 파송한 성부의 뜻이라 여겼기에 순종했을 뿐이다.

이렇게 예수와 소크라테스의 죽음은 너무나 커다란 차이를 지니고 있다. 소크라테스가 영혼불멸을 굳게 믿고 영혼의 진정한 자유와 해방을 기대하면서 평화롭게 죽음을 맞이했다면, 예수는 하나님께로부터 버림받음을 두려워하면서 울부짖는 가운데 고통스러운 죽음을 맞이했다고 할 수 있다. 그러면 예수와 소크라테스의 죽음의 차이가 지닌 함의는 무엇일까? 그 함의를 아래에서 살펴보겠다.

3) 죽음, 극복되어야 할 부정의 현실

쿨만은 예수와 소크라테스의 죽음을 비교하면서 유대·기독교의 죽음 이해의 두드러진 특징을 보여 주려고 한다. 말하자면 유대·기독교 신학에서 죽음은 매우 부정적인 현실로 이해되는 특징이 있다. 쿨만이 보기에 신약성서는 전반적으로 죽음의 부정적 현실을 매우 강조한다.[57] 앞서 살핀 대로 구약성서도 마찬가지이지만 신약성서에서 죽음은 오직 수용해야만 할 결코 아름다운 현실일 수가 없다. 오히려 성경이 그리는 죽음의 초상은 매우 추한 모습을 보여 준다고 할 수 있다. 죽음은 "하나님의 궁극적인 대적"으로 묘사되고 있다. "사망아 너의 승리가 어디에 있느냐 사망아 네가 쏘는 것이 어디 있느냐"(고전 15 : 55 ; 참조. 계 20 : 14). 죽음은 생명의 창조주인 하나님에게서 분리된 현실에 불과할 뿐이다. 다시 말하면 죽음은 하나님과의 연합을 파괴한다. 이런 의미에서 죽음은 하나님에게서 버림받음으로 체험되는 것이다.

1장에서 살핀 대로 창세기 타락 이야기는 죽음이 죄의 결과로 야기된 부정의 현실임을 보여 준다. 쿨만은 죽음을 죄의 삯으로 다루면서 죽음의 부정성을 매우 강조한다.[58] 신약성서에서 특별히 바울은 죽음의 부정성을 매우 부각시킨다. 바울에 따르면 죽음은 "죄의 삯"(롬 6 : 23)이고 "저주"(갈 3 : 13 ; 참조. 신 21 : 23)의 현실이다. 죄는 하나님을 대적하는 그 무엇이고, 적대의 결과는 바로 죽음이다. 죽음은 죄의 권세로서 부정의 현실이다. 죄의 권세인 죽음이 모든 사람들의 삶에 부정적 영향을 미치고 있다. 그리스도인들에게 죽음은 영혼이 몸의 감옥을 벗어나는 자유와 해방의 사건이 될 수 없다. 죽음 자체는 자유의 현실이 아니라 생명의 갱신을 위해 극복해야 할 부정의 현실이다. 오히려 그리스도인들에게 있어서 생명의 자유와 해방은 죽음에서 주어지는 것이 아니라 죽음의 극복으로서의 부활을 통해 주어지는 것이다. 이런 의미에서 부활은 죽음과 죄의 결속을 전제한다.

부활은 죄가 야기한 부정의 현실로서 죽음이 극복된 생명을 말한다. 더 적극적으로 말하면 갱신된 생명의 현실을 일컫는다. 생명의 영인 성령은 "생명의 권세"가 다스리는 새 생명의 현실이다. 이는 예수께서 공생애와 십자가 죽음과 부활을 통해 가져온 생명의 현실이다. 복음서들이 전해 주는 초기 그리스도인들의 증언에 의하면 예수의 치유 사역은 죄가 야기한 부정의 현실인 죽음과 질병으로부터의 생명 회복 또는 갱신으로 이해될 수 있다. 쿨만에 따르면 예수의 치유 이적은 "부분적인 부활"이요 "죽음에 대한 생명의 부분적인 승리"이다.[59] 부활 생명은 오직 종말의 현실로만 이해될 수 없다. 그리스도인에게 부활 생명은 이미 이 세상의 몸을 통해 나타난다. 이 세상의 몸이 이미 부활 생명에 참여하고 있는 것이다. 그렇다고 부활 생명에 부분적으로 참여하는 그리스도인들은 죽음의 두려움에서 완전히 자유로워졌다고 주장할 수 없다. 부활 신앙을 앞세워 죽음의 부정성을 쉽게 건너뛰는 것은 죽음에 대한 바른 이해가 아닐 것이다. 쿨만은 그리스도의 몸의 부활이 죽음의 모든 두려움을 제거시켰다는 부활절 이후의 초기 제자들의 굳센 믿음과 성령을 통한 부활 생명에 대한 성급한 긍정 신앙 때문에 영혼불멸에 대한 신앙이 초기 교회에 들어온 것으로 본다.[60]

예수께서 공생애와 십자가의 죽음과 부활을 통해 죽음의 부정성을 극복했다. 그는 몸소 "삶의 파괴자"인 죽음의 영역에 들어가서 실제 죽음, 곧 "하나님의 버리심"을 체험함으로써 죽음을 극복할 수 있었다.[61] 예수께서 부정의 현실인 죽음을 극복한 것을 하나님의 새 창조의 역사로 이해한다. 이런 의미에서 예수의 죽음과 부활을 체험한 초기 그리스도인들은 예수의 십자가의 죽음과 죽은 자들로부터의 부활을 생명의 갱신, 다시 말하면 죽음의 부정성을 극복한 사건으로 이해한 것이다. 이런 측면에서 기독교 죽음 이해에서 죽음을 부정의 현실로 보는 것은 매우 중요한 뜻을 지닌다.

5. 평가

20세기 전반기 기독교 신학은 죽음의 주제와 관련해서 커다란 도전들에 직면했다. 기독교 신학은 근대에 들어와 더욱 영향을 키우기 시작한 자연주의적인 죽음 이해와, 다른 한편으로는 20세기 전반기 세계를 충격으로 강타한 양차 대전이 만들어 낸 엄청난 죽음의 사태 사이에서 전통적인 교리와 신학의 죽음 이해를 갱신하고 있다. 아무래도 개신교에 속한 신학자들이 죽음의 부정성에 대해 더욱 예민한 인식을 보여 주고 있다. 우리가 고찰한 칼 바르트와 오스카 쿨만의 죽음의 신학이 이러한 경향을 두드러지게 보여 준다. 비록 개신교 신학과 로마 가톨릭 신학 사이에 상당한 정도의 차이가 존재하는 점을 부인하기 어렵지만, 가톨릭 신학자들 역시 전통적인 가톨릭 신학의 죽음 이해를 혁신하는 데 소극적으로 임하지 않았다고 평가할 수 있다. 20세기 전반기와 중반기 가톨릭 신학을 대표하는 라너의 죽음의 신학에서 확인했듯이 가톨릭 신학 역시 전통적으로 영혼불멸설을 확고하게 견지하는 편이기는 하지만 죽음의 부정성에 대해서도 심오한 예민함을 보여 주고 있다. 그러나 죽음에 대한 이해와 관련해서는 가톨릭 신학이 개신교 신학보다 더 섬세한 인식을 보여 준 것으로 보인다. 다만 개신교 신학자들은 가톨릭 신학자들에 비해 죽음의 부정성에 대해 더욱 예민한 인식을 보여 주는 것이 사실이다.

The dialectic of life and death

8장 20세기 후반기 신학에서 그리스도의 죽음, 그리고 죽음의 부정성과 생명의 정의(正義)

— 위르겐 몰트만, 에버하르트 윙엘, 그리고 헤르베르트 포그리믈러를 중심으로 —

I. 삶과 죽음의 자연주의적 이해를 넘어서

20세기 전반기에 일어난 양차 대전이 야기한 죽음의 심연으로부터의 고통스러운 체험은 20세기 후반의 신학에도 여전히 깊은 상흔을 남기고 도전적인 과제를 던져 주었다. 그러나 이 시대의 신학적 사유에서 죽음에 대한 고통스러운 체험이 인간 생명의 무상함을 설파하는 의심스러운 교리적 적용으로 나아가지 않았다는 사실은 희망의 표지라 하지 않을 수 없다. 그것은 확실히 이 세기 전반기를 지배한 실존주의 정신을 넘어서는 것이다. 오히려 폭력적 죽음에 대한 감수성은 죽음의 부정성에 대한 깊은 신학적 성찰을 통해 정의의 소중함을 더욱 환기시키는 승화의 계기로 작용했다.

확실히 20세기 서구의 기독교 신학은 죽음을 관심과 성찰의 변두리로 내몰지 않았다. 한편으로는 모든 자연적 죽음 이해를 부정하는 종교적 죽음 표

상들을 거부하고 오히려 자연적 죽음 이해를 부정하지 않고 수용하였다. 죽음 이후의 세계에 대한 사변보다는 이미 주어진 현세의 삶 속에 도사린 부조리한 죽음의 문제에 더욱 천착했다. 다른 한편 자연적인 죽음 이해의 얄팍함을 넘어 삶과 죽음의 변증법을 한층 예민하게 인식하는 사유의 성숙함을 보여 주기도 한다. 그 결과 죽음 이후의 생명에 대한 신앙과 희망이 현세의 생명의 보다 정의로운 변화를 방해하지 않는다는 점을 설득력 있게 보여 주고 있다.

이 장에서는 20세기 후반의 삶과 죽음의 변증법에 대한 집중적이고 심오한 신학적 이해를 펼친 신학자들인 개신교의 몰트만과 윙엘, 그리고 라너의 죽음의 신학을 계승해서 죽음에 관한 종합적인 성찰을 보여 준 가톨릭의 포그리믈러의 삶과 죽음 이해를 살펴볼 것이다.

2. 몰트만(Jürgen Moltmann, 1926-)의 삶과 죽음에 대한 이해

1) 삶과 죽음의 변증법

몰트만은 20세기 후반기 예수 그리스도의 죽음, 그리고 죽음의 부정성과 정의와 관련해서 가장 두드러진 신학적 성찰을 제공한 신학자라 할 수 있다. 이 주제에 대한 그의 신학적 성찰 역시 20세기 전반기의 그의 선구자들과 마찬가지로 양차 세계대전의 체험으로부터 직접 그 자양분을 길어 올렸다고 할 수 있다. 몰트만의 삶과 죽음의 변증법은 초기를 대표하는 저작 『희망의 신학』에서 묵시적 분위기를 자아내고 있다. 몰트만은 이 책에서 구약성서가 증언하는 약속에 기초한 이스라엘 사람들의 삶과 죽음 체험과 함께 예수 그리스도의 삶과 죽음과 부활을 깊이 성찰하고 있다.

몰트만은 20세기 전반기의 변증법적 신학자들, 특별히 폰 라트(Gerhard von Rad)를 따라 성경이 죽음의 부정성을 깊이 성찰하고 있다고 생각한다. 본래 고대 이스라엘의 약속 신앙은 죽은 자 숭배, 죽은 자를 불러내려는 유혹, 죽은 자와의 교류에 격렬하게 반대하고 죽은 자를 부정하게 생각했으며, 약속의 현세적 성취를 끈질기게 고집했다. 이스라엘 사람들에게 죽음은 하나님과의 살아 있는 교제에서 끊어지는 분리를 의미했다. 그래서 죽음은 단지 생명의 상실일 뿐만 아니라 "하나님의 상실," 곧 "하나님에게 버림을 받음"이었기 때문에 참으로 비통한 것이었다. 이스라엘 사람들은 매우 현세적이면서도 비교할 수 없을 정도로 미래와 목표를 바라보며 살았다.[1] 이스라엘 신앙인들에게 죽음은 "악"이고 "덧없는 것"으로 간주되었다. 죽음은 약속된 생명이 오면 덧없이 사라질 그 무엇이다.[2] 몰트만은 바로 죽음의 현실을 부정하고 현세를 긍정하면서 미래에 대한 비전을 지니고 산 이스라엘의 종말 신앙이 바로 그리스도의 부활의 전제라고 주장한다. 하나님의 생명 약속에 근거한 부활에 대한 기대는 "죽음을 넘어서기를 바라는" 희망이다(참조. 겔 37장). 죽은 자의 부활은 죽음에서 일어날 새 생명에 대한 약속이다.

몰트만은 예언자들의 종말론과 후기 묵시사상에 이르러 죽음에 대한 부정적인 의식이 더욱 두드러진 것으로 보고 있다. 예언자들은 부조리한 죽음을 깊이 성찰하고 있다. 예언자들은 생명의 자연스런 한계로서의 죽음을 문제로 삼지 않지만, 부조리로 인한 때 이른 죽음을 하나님의 성취와 완성의 삶의 약속으로부터의 배제, 곧 하나님의 심판으로 인식하기 시작한다. "예언자들의 선포의 변두리에서 죽음을 하나님의 심판의 고난으로 받아들이는 견해가 등장한다."[3] 예언자들이 선포한 것은 단순히 피안 사상이 아니라 죽음에서 체험되는 심판을 극복하고자 하는 약속에 대한 신앙과 희망에 닿아 있다. 그들이 선포한 메시아의 구원은 죽음의 극복으로 이해되고 있다. 예언자들이 증언하는 약속의 비전들은 하나님의 심판에 대한 부정적 체험으로부터 그 내용을 공급받고 있다. 하나님의 장차 임할 영광은 "하나님에 의한 하나님의 극복"을 통해 드러난다. 그것은 생명을 주시는 하나님께서 심판하시고 멸절시키시는 하나님을 극복하시고 하나님의 선하심이 그의 진노를 극복하신다는 것을 뜻한다.[4]

몰트만은 후기의 종말론에 관한 또 다른 저서에서 삶과 죽음에 대한 중요한 신학적 성찰을 제시하고 있다. 그는 후기로 나아가면서 초기의 과격한 변증법적 죽음 이해에서 벗어나 점차 자연적 죽음 이해와 형이상학적 죽음 이해에 대한 관심도 동시에 숙고하고 있다. 죽음은 "자연적 끝"인 동시에 "죄의 값" 또는 "하나님과 공동체로부터의 저주받는 소외"라고 주장한다.[5] 몰트만은 유한한 인간은 자연적 죽음을 죽는 동시에 죄로 인한 죽음을 죽는다고 주장한다. 그는 자연적인 육체적 죽음은 죄의 값이 아닐 수도 있다는 조심스런 견해를 피력하기도 한다.[6] 그리스도인은 죄로 인한 죽음에서 자유롭지만 여전히 자연적 죽음을 죽는다. 그는 죽음이 단순히 "삶의 끝"이 아니라 "삶 전체"에 속한 것이라고도 주장한다. 부활 역시 "죽음 이후의 삶"으로 축소될 수 없고 "삶 전체"에 속한 사건이라고 주장하고 있다.[7]

그는 또한 초기의 멸절과 같은 과격한 변증법적 죽음 개념을 전적으로 포기하지 않고 연속과 변화와 같은 죽음 개념을 제시하고 있다. 그는 죽음을 한편으로는 하나님에 대항하는 인격화된 세력[8]으로 보면서도, 다른 한편으로는 "온 인격의 변형"으로 정의하기도 한다. 인간의 인격은 죽음을 통해서 제한적인 삶으로부터 불멸의 삶으로 변형되고 제한적인 실존으로부터 무제한적인 실존으로 변형된다고 한다. 죽음을 시간과 공간 안에서 인간의 정신의 제한을 해체시키는 적극적인 계기로 본다.[9] 몰트만은 후기로 갈수록 만유의 포괄적인 새 창조의 전망 속에서 온 생명 이해를 펼치면서 죽음을 생명의 한 부분으로 받아들이고 있다. 그럼에도 불구하고 그는 여전히 죄와 죽음의 파괴적인 권세에 대한 부정과, 죽음에 대한 생명의 승리라는 초기부터 이어지는 기본적인 생각을 확고히 견지하고 있다.[10]

2) 예수 그리스도의 죽음과 죽음의 부정성, 그리고 부활

몰트만은 20세기 후반기에 예수의 죽음을 신학적으로 가장 진지하고도 깊이 있게 질문하고 성찰한 신학자로 기억될 수 있다. 몰트만은 예수 그리스도의 십자가와 부활에서 삶과 죽음의 변증법을 읽어 내고 있다.[11] 이미 초기의 『희망의 신학』에서 몰트만은 부정의 현실로서의 예수의 십자가의 죽으심을 성찰하고 있다. 예수의 십자가에 대한 초기 제자들의 체험은 삶과 죽음의 과격한 모순을 드러내 준다. 다시 말하면 초기 제자들의 체험에서 예수의 십자가의 죽으심은 부정적인 실재였다는 뜻이다. 그러나 몰트만은 처음부터 예수의 십자가의 죽으심을 부활과 새 창조의 전망에서 바라본다.[12]

몰트만은 『희망의 신학』에서 하나님께 버림받음으로서의 예수의 십자가의 죽으심의 심층 의미를 종말론의 관점에서 열어 보여 주고 있다. 예수의 십자가의 죽으심은 단지 한 인간이 영위한 생명의 종말만을 뜻하는 것이 아니라 한 인간이 사랑하고 희망한 생명의 종말을 의미한다. 예수의 죽음은 "메시야의 죽음"이요 나아가 "하나님 자신의 죽음"이라고 할 수 있다. 예수의 죽음은 "하나님께 버림받은 상태로, 심판으로, 저주로, 약속과 찬양을 받는 생명에서 배제되는 것으로, 곧 버림받음과 멸망으로 체험되고 있다".[13] 몰트만은 그리스도론에 관한 또 다른 저작에서 그리스도의 죽음을 "메시야의 죽음", "하나님의 아들의 죽음", "한 유대인의 죽음", "한 노예의 죽음", 그리고 "모든 살아 있는 자들의 죽음"으로 해석하고 있다.[14]

몰트만은 『희망의 신학』에서 종말론의 관점으로 밝힌 예수의 죽음이 내포한 부정성의 의미를 『십자가에 달리신 하나님』에서 그리스도론의 전망으로 심화하고 있다. 그는 예수의 수난과 죽으심이 하나님께 버림받은 인간들을 대신하는 버림받음으로서의 죽음임을 강조하고 있다.[15] 예수의 죽음은 율법의 저주를 짊어진 죽음이다.[16] 그는 나아가 하나님의 아들로서 겪은 이 버림받음과 저주의 죽음이 기독교 신학의 시금석이 되어야 한다고 주장한다.[17] 몰트만은 예수의 십자가의 죽으심을 미화하고 종교화하는 노력들을 비판하면서, 삼위일체의 교제 안에서 하나님께서는 그리스도의 십자가 고통과 저주의 죽으심에 참여하고 연대하셨음을 매우 진지하게 강조하고 있다.[18] 어떤 의미에서 그렇게 해석할 수 있을까? "하나님의 아들이 불신과 버림받은 세상에서 하나님을 대리"[19]하기 때문에 그런 해석이 가능하지 않을까. 이런 해석은 예수의 십자가의 죽으심을 단순히 구원을 위한 기능으로 보는 기능론적인 접근들이 놓치기 쉬운 죽음의 부정성의 깊은 의미를 밝혀 준다. 예수의 죽음에서 드러나는 죽음의 부정성은 구속을 위한 심오한 삼위일체의 존재론적인 의미를 지니고 있다. 하나님은 바로 저주와 버림받음으로서의 죽음에 존재론적으로 참여함으로써 인간의 모든 저주와 버림받음, 곧 하나님

의 의가 상실된 죽음을 몰아내신 것이라 할 수 있다.[20]

우리는 여기서 몰트만이 루터의 십자가의 신학을 붙들고 깊이 씨름하는 것을 확인할 수 있다. 몰트만은 루터의 신학 명제, 즉 하나님 자신이 십자가에 달린 자 안에서 인식된다는 명제를 깊이 숙고함으로써 현대의 삶과 죽음 문제에 대한 신학적 전망을 제시하고자 한다. 예수의 죽음을 절망적인 버림받음으로 해석하는 것은 오늘날 우리들의 삶과 죽음을 위해서도 여전히 유효한 의미를 제공해 준다는 뜻이다.[21]

몰트만의 삶과 죽음의 변증법은 그리스도의 부활에 대한 이해에도 나타난다. 몰트만은 시종일관 그리스도의 부활을 철저하게 십자가에 달려 죽은 자로부터의 부활로 이해하고 있다.[22] 하나님께서 십자가에 달려 죽은 예수를 다시 살리셨다는 증언은 성경이 전하는 복음의 핵심에 속한다(고전 15 : 3-4 ; 행 2 : 24, 3 : 15, 5 : 31 등). 먼저 종말론의 전망에서 그리스도의 부활을 죽음의 숙명을 극복한 것으로 이해할 수 있다. 부활의 희망은 생명과 죽음을 만물의 무상함의 총체로서 허무하게 여김으로써 죽음의 숙명을 벗어나려는 것이 아니라 "죽음에 대한 생명의 승리", 곧 "하나님에게서 버림받은 저주에 대한 생명의 승리"를 선포함으로써 죽음의 부정성을 극복하는 것이다. 예수의 부활은 "하나님에게 버림받은 상태의 극복으로, 심판과 저주의 극복으로, 약속과 찬양을 받는 생명의 성취의 시작으로, 죽음 안에서 죽은 것의 극복으로, 부정적인 것의 부정으로(Hegel), 하나님의 부정의 부정으로 이해되어야 한다."[23] 죽음의 숙명이 그리스도의 부활을 통해 극복되고 생명의 미래가 모든 생명들을 위해 단번에 열린 것이다.

몰트만은 후기의 종말론을 대표하는 저서인 『오시는 하나님』에서 부활의 희망과 죽은 자로부터의 부활의 의미에 대한 신학적 성찰을 제시하고 있다.

부활의 희망은 여기 이 세상에서 삶을 충만히 받아들이게 하는 근거가 되고 우리가 남김없이 삶 전체를 헌신하도록 작용한다. 부활의 희망은 멀리 떨어져 있는 죽음 다음의 상태에 대한 사변이 아니다. 삶을 열정적으로 긍정하는 사람만이 이 희망의 적합성을 파악한다. 부활의 희망을 통해 죽음에 대한 불안과 자기 상실에 대한 불안에서 해방된다. 부활의 희망은 사랑 가운데 삶을 충만하게 살게 하고 죽음을 향하는 삶을 전적으로 긍정하게 한다. 부활의 희망은 신체적이고 감각적인 삶에서 영혼을 빼내 버리지 않고 오히려 이 삶을 무한한 기쁨으로 충만하게 한다.[24]

3) 삶과 죽음, 그리고 하나님의 의

성경에서 삶과 죽음은 죄와 상관없이 이해될 수 없듯이 하나님의 의와 동떨어진 채 이해될 수 없다. 죄는 불의, 곧 하나님의 의의 상실을 뜻한다고 할 수 있다. 몰트만은 부조리한 죽음의 미래와 관련해서 하나님의 정의를 다음과 같이 묻고 있다.

> 출생하면서 죽은 사랑하는 아기들, 어려서 사고로 죽은 아이들, 자신의 부모를 알지 못하는 장애우들, 폭탄에 몸이 찢겨 죽은 젊은이들, 아프리카에서 굶어 조기에 죽어 가는 사람들, 강간과 살해와 살인을 당한 수많은 사람들의 생명은 죽음 다음에 화해되고 치유되며 완성될 것인가? 죽음과 함께 모든 것이 끝난다면 부당하게 죽은 자들의 정의는 어떻게 되는가?[25]

몰트만은 이미 초기부터 성경에서 삶과 죽음이 하나님의 의와 결속되어 이해되고 있음을 강조하였다. 구약성서에서 생명은 오직 하나님의 의로부터 기대될 수 있다. 하나님의 의야말로 온 피조물의 삶의 "총체"요 그 "존립의 근거"이다. 따라서 하나님의 의가 이루어질 때 새로운 생명의 창조도 기대될 수 있다.[26] 약속 신앙을 지닌 이스라엘이 기대한 죽은 자의 부활 역시 "죽음까지 넘어서 불의한 자들과 의로운 자들을 심판"하시는 하나님의 의가 이루어지는 사건으로 이해되었다.[27] 다시 말해서 죽은 자들의 부활에 대한 희망은 불멸에 대한 인간의 동경이 아니라 "정의를 향한 열망"이었다.[28]

신약성서에서 바울 역시 마찬가지다. 바울은 죽음과 새로운 생명을 하나님의 의와 밀접하게 결합해서 이해하고 있다. 바울은 하나님의 의를 하나님께서 새로운 창조와 새로운 생명을 탄생시키는 사건으로 이해한다. 바로 이 하나님의 의가 복음, 곧 예수 그리스도의 십자가의 죽으심과 부활 가운데 계시된 것이다(참조. 롬 4 : 25 ; 고후 5 : 21). 이런 의미에서 예수 그리스도를 통해 이루어진 화해와 새 생명의 본질은 바로 하나님의 의에 있다고 할 수 있다. 하나님의 의는 단지 죄 용서로 축소되지 않는다. 예수의 죽음과 부활 생명에서 계시된 하나님의 의의 복음 앞에서 죄와 죽음은 하나로 간주될 뿐이다.[29] 그리스도의 십자가와 부활 사건에서 인간을 의롭다 하시고 죽음으로부터 생명을 창조해 내시는 하나님의 능력이 나타났다.[30] 몰트만은 칭의 사건을 단지 온 생명 가운데 하나님의 의가 회복되는 드라마의 서곡 또는 서막에 불과한 것으로 이해한다. 예수의 부활에 대한 증언 역시 하나님의 의로 충만한 새 창조의 미래가 이미 동터 올랐다는 주장에 다름 아니다.[31] 몰트만은 예수 그리스도의 십자가와 부활의 변증법에서 의와 죄, 그리고 생명과 죽음의 모순이 극복되는 것을 전망하고 있다.[32]

이렇게 이스라엘의 삶과 죽음, 그리고 예수의 삶과 죽으심과 부활의 증언은 그 중심에 '하나님의 의'가 놓여 있다고 할 수 있겠다. 그리스도의 부활의 본질은 하나님 나라의 의의 선포에 있다. 이런 의미에서 그리스도의 부활이 약속하는 생명의 현실은 하나님의 의의 실현과 분리될 수 없다. 하나님의 의는 하나님의 다스림을 뜻하는 하나님 나라를 규정하는 본질적인 개념이라 할 수 있는 것이다.

4) 죽음으로부터의 생명의 부활

과연 예수의 죽은 자들로부터의 부활에서 촉발된 생명이란 무엇인가? 구약성서의 후기 예언자들의 선포와 묵시 사상에서 성경은 죽은 자들로부터의 생명을 약속한다. 몰트만은 초기 변증법적 신학의 영향 아래에서 "죽은 자들로부터의 부활"을 새 창조의 전망 속에서 "죽음의 권세의 멸절"로 이해하고 있다.[33] 몰트만은 플라톤의 영혼불멸설을 반대하면서 몸의 부활을 주장하고 있다. 죽은 자들로부터의 부활은 단순히 죽을 생명의 연장이 아니라 하나의 "질적으로 새로운 생명"을 뜻한다.[34]

몰트만은 후기로 가면서 점점 더 생명과 죽음을 우주론적 종말론의 전망에서 포괄적으로 이해한다. 다시 말하면 삶과 죽음을 만물의 새 창조라는 포괄적인 차원에서 이해하는 것이다. 후기 종말론 저작인 『오시는 하나님』에서는 부활 생명을 새 창조와 결합하고 있다. 죽은 사람들의 부활에 대한 희망은 만물의 새 창조에 대한 희망의 개시일 뿐이다. 그는 새 창조 없이는 죽은 자들의 부활도 없다고까지 주장한다.[35] 또 죽은 자들의 부활이 죽음 자체를 하나님의 창조에서 몰아내는 영원한 생명의 전조이고 선구라고 보면서도, 동시에 "죽은 자들의 정체성의 멸절"을 뜻하는 것이 아니라고도 이해하고 있다. 첫 창조가 무로부터의 창조(creatio ex nihilo)인 것에 반해 부활에 의한 새 창조는 "옛 것으로부터의 창조"(creatio ex vetere)로 볼 수 있다. 바울의 주장대로 부활은 현세의 삶의 "변화"(고전 15 : 52) 또는 "변용"(빌 3 : 21)이다. 이런 의미에서 현세의 삶은 상실되지 않고 죽음을 통해 변용을 거쳐 영원한 새 생명으로 다시 탄생한다고 할 수 있다. 영원한 생명은 죽을 생명이 새롭게 변형되고 창조되는 것이다.[36] 새롭게 변형된 영원한 창조에서는 죽음이 더 이상 존재하지 않는다.[37] 그야말로 영원한 생명으로의 부활은 생명의 치유와 화해와 완성이라 할 수 있다.

몰트만은 조직신학적 기여의 마지막 저서라 할 수 있는 신론에 관한 저서인 『하나님의 이름은 정의이다』[38]에서 온 생명에 대한 자신의 신학적 비전을 제시하고 있다. 그는 전통적으로 부활과 관련해서 많이 쓰인 '죽은 자들의 부활', '육체의 부활', 또는 '몸의 부활'이라는 표현 대신에 '생명의 부활'이란 새로운 표현을 제안하고 있다.[39] 몰트만은 부활을 통해 오는 영원한 생명을 죽을 생명의 자리에 죽음 이후 또 다른 생명이 등장하기보다 오히려 살아서 사랑받은 현세의 생명이 부활하고 치유되며, 완성되는 생명으로 설명하고 있다.[40] 이런 의미에서 영원한 생명은 온갖 종류의 파괴된 생명의 화해와 치유와 완성을 가리키는 교리라고 할 수 있지 않을까.

3. 윙엘(Eberhard Jüngel, 1934-)의 죽음의 신학에서 나타나는 삶과 죽음의 변증법

1) 죽음이란 무엇인가?

에버하르트 윙엘 역시 20세기 후반기 개신교 신학을 대표하는 신학자들 가운데 하나로 특별히 예수 그리스도의 죽음과 죽음 자체에 관한 심도 있는 연구를 담고 있는 단행본을 저술했다. 그는 기독교의 죽음 이해의 독특성이라 할 수 있는 죽음의 부정성에 대해 가장 깊이 있게 성찰한 신학자라 할 수 있다. 그의 주장에 따르면, 죽음은 말을 잃게 하고 침묵하게 하며, 무기력하게 만든다. 이렇게 죽음은 부정과 부조리의 현실이라 할 수밖에 없을 것이다. 우리는 흔히 죽음을 맞이한 사람들을 위로하기 위해 죽음에 대해 덕이 되는 말들을 하곤 한다. 그러나 윙엘에 따르면, 이런 말들은 모두 우리가 쓰라리게 체험하는 자신의 죽음의 불가피성과 이웃의 죽음에서 느끼는 고통을 그럴듯하게 해명하는 노릇만 할 수 있을 뿐이다. 이것은 기독교 신앙에 커다란 위험이기에 기독교 신앙은 그런 위험에 저항해야 한다.[41]

윙엘은 성경의 죽음 이해를 소크라테스의 죽음으로 대표되는 그리스의 죽음 이해와 대립되는 것으로 해석하고 있다. 성경이 증언하는 죽음에 대한 이해와 태도는 죽음을 "삶의 질병으로부터의 회복"으로 보는 소크라테스의 죽음에 대한 이해와 현저하게 다르다.[42] 물론 성경은 죽음에 대한 다양한 이해와 태도를 보여 주기에 어느 하나로 축소하는 이해와 태도는 타당하지 않다. 또 구약성서에도 아브라함이나 이삭과 같이 천수를 누리고 비교적 평화로운 죽음을 맞이한 믿음의 조상들이 나온다. 그러나 구약성서에 등장하는 많은 신앙의 사람들은 죽음을 대하는 태도에 있어서 소크라테스의 그것과 다르다고 할 수 있다. 시편에서 기도하는 신앙인들은 죽음의 위험에서 건져 준 하나님께 감사하고 있다. 아울러 죽음은 수수께끼 같은 규정하기 어려운 현실임에 틀림없다. 실로 죽음이 '인간들'을 지배하고 있다. 죽음은 지배의 권세를 지니고 있다. 죽음은 단순히 소멸하는 것과 다른 어떤 실재이기도 하다.

윙엘이 보기에 성경에서 죽음은 한 마디로 "무관계성"을 의미한다. 죽음은 "죄의 삯"으로서 "무관계성을 향한 인간의 해로운 충동의 결과이다. 치명적인 무관계성을 향한 인간의 파괴적인 충동은 인간을 하나님으로부터 소외시키고 이웃과의 관계를 깨트리는 죽음의 공격성과 정비례한다고 할 수 있다".[43]

윙엘은 실존주의 죽음 이해와 비슷하게 죽음이 지닌 역설적 특성들을 주목한다.[44] 죽음은 그 누구도 피할 수 없는 인간의 삶의 매우 가까운 일부이면서 동시에 극복되어야 할 낯선 현실이기도 하다. 죽음이 무엇인지에 대한 물음이 늘 우리와 함께 있다. 죽음은 우리 삶의 일부로 이미 주어져 있다. 죽음의 불가피함은 우리에게 당혹감을 야기한다. 우리가 죽음을 이해하기 위해서는 어느 정도 아이러니 또는 역설이 요청된다. 즉, 죽음은 인간 실존에 반드시 전적으로 낯선 현실일 뿐만 아니라 동시에 "우리의 가장 깊은 내면"의 일부이기도 하다. 이렇게 죽음은 수수께끼와 같다. 죽음이 이렇게도 인간의 삶에 가까운 현실임에도 불구하고 우리의 호기심의 탐구 대상이 되지 않는 것은 참으로 역설적이라 하지 않을 수 없다. 죽음은 또한 생명의 신비에 닿아 있다. 인간의 생명은 죽음과의 관계 속에 있다. 그래서 죽음을 말하기 위해서는 삶을 이해해야 할 것이다. 신학의 전망에서 죽음에 대한 물음은 신앙과의 밀접한 관련 속에서 대답될 수 있고, 그 대답은 생명을 자유롭게 하는 능력을 지녀야만 한다.

2) 죄인의 죽음

우리는 성경에서 어떤 하나의 죽음 이해만을 기대해서는 안 된다. 다시 말하면 성경은 죽음에 관해 일치된 이해를 제공하지 않는다. 앞서 살핀 대로 실제로 성경에는 죽음에 대한 서로 다른 이해가 공존한다. 그럼에도 불구하고 윙엘의 해석에 따르면 죽음이 죄의 결과, 곧 "죄인의 죽음"이라는 생각은 성경에서 매우 두드러지게 나타난다고 한다. 죄인의 죽음은 신·구약성서에서 분명하게 증언되고 있다. 성경에서 죽음은 끔찍한 현실이고 심지어 적대적인 현실이다.[45] 성경에는 삶과 죽음에 대한 강조의 불균형이 현저하게 나타난다. 말하자면 죽음보다 삶에 대한 강조가 비교할 수 없이 두드러지게 나타난다. 이것은 죽음에 대한 논의가 반드시 삶의 맥락 안에서 다루어져야 함을 뜻한다. 이렇게 볼 때 우리의 온 생애가 '죽음의 사유'라는 그리스적 태도는 성경의 신앙인들에게는 매우 낯선 것이라 할 수 있다. 그리스 철학에서의 '죽음의 철학'에 상응하는 '죽음의 신학'을 성경에서 찾아보려는 노력은 허사로 끝날 수밖에 없다.[46]

  윙엘은 구약성서에서 삶과 죽음이 어떻게 이해되고 있는지, 또 삶과 죽음에 대한 태도는 무엇인지 살핀다. 먼저 구약 시대의 사람들은 삶을 가장 높은 선으로 간주하고 있다. 삶은 축복이고 죽음은 저주로 여겨진다(신 30:19). 고대 이스라엘 사람들은 삶을 누리는 태도를 매우 중요하게 여긴다. 그러나 그들이 강조한 삶은 단지 물리적 삶, 곧 자연적인 삶만이 아니다. 그들에게 삶은 단지 빵이나 다른 생존 수단의 문제가 아니라 하나님의 말씀과 은혜의 문제였다.[47] 하나님의 말씀을 생명의 양식이라 부르는 이유를 여기서 확인할 수 있다. 그들은 자연적 삶에 만족하지 않는다. 하나님에 대한 신앙은 자연적 삶을 넘어서는 초자연적인 질적 삶을 추구한다. 그들은 생명을 철저하게 율법이 규정하는 하나님과의 관계에 비추어 이해하려고 애쓴다. 삶과 죽음의 곤경은 오직 하나님과의 관계를 배경으로 해서만 이해될 수 있다. 하나님과의 바른 관계를 상실한 삶은 죽음과 같이 매우 부정적인 현실로 이해된다. 죽음은 하나님과의 관계가 깨진 결과, 곧 죄에 대한 심판과 처벌로 이해될 수 있다.[48] 다시 말하면 죽음은 하나님과 인간의 적대적인 소외 상태를 가리킨다. 따라서 죽은 사람이 하나님을 찬양하고 감사할 수 없다는 시인의 고백(시 115 : 17)은 너무나 당연한 것이다. 죽음은 하나님과 인간이 서로 소외된 사건이요, 죽음의 곤경은 하나님과 인간의 치명적인 소외에 의해 야기된다는 생각은 생명의 존엄성에 관해 매우 중요한 함의가 있는 것으로 보인다.

구약의 이스라엘 사람들은 삶을 예민하게 인식하는 정도에 상응하여 죽음을 철저하게 삶에 노정된 문제로 인식한다.[49] 그들은 모든 사람이 반드시 죽는다(시 89 : 48 이하)는 사실을 깊이 마음에 새기는 가운데 죽음에 직면한 삶의 현실을 직시하고 있다. 그래서 그들은 때 이른 죽음과 같은 부조리한 죽음을 예민하게 인식한다. 때 이르고 갑작스러운 삶의 종식은 매우 나쁜 현실로 받아들여지고 있다(시 90 : 5-6 ; 73 : 19). 죽음은 계속해서 삶에 그림자를 드리우고 위협을 가하는 악하고 부정한 현실로 받아들여진다.[50] 구약 이스라엘 사람들은 삶을 그야말로 '죽음의 부정'으로 받아들인 것이라 할 수 있다.[51] 죽음은 삶에 가해진 부정의 현실이라는 이런 철저한 인식은 삶과 죽음의 변증법을 위해 매우 중요하다.

구약성서에서 죽음은 삶의 관계의 파괴인데, 바로 이것이 죄가 지시하는 것이라 할 수 있다. 죄는 모든 사람들 사이의 관계에 관련된 하나님에 대한 반란이다. 죄는 인간을 무관계 상태에 빠지게 한다. 따라서 죄는 무관계 상태를 충동하는 부정적인 압박의 한 국면으로 이해할 수 있다. 이런 의미에서 구약성서가 말하는 죽음은 단순히 자연적인 삶의 끝이 아니라고 할 수 있다. 죽음은 끊임없이 무관계 상태를 향한 충동으로 적극적으로 작용한다. 죽음은 하나님에게 낯선, 아니 적대적인 부정의 현실로서 공격적이다. 죽음은 삶의 한가운데서도 생명을 계속해서 위협한다. 루터가 매우 적절하게 표현했듯이, "죽음은 삶의 한가운데서 우리를 에워싸고 있다".52) 죽음은 생명의 관계들을 파괴하고 생명이 자신을 실현할 수 있는 결속을 끊는다. 이런 의미에서 죽음은 본질적으로 부정의 현실로 작용한다고 말할 수 있다. 죽음은 인간을 하나님께로부터 절망적으로 소외시킴으로써 생명을 부정한다.53)

신약성서에서 예수의 삶과 죽으심, 그리고 부활은 죽음에 대한 태도를 규정한다. 예수의 죽음과 부활에서 촉발된 죽은 자들의 부활 또는 죽은 자들로부터의 부활에 대한 희망이 죽음에 대한 태도를 결정한다. 죽은 자의 부활은 "죽음에 대한 하나님의 승리의 확실성"에 토대를 두고 있다.54) 하나님께서 죽음에 대해 승리했다는 생각은 죽음에 대한 부정적 인식을 바탕에 깔고 있다. 하나님과 죽음은 서로 적대자로 나타난다. 그러나 예수의 죽은 자들로부터의 부활은 삶과 죽음의 의미를 완전히 바꾸었다. 우리가 전에는 '죽음에 이르는' 삶을 살았다면, 이제는 예수 그리스도 안에서 "죽음으로부터 창발하는(emerge)" 삶을 산다고 할 수 있다.55) 이것은 결코 자연적인 죽음을 부정하는 것이 아니라, 우리가 자연적으로는 여전히 죽어야 하지만 죄인의 죽음으로부터 자유하게 되었다는 뜻이다. 이와 관련하여 루터의 적절한 표현을 다시 상기할 수 있다. 즉, 이제 "그리스도인은 죽음 한가운데서 생명에 둘러싸여 있다".56) 달리 말해 이것이 바로 죄의 결과로서의 죽음의 권세의 지배를 더 이상 받지 않는 죽음이라 할 수 있다. 바울은 이 죽음을 일컬어 세례를 통해 시작하는 그리스도와 함께 죽는 죽음(롬 6 : 4)이라 한다. 요한은 이것을 일컬어 죽음에서 생명으로 옮겨졌다고 한다(요 5 : 24).

윙엘은 바울의 죽음에 대한 이해와 태도가 지닌 의미를 밝혀 주고 있다. 바울의 죽음에 관한 신학적 설명은 역설적이고 변증법적이다. 바울에 의하면 죽음은 기본적으로 부정적인 사건이다. 죄인의 죽음이 바로 그것을 가리킨다. 윙엘은 죄인의 죽음의 부정성을 전통적인 신학적 이해와 다르게 설명한다. 전통적으로 이해하듯이 죄인의 죽음을 하나님이 죄인에게 죄의 대가로 가하는 '형벌'로 간주할 수 없다. 죽음은 하나님이 아니라 죄인 자신이 초래하는 것이다. 죽음은 단지 죄의 본성 자체에 의해 요구되는 사건일 뿐이다. 죽음은 죄인이 자신의 삶과 생명권을 빼앗는 것이라 칭할 수도 있다. 이런 의미에서 '죽음의 저주'라는 전통적 개념을 말할 수 있다. 죽음의 저주는 삶의 종식을 공포와 분리로 체험하게 하고 오직 수동적으로 고통스럽게 감내해야 할 현실로 만들어 버린다.[57]

그러나 예수 그리스도의 죽음과 부활과 함께 죽음은 이제 더 이상 부정의 현실로 이해되지 않는다. 예수의 죽음과 부활 이후 죽음의 의미가 밝혀짐에 따라 죽음은 이제 진정한 삶의 한 국면으로 적절하게 자리매김된다. 바울은 자신의 몸에 예수의 죽음을 짊어지고 다닌다고 고백한다(고후 4:10). 또한 그리스도 안에서 율법에 대해 죽은(갈 2:19) 후에 죽는 것도 유익(gain, 빌 1:21)하다고 고백하기도 한다. 바울의 주장을 어떻게 이해할 수 있을까? 바울에 의하면 그리스도인은 그리스도 안에서 세례를 통해 그리스도와 함께 죽는다. 그리스도인의 이 죽음이 앞서 설명한 '부정적인' 의미에서의 죄인의 죽음이라 할 수 있다. 다시 말하면 이 죽음이 바로 "죄의 삯"(롬 6:23)으로서 두려움을 야기하는 죽음이다.[58]

그러나 그리스도인은 그리스도와 함께 이미 저주의 죽음을 당함으로써 저주의 죽음에서 해방된다. 그리스도인이라고 해서 자신의 능동적인 결단이나 삶의 완성으로 자연적 죽음을 맞게 되는 것은 아니다. 그리스도인도 여전히 죽음을 수동적으로 맞이한다. 그러나 죽음의 저주에서 풀려난 자에게 있어서 생의 종식은 하나님의 활동에 의해 조건지어진 수동성으로 감내된다. 여기서 수동적 감내는 악일 수 없고 반드시 고통스러운 것만은 아니라고 할 수 있다.[59]

3) 예수의 죽음과 소크라테스의 죽음

윙엘 역시 예수와 소크라테스의 죽음의 두드러진 차이를 강조한다. 윙엘은 소크라테스의 죽음을 기본적으로 "몸으로부터 영혼의 해방"으로 규정한다.[60] 소크라테스에게 인간의 영혼은 시간의 끝을 지니지 않는다. 다시 말하면 영혼은 죽지 않고 파괴될 수 없고 불멸한다. 소크라테스의 죽음은 플라톤 철학의 죽음 이해를 보여 주는 모범이다. 플라톤뿐만 아니라 그의 제자인 아리스토텔레스 역시 영혼불멸을 가르친다. 아리스토텔레스는 젊은 시절 몸과 관계하는 영혼을 에트루스칸(Etruscan) 해적들에게 포로가 된 어떤 사람들에 비유하기도 했다.[61] 인간의 육체를 지극히 부정적인 실체로 보는 것이다. 육체는 영혼에 의존한다. 영혼은 육체의 생명 원리로 이해된다. 그러나 육체는 영혼의 본질 추구를 막는 부정적인 실체로 이해된다. 따라서 영혼을 육체로부터 분리하고 해방하는 죽음은 영혼에게는 부정의 현실을 벗어나 자신을 자유롭게 하는 긍정의 계기가 된다. 이런 의미에서 죽음을 "자유의 축제"[62]라고 할 수 있다. 따라서 죽음을 부정적으로 볼 필요도 죽음을 두려워할 필요도 없다. 죽음은 부정의 현실이 아니다. 삶의 모든 것이 죽음을 향한 방향을 취하게 된다. 죽음은 삶의 성취 또는 실현으로 이해된다.

그렇다면 윙엘이 보기에 플라톤의 죽음 이해에서 삶과 죽음의 관계는 어떻게 이해될까? 소크라테스의 죽음이 보여 주듯이, 플라톤의 죽음 이해에서 삶은 죽음에 이르는 지식을 얻도록 섬겨야 한다. 순수 지식은 영혼이 육체로부터 벗어난 영혼에 의해서만 획득될 수 있다. 지상에서의 삶은 영혼이 순수 지식을 획득하기 위한 훈련장이 되는 것이다. 이후에 키케로는 플라톤의 죽음의 철학을 하나의 간결한 명제로 표현하기도 했다 : "철학자의 전체 삶은 죽음의 사유로 특징지어진다"(Tota enim philosophorum commentatio mortis est).[63] 그런데 여기서 죽음의 사유는 소크라테스의 죽음이 보여 주듯이 수동적인 성찰이 아니다. 오히려 그것은 순수 지식을 갈망하는 영혼의 능동적인 고투라 할 수 있다. 따라서 플라톤주의 죽음 이해에서 '죽음의 기억'(Memento mori)은 결국 '너 자신을 알라'(gnothi sauton)는 소크라테스의 저 유명한 명제를 뜻하는 것이라 할 수 있다. 이렇게 소크라테스의 죽음은 죽음에 대한 부정적 사고가 들어설 여지를 전혀 허용하지 않는다고 할 수 있다.

결국 플라톤주의 죽음 이해에서 영혼은 참되고 순수한 지식을 갈망하는 유일한 참된 자아이고 육체는 마땅히 사라져야 할 자아의 군더더기라 할 수 있다. 따라서 영혼이 육체로부터 벗어나서 자유를 얻는 상태인 죽음은 모든 지식의 단 하나의 참된 대상으로 간주된다. 이렇게 죽음에 대한 지식은 자아에 대한 지식이 된다. 죽음에 그 어떤 어두운 그림자도 드리워지지 않는다. 오히려 죽음에 빛이 드리울 뿐이다. 플라톤주의 죽음 이해는 오르페우스주의와 피타고라스학파에 의해 준비되었다. 그러나 플라톤주의가 보여 주는 죽음에 대한 긍정적인 이해가 고대 그리스 세계에 자명하게 받아들여진 것은 아니다. 실제 오디세이를 보더라도 그리스 사람들이 삶을 예찬하는 소크라테스의 죽음을 반겼다고만 볼 수 없는 대목들이 나온다. 계몽주의 시기에 레씽(Gotthold E. Lessing, 1729-1781)은 고대 그리스인들이 죽음과 온전히 화해했다는 견해를 피력하기도 했지만, 이것은 진실이 아니다. 욍엘은 그 반대가 진실이라고 본다. 즉, 쉘링(Friedrich W. J. Schelling, 1775-1854)은 '달콤한 독'과 같은 고대 그리스 예술에 삶의 유한성에 대한 슬픔이 녹아 있다고 주장했다.[64] 플로티누스(Plotinus, 204/5-270)의 신플라톤주의를 통해 플라톤주의의 영향을 크게 받은 기독교 세계에서도, 특히 고대와 중세 교회는 영혼불멸을 지지했다. 그럼에도 불구하고 기독교 세계는 플라톤주의 죽음 이해가 보여 주는 죽음에 대한 긍정적 이해만을 추구하지는 않았다고 할 수 있다. 특히 현대 기독교 신학에서 영혼불멸설에 대한 반대 의견이 제기되고 있다.

윙엘은 예수 그리스도의 죽음과 소크라테스의 죽음을 두드러지게 대조시킨다. 그는 예수 그리스도의 죽음이 어떤 의미에서 구원의 사건이 되는지 신학적으로 밝혀 주고 있다. 신약성서에서 예수 자신이 자신의 죽음에 어떤 의미를 부여했는지를 알기는 불가능하다. 다만 의심의 여지가 없는 한 가지 사실은 예수 자신이 죽음을 매우 부정적으로 체험했다는 점과 예수의 제자들 역시 예수의 죽음을 매우 부정적인 현실로 체험했다는 것이다. 윙엘은 예수의 죽음이 주는 충격을 완화시키지 않고 극도로 부각한다.[65] 예수는 울부짖음으로 죽음을 맞이했다. 윙엘이 보기에 예수가 절규하면서 죽어 갔다는 전승은 거의 확실하다. "나의 하나님, 나의 하나님 어찌하여 나를 버리셨나이까"(막 15 : 34 ; 마 27 : 46 ; 참조. 시 22 : 1). 윙엘은 예수가 부르짖으며 죽어 가는 모습에서 예수의 죽음이 완전한 절망 가운데 이루어졌을 가능성을 배제할 수 없다고 본다.[66] 이 점에서 예수 자신의 죽음에 대한 인식과 태도는 소크라테스의 그것과 현저하게 다르다. 소크라테스에게 죽음의 독배는 건강을 주는 묘약인 것으로 보인다. 그는 죽음을 백조의 노래를 들으며 맞이했다.

예수의 죽음과 소크라테스의 죽음에서 죽음은 자유와 해방의 사건이다. 그러나 전자에서 죽음은 부정적 실재인 데 반해 후자에서 죽음은 긍정적인 실재이다. 후자의 기저에 불멸하는 영혼의 자유의 형이상학이 자리하고 있다면, 전자의 기저에는 하나님의 사랑의 존재론이 자리하고 있다. 윙엘은 예수 그리스도의 죽음이 어떻게 구원의 사건이 되는지 그 이유를 신학적으로 깊이 밝혀 준다. 이 대목에서 윙엘은 루터의 십자가 신학에 의존한다. 윙엘은 예수의 죽음에서 하나님의 성육신의 진수와 그 본질로서의 하나님의 사랑을 읽어 내고 있다. 윙엘의 해석에서 핵심은 하나님께서 예수 자신과 일치하여 죽음의 부정성을 극복하기 위해 친히 죽음을 견디어 내셨다는 생각이다. 윙엘은 예수의 죽음을 하나님과 죽은 자 예수의 일치 사건으로 해석한다.

복음서의 증언에 따르면 예수의 죽음에 대한 초기 그리스도인들의 체험에는 놀라운 반전이 있다. 이 반전이 바로 예수의 부활 사건이고 제자들의 부활 체험이다. 윙엘은 예수의 죽음을 "부활 신앙과 예수의 공생애를 연결해 주는 다리"로 간주한다.[67] 이미 예수의 공생애 자체가 하나님께서 죽음을 향해 나아가시는 길임을 보여 준다.[68] 예수의 죽음을 통해 비로소 공생애의 삶에 통전의 성격이 부여된 것이라 할 수 있다. 그러나 예수의 십자가 죽으심 이전까지 이런 진리가 인식되지 못했다. 복음서들이 공통적으로 증언하듯이 예수의 십자가의 죽으심은 예수의 제자들에게는 애초에 극도로 부정적인 사건에 불과한 것이었다.

그렇다면 부정적인 죽음의 사건이 새 생명을 잉태한 사건이라는 계시적인 인식이 출현한 신비는 무엇일까? 윙엘의 해석에 의하면, 예수의 죽음에 대한 체험을 통해서 연결되고 통합되는 예수의 삶과 죽음과 부활에 대한 초기 그리스도인들의 체험의 중심에는 죽음의 권세를 무너뜨리고 승리한 하나님의 사랑의 능력이 있다.[69] 윙엘은 예수의 삶과 죽음과 부활을, 죽음을 지양한 사랑의 존재론으로 해석해 내고 있다. 초기 그리스도인들은 처음에는 예수의 죽음을 극도로 부정적인 사건으로 체험했지만 부활 사건을 체험하면서 예수의 죽음을 하나님의 성육신 신앙의 기원이요 토대로 믿고 인식하게 되었다는 것이다. 이런 변화는 매우 역설적이고 놀라운 반전이라 하지 않을 수 없다. 초기 그리스도인들은 바로 예수의 죽음에서 하나님께서 인간이 되신 대단히 역설적이고 모순적인 계시를 체험한 것이다. 하나님께서 바로 죽은 자 예수 안에 계셨던 것이다. 따라서 성육신은 부정적 현실로서의 죽음과 하나님의 철저한 연대를 의미한다. 다시 말하면 예수의 죽음을 통해서 성육신의 진리가 비로소 깨달아지고, 하나님께서 죽음의 곤경마저 공유하신다는 의미가 드러난 것이다. 하나님께서는 예수의 죽음에서 무한한 사랑을 계시하신 것이다. 하나님께서는 무한한 사랑의 능력으로 부정과 저주의 죽음에 새 생명을 부여하신 것이다. 이런 의미에서 예수의 죽음을 분노의 신에게 바쳐진 인신 희생, 곧 신의 분노를 달래기 위해 마련된 희생으로 이해하는 것은 초기 그리스도인 공동체의 체험과 이해와 완전히 동떨어진 것이라 할 수 있다.

예수의 죽음을 통해 죽음으로부터의 해방이 이루어졌다. 예수의 죽음은 죽음 자체를 해방으로 맞이하는 소크라테스의 죽음과 다르다. 예수의 죽음을 통해 이루어진 해방은 하나님의 무한한 사랑의 능력을 통해 죽음을 극복한 해방이다. 윙엘의 해석에 따르면 하나님께서는 죽은 자 예수와 자신을 동일시함으로써 부정의 권세인 죽음에 자신을 진정으로 노출시키셨다. 다시 말하면 "하나님께서 죽음을 감내하심으로써 하나님의 존재와 죽음의 존재가 서로 만난 것이다."[70] 죽음의 권세가 하나님의 무한한 사랑의 능력에 접촉했을 때 "쏘는" 권세를 상실한 것이라 말할 수 있다(고전 15 : 55-56). 새 생명의 계시로서의 예수의 부활 사건 역시 죽음과 관련해서만 그 깊은 의미가 드러난다. 초기 기독교 공동체가 전해 주는 부활 이야기는 "하나님과 죽음의 만남 결과를 기술"하는 것이다. 새 생명의 사건으로 이해되는 예수의 부활을 아무리 강조하더라도 그것이 예수의 십자가와 죽음에서 동떨어진 채 이해될 수 없다. 오히려 부활은 십자가와 죽음의 영원한 의미를 증명하는 사건이다. 예수의 부활은 단순히 기적이 아니라, 죽음의 저주가 극복되고 하나님의 사랑이 계시된 사건인 것이다. 윙엘의 해석은 예수의 죽음이 지닌 부정성과 하나님께서 죽음의 부정성에 참여함으로써 죽음의 부정성을 극복하는 측면을 신학적으로 매우 깊이 있게 해명해 준다고 평가할 수 있을 것이다.

4) 죽음의 죽음 : 부활 신앙의 의미

윙엘은 루터를 따라 예수 그리스도의 죽음을 "죽음의 죽음"(the death of death)으로 해석한다.[71] 말하자면 예수 그리스도의 삶과 죽음과 부활은 죽음을 극복하는 죽음의 죽음, 앞서 말했듯이 '죽음으로부터 창발하는' 삶에 관련된 것이다. 윙엘은 예수 그리스도의 삶과 죽음과 부활, 그리고 그것을 본받는 그리스도인의 삶과 죽음의 관계를 "죽음의 죽음"이라는 변증법적 부정의 논리를 통해 설명한다.

그렇다면 예수 그리스도의 죽음과 부활을 통해 드러난 "죽음의 죽음"이 그리스도인의 삶에 지닌 의미는 무엇일까? 무엇보다 그리스도인의 부활에 대한 희망은 나 혼자만의 영생불멸을 추구하는 "이기적인" 개념이 아니라는 점이다.[72] 구원 개념 역시 마찬가지로 이해되어야 한다. 예수 그리스도를 통해 새 생명을 선물로 받는다는 것은, 윙엘에 따르면, '한 사람이 살아온 삶'이 "구원 받는다"는 것을 뜻한다. 말하자면 구원 받은 삶이란 한 사람이 살아

온 삶에서 벗어나는 것을 뜻하지 않는다. 달리 말하면 그것은 이 세상에서 산 한시적이고 제약된 삶이 하나님의 생명에 참여하는 것을 뜻한다. 이런 의미에서 영원히 계속 살아간다는 영혼불멸 같은 것은 존재하지 않는다고 할 수 있다.

　예수 그리스도의 부활에 대한 신앙과 희망은 전연 다른 의미를 지닌다. 부활은 십자가의 취소가 아니다. 오히려 부활의 진리는 이것이다. "바로 부활하신 그분이 죽음의 '진리'와 아울러 예수의 삶이 죽음에 참여한다는 진리를 '계시한다.'"[73] 죽은 자들의 부활은 우리가 실제로 세상에서 산 삶이 하나님의 생명에 참여하는 것이요, 성도의 교제 속으로 통합되는 것을 뜻한다. 달리 말해서 그것은 "살았던 생명의 모음이고 영원화이며 계시"로서 죽음의 극복이라 할 수 있다.[74] 이런 의미에서 그리스도인의 구원과 부활은 죽음으로부터의 구원이고 부활이며 하나님과 자신 그리고 이웃과의 새로운 관계를 위해 해방되는 것을 뜻한다고 할 수 있다. 아울러 죽음으로부터의 구원은 삶의 자유일 뿐만 아니라 죽음의 자유를 뜻하기도 한다. 바울의 고백대로, 그리스도인들은 살아도 그리스도를 위해 살고 죽어도 그리스도를 위해 죽을 수 있는 자유인이라 할 수 있다(참조. 롬 14 : 8). 이런 의미에서 살 수 없는 사람은 죽을 수도 없다고 말할 수 있다.[75] 그러므로 그리스도인은 삶을 대할 때 죽음을 준비하는 소극적 과정으로 생각해서는 안 될 것이다. 윙엘의 해석은 그리스도인이 '죽음의 기예가'가 아니라 '삶의 기예가'임을 교훈하는 것이라 할 수 있지 않을까?

4. 포그리믈러(Herbert Vogrimler, 1929-2014)의 죽음 이해

1) 자연적 죽음에 대한 성찰

앞 장에서 살펴본 대로 라너가 20세기 전반기와 중반기에 걸쳐 가톨릭의 죽음의 신학을 깊이 사유했다면, 20세기 후반기의 가톨릭의 죽음의 신학은 포그리믈러에 의해 포괄적으로 고찰되었다. 포그리믈러는 근대 이후 두드러지게 부상한 자연적인 죽음에 대해 깊이 고찰한다. 그는 기독교 신학이 죽음을 파악하는 데 있어서 자연적 죽음을 수용할 것과 기독교 교리를 비판하는 근현대 사상가들의 주장을 경청하고 깊이 고려해야 할 것을 제안한다. 포그리믈러는 유명한 포이어바흐(Ludwich Feuerbach, 1804-1872)와 사회학자인 베르너 훅스(Werner Fuchs)의 비판들을 고찰한다.

먼저 포그리믈러는 성경과 신학의 입장에서 볼 때조차 포이어바흐가 제기한 자연적 죽음을 적극적으로 평가할 수 있다고 생각한다.[76] 포이어바흐가 주장하듯이 이 세상에서 충만한 삶을 살다가 생물학적으로 맞이하는 죽음은 성경의 죽음 이해와 부합한다는 것이다. 포이어바흐의 견해는 죽음 이후의 피안 세계에 대한 이기적이고 개인주의적인 구원관에 사로잡혀 이 세상에 도사리고 있는 무수한 악과 고통과 재앙 등의 불행 요인들을 찾아 제거하기보다 하나님의 섭리나 속죄에 돌리는 그릇된 이해를 정당하게 비판하고 있다. 포이어바흐나 마르크스(Karl Marx, 1818-1883)와 같은 무신론자들의 비판은 그리스도인들로 하여금 자신을 성찰하고 죽음 앞에서 인간다운 삶에 대한 새로운 자세를 정립하는 데 기여했다.

포그리믈러는 기독교 죽음 이해에 대한 훅스의 비판과 자연적 죽음 이해에는 기독교인들도 진지하게 숙고하고 수용해야 할 중요한 내용이 있다고 생각한다.[77] 물론 그리스도인들이 죽음을 순전히 생물학적인 종말로 보는 입장에 전적으로 동의할 수는 없지만 경청하고 수용해야 할 점들도 있다는 것이다. 훅스 역시 한편으로는 인간 생명의 무상함을 외치고 다른 한편으로는 죽음의 공포를 조장하는 교회와 기독교 신학자들을 비판한다. 훅스에 따르면 죽음 이후에 따라오는 지옥과 심판의 표상이 아니라 생물학적 생명 과정의 종언을 의미하는 자연적 죽음의 표상을 강력하게 요청할 필요가 있다. 물론 모든 자연적 죽음을 비판 없이 수용할 수는 없다. 예컨대 사회적 약자들에게 닥치기 쉬운 폭력과 질병 또는 재앙으로 말미암은 때 이른 죽음은 신앙의 이름으로 또는 신학적으로 정당화될 수 없다는 훅스의 주장은 중요하다. 또한 훅스가 삶 속에서 미리 맛보게 되는 사회적 죽음이나 무의미한 죽음을 환기시키는 점도 경청할 필요가 있다.

그러나 포그리믈러는 자연적 죽음 이해가 지닌 문제점에 대해서도 눈을 감지 않는다. 즉, 자연적 죽음 이해가 전쟁 같은 인재나 기아, 질병, 그리고 지진 등의 천재지변으로 생기는 때 이른 무의미한 죽음이나 폭력적 죽음에 대해 비판하고 대항할 수 있는 전망을 열어 주는 기능도 하지만 죽음 자체와의 화해를 해결해 줄 수 없다는 한계 또한 분명히 직시할 필요가 있다.[78] 즉, 죽음의 문제를 삶의 자유와 해방의 문제로 축소하는 근대의 자연적 죽음 이해로만은 충분하지 않다는 것이다. 현세의 삶의 긍정적 체험이 죽음을 초극하는 희망을 가져다줄 수 있는 삶의 의미 체험을 막을 수도 있기 때문이다. 포그리믈러는 자연적 죽음 이해의 적극적인 측면을 수용하면서도 그 한계를 직시하는 가운데 기독교 신앙의 죽음이 지닌 깊은 의미를 다음과 같은 명제로 표현한다 : "죽음 뒤의 생명에 대한 신앙 없이 죽음 앞에서의 생명이란 없다."[79]

2) 성경의 죽음 이해

성경의 죽음 이해에 대한 포그리믈러의 고찰에 의하면 이스라엘에서 그리스의 죽음의 형이상학이나 존재론 같은 것은 매우 낯설다. 구약성서에서 이스라엘은 죽음에 대해 그다지 커다란 관심을 보이지 않고 죽음에 대한 관심조차 하나님과의 교제에 의해 좌우되었다. 한편으로는 하나님과의 교제 안에서 노년까지 주어진 수명을 다 누리고 죽는 이상적인 삶과 죽음에 대한 묘사도 나타나고, 다른 한편으로는 질병이나 사고로 인한 때 이른 죽음이나 객사와 같은 부정적인 의미의 죽음에 대한 인식도 나타난다. 후자와 관련해서 "불가항력적 죽음의 세력"에 대한 인식도 등장한다. 이스라엘 초기 역사 가운데 이스라엘 주변 세계에서 나타나는 사후 세계의 표상은 나타나지 않는다.[80]

그러나 이스라엘의 후기 사유 단계에 이르러 죽음에 대한 예민한 인식이 두드러지게 나타난다. 죽음을 전반적으로 불행한 현실로 이해하는 경향이 커지고 있다. 너무 짧게 느껴지는 죽음은 하나님과의 관계가 파멸되는 부정의 현실로 인정되고 있다.[81] 시편을 보면 인간의 곤경 속에서의 탄원 기도와 죽음의 상황에 처해 하나님을 향한 애절한 호소가 자주 등장한다. 죽음은 그저 수용해야 할 긍정의 현실이 아니라 바꾸어 달라고 간청해야 할 부정의 현실로 이해되고 있다. 이른바 죽은 자의 세계로 일컬어지는 '스올'과 관련된 표상들을 중심으로 죽음에 대한 부정적 인식이 두드러지게 표현되고 있다. 스올은 하나님의 다스림을 받지 못하는 죽음의 영역으로 묘사되고 있다.

포그리믈러에 따르면 지혜문학에서 헬라적인 영혼 표상은 드물게 등장하지만 스올에 대한 표상들과 결합되고 있다고 한다. 동시에 영혼 표상을 부정하는 대목도 나타난다.[82] 포그리믈러는 영혼과 관련해서 히브리적인 표상과 헬라적인 표상을 예리하게 대립시키는 입장은 구약성서의 본연의 죽음의 신학을 위해 아무런 도움이 되지 않는다고 주장한다.[83] 하나님을 신실하게 따랐던 의인들은 죽음 속에서도 하나님과의 교제를 지속한다는 죽음을 초극하는 희망이 구약성서의 후기 단계에 속하는 묵시문학에 이르러서 죽은 자들의 부활에 대한 희망으로 나타난다(참조. 사 26 : 13-19 ; 겔 37 : 1-14 ; 호 6 : 1-3 ; 단 12 : 1-2).

신약성서는 구약성서의 죽음 이해를 심화하고 있다. 포그리믈러는 "죽음에 대한 예수의 견해"와 예수가 "자신의 죽음에 부여했던 의미"를 구별한다. 예수는 구약 이스라엘 사람들이 생각한 것처럼 하나님은 죽은 뒤에도 신실한 사람들과 삶의 교제를 지속한다고 생각했을 뿐 아니라 죽은 자들의 부활을 확신했다(마 8 : 11).[84] 주목할 점은 신약성서의 그리스도인들은 삶과 죽음에 대한 이중적인 견해를 지니고 있었다는 것이다. 말하자면 삶과 죽음을 단지 생물학적으로만 생각하지 않았다는 것이다. 물론 생물학적인 죽음을 소홀히 여기지는 않았다. 그들은 단지 생물학적인 종말로서의 죽음뿐만 아니라 영적 죽음, 곧 하나님의 은총을 상실하고 성령의 결핍을 뜻하는 "죄악 속에서의 삶"을 함께 생각했다. 이에 반해 생명은 단순히 생물학적인 삶이 아니라 하나님의 뜻과 성령에 일치하는 삶의 양식을 뜻한다. 그들은 생물학적인 죽음이 아니라 신앙 안에서 이루어지는 영적인 죽음을 통한 새로운 생명을 추구했다. 새로운 생명은 이미 생물학적인 죽음의 경계선의 이쪽에서 시작된다.[85]

특별히 바울은 삶과 죽음에 대한 체계적인 신학적 이해를 제공했다. 그는 예수의 부활을 신학의 기반으로 삼았는데, 그리스도인뿐만 아니라 그리스도인이 아닌 사람들을 위해서도 "죽음을 넘어서는 희망의 기반"으로 삼았다. 그는 죽음을 극복될 부정의 현실로 생각한다.[86]

3) 예수 그리스도의 죽음

포그리믈러는 현대의 여러 대표적인 신학자들의 해석을 비평하는 방식으로 예수의 죽음이 우리의 죽음을 위해 지닌 의미를 해명한다. 예수의 죽음에 대한 그의 성찰에서 무엇보다 주목할 가치가 있는 점은, 예수의 죽음을 속죄와 희생 제물로 파악하는 전통적인 표상이 담고 있는 본질을 하나님의 사랑이라는 근본 명제에 기초해서 더욱더 심오하게 밝히는 데 있다. 그는 예수가 복음서에서 자신의 죽음을 많은 사람들을 위한 대리 속죄의 죽음으로 받아들인 것을 인정하는 가운데, 예수의 죽음이 죄인에게 제공된 하나님의 무조건적인 은총이 드러난 사랑의 죽음이라는 점을 강조한다. 이런 점에서 안셀무스의 만족설이 담고 있는 하나님의 분노 또는 신적 위엄(명예)의 손상이나 속죄의 보상을 통한 화해라는 생각은 불필요하다고 본다. 이런 주장을 뒷받침하는 논리는 이렇다. 곧, 하나님의 사랑이 예수의 죽음을 통해 증명되었다기보다는 오히려 하나님의 사랑이 예수로 하여금 기꺼이 죽음을 받아들이게 한 것으로 보는 것이 더욱 타당하다는 것이다. 달리 말하면 예수의 자발적 죽음이 하나님의 사랑에 대한 철저한 순종의 응답이라는 점을 강조해야 한다는 것이다. 그래서 "예수의 죽음 속에서 단순히 하나님으로부터 요청된 속죄의 죽음 내지 대속의 죽음을 보려는 해석 양식은 거부되어야 할 것이다."[87]

포그리믈러는 나아가 라너나 쉴레벡스(Edward Schillebeeckx, 1914 – 2009)가 펼친 생각들을 붙들고 씨름하는 방식으로 전통적인 속죄론을 보충하고자 한다. 라너의 해석이 강조하듯이, 예수의 삶과 죽음에서 하나님의 구원의 의지와 사랑의 의지가 구체적이고도 역사적이며 능가될 수 없을 정도로 드러나고 있다는 점을 더욱 부각하는 것이 중요하다.[88] 쉴레벡스는 예수의 죽음이 예수의 극단적인 사랑의 삶의 내적 귀결이라고 해석한 바가 있다. 좀 더 상세하게 말하면 예수의 죽음은 그의 무조건적 사랑에 대해 속죄양 의식에 사로잡힌 인간들이 폭력적으로 대응함으로써 야기된 것으로 볼 수 있다.[89] 폰 발타사르(Hans Urs von Balthasar, 1905-1988)와 몰트만의 신학적 성찰도 비슷한 방향을 지향한다고 할 수 있다. 두 사람 모두 예수의 죽음을 하나님이 타자에게서(am anderen) 함께 겪는, 곧 하나님이 당신 자신을 계시하신 사람에게서 함께 겪는 죽음으로 이해할 수 있다는 점을 주목하고 있다.[90]

마지막으로 포그리믈러는 윙엘의 주장, 곧 전통적인 '형벌 죽음' 개념을 피하고 '저주 죽음'을 고려해야 할 필요가 있다는 주장을 부각한다. 하나님이 형벌을 준다는 생각은 하나님의 계시에 적합하지 않다. 저주 죽음은 하나님이 가하는 벌이라기보다는 오히려 인간이 자신을 거슬러 가하는 벌이라는 의미로 파악할 수 있고, 이런 의미에서의 저주 죽음이라는 생각이 타당하다는 해석이다.[91] 예수의 죽음은 바로 이 저주 죽음의 극복이라 할 수 있다. 아울러 윙엘이 계승하는 루터의 신학에서 예수의 죽음 안에서 하나님의 죽음이라는 매우 대담한 생각에 주목할 필요가 있을 것이다. 곧, 하나님과 예수의 일치성에 기초해서 하나님이 친히 죽음을 견디어 내셨다는 생각은 예수의 죽음 속에서 사랑과 파멸이라는 상반되는 요소의 충돌을 통해 하나님이 죽음의 승리자로서 새로운 생명을 가능하게 하셨다는 점을 표현해 준다.[92]

4) 완성을 향한 희망으로서의 죽음

포그리믈러는, 라너와 마찬가지로, 앞서 살핀 바와 같이 바르트나 쿨만이나 윙엘 등의 개신교 죽음의 신학에서 두드러지게 나타나는 죽음 이후의 이른바 중간 상태에 대한 과격한 부정을 해소하고 싶어 한다. 포그리믈러가 보기에 종교개혁의 유산을 물려받은 개신교 죽음의 신학은 죽음 이전의 상태와 죽음 이후의 상태 사이에 연속성이 있다는 생각을 철저하게 배격한다. 개신교 죽음의 신학은 죽음 이후에 완성될 그 무엇인가가 인간 안에 있다는 생각을 도무지 용납하지 않는다. 개신교 죽음의 신학에서 그리스도인이 자신의 삶의 완성을 위해 무엇을 할 수 있는지 또 죽음 뒤의 인간의 완성이 어떻게 이루어질 것인가 하는 문제에 대한 생각이 간과되고 있다.

그렇다면 죽음을 삶의 완성으로 이해하고 또 죽음 뒤의 인간의 완성에 대한 신학적 전망을 어떻게 전개할 수 있을까? 포그리믈러는 라너, 보로스, 그레사케, 게르하르트 로핑크 등의 가톨릭 신학자들의 죽음의 신학을 성찰하면서 그 대답을 모색한다. 이 신학자들의 죽음의 신학을 관통하는 사상은 개인의 죽음을 하나님 안에서 역사와 우주의 완성의 전망과 결합하는 것이다. 한 개인은 전인(全人)으로서 이 세상에서의 자신의 삶과 완전히 단절된 죽음을 맞이하는 것이 아니라 자신의 전체 삶과 인격적 세계를 포함하는 전체 역사와 함께 하나님을 만나게 된다. 하나님과의 만남은 당연히 심판과 사랑으로 체험될 것이다. 개인의 죽음을 하나님과의 궁극적 만남으로 해석하면서도 세계사적이고 우주적인 전망을 함께 제시하는 이런 관점은 전체적으로 성경이 증언하는 바에 부합할 뿐만 아니라 오늘날의 생명의 희망에 대한 올바른 전망을 제시해 준다고 평가할 수 있을 것이다.[93]

대체로 종교개혁 전통을 계승하는 개신교 신학자들이 충분히 강조한 바와 같이 죽음은 죄의 결과로서든지 아니든지 단절과 파괴로, 곧 부정적으로 체험되는 것이 분명하다. 동시에 죽음은 하나님과의 만남으로서 완성을 지향하는 희망으로도 체험될 것이다. 실제로 죽음에 직면한 많은 사람들 앞에는 희망과 절망이라는 두 가지 가능성이 놓여 있다. 그러나 그리스도와 함께 죽는 그리스도인은 죽음조차도 하나님과의 사랑의 연대를 갈라놓을 수 없는 체험을 희망해도 좋을 것이다. 이것을 달리 표현해서 죽음을 넘어서는 희망이라 할 수 있다. 그러나 그 희망은 이미 현세에서 시작된다. 예수께서 가난하고 병들고 고통당해 슬퍼하는 사람들을 향해 '정신적으로'뿐만 아니라 행동으로 헌신한 것은 결코 죽음 뒤의 보상을 가르치기 위함이 아니었다.[94] 이런 의미에서 죽음에 대한 성찰은 자유와 정의와 화해를 통해 선포되고 이룩되는 하나님의 다스림, 곧 하나님 나라 신학을 위해 필수불가결한 요소라 할 수 있을 것이다.

5. 평가

20세기 후반기의 기독교의 죽음 이해를 개신교 쪽에서는 몰트만과 윙엘, 그리고 가톨릭 쪽에서는 포그리믈러를 중심으로 살펴보았다. 세 신학자 모두에게 있어서 그리스도의 죽음이라는 신학의 주제는 삶과 죽음의 문제를 깊이 숙고하게 하는 신학의 매개가 되고 있다. 전반적으로 헤겔과 니체의 비판적 통찰과 자극이 20세기 전반기뿐만 아니라 이 시대의 십자가 신학에 커다란 영향을 미친 것으로 볼 수 있다. 20세기 후반기의 신학자들은 예수 그리스도의 죽음, 그리고 죽음의 부정성과 정의를 신학적으로 깊이 숙고하는 십자가의 신학을 전개함으로써 삶과 죽음에 대한 변증법적 통찰을 제시한 것으로 평가할 수 있을 것이다. 이런 통찰은 죽음 이후의 삶에 대한 형이상학보다는 오히려 이 세상의 생명이 직면하고 있는 죽음의 현실과 정의에 대한 더욱 민감한 인식을 고무시킨다고 할 수 있다.

The dialectic of life and death

The dialectic of life and death

4부

그리스도의 죽음,

그리고 죽음의 부정성과 정의(正義)에 비추어 본

한국인의 삶과 죽음 이해

9장 한국 전통 사회의 삶과 죽음 이해 : 유교, 불교 그리고 무속을 중심으로

I. 현세 중심적 생사관

한국 사회는 역사적으로 여러 다양한 전승들, 특히 무속과 불교와 유교가 융합된 채 삶과 죽음에 대한 나름대로의 고유한 이해와 태도를 전개해 온 것으로 평가할 수 있다. 우리의 전통 사회에서 유교와 불교와 무속은 더불어 영향을 주고받으면서 사회와 문화의 기층을 형성해 왔으리라는 점은 쉽사리 추측할 수 있다. 그런데 오늘날 한국 사회의 죽음에 대한 이해와 태도를 파악하는 데 있어서 과연 전통사회의 종교들인 유교, 불교, 그리고 무속의 이해가 실제로 얼마나 도움이 될까? 현대 한국 사회는 전통 사회와 너무나도 다르게 많이 변화되지 않았는가? 그러나 그럼에도 불구하고 무속, 불교, 그리고 유교의 중층적으로 융합된 사유가 여전히 오늘날 한국 사회의 의식의 토대를 이루고 있다고 볼 수 있다.

　한국 사람들의 삶과 죽음 이해에 관한 책들을 보면 공통적으로 확인되는 주장이 있다. 유교, 불교, 그리고 무속 가운데 어떤 종교의 영향을 받았든지 한국 사람들은 전반적으로 지극히 현세의 삶을 중심으로 생각하고 죽음을 부정하는 경향을 보인다는 것이다. "개똥밭에 굴러도 이승이 저승보다 낫다."는 유명한 속담이 이를 뒷받침해 준다. 그렇다면 한국 사람들의 현세지향적인 삶과 죽음 이해와 그러한 태도의 성격은 구체적으로 어떻게 나타날까? 한국 사람들이 삶과 죽음을 실제로 어떻게 이해하고 받아들였는지를 구체적인 연구들을 검토함으로써 살펴볼 필요가 있다.

　한국 사람들의 의식의 토대를 이루고 있는 유교, 불교, 그리고 무속이 가지는 삶과 죽음에 대한 전형적인 이해와 태도를 파악하기 위해서는 각각의 주된 특징들을 살펴보는 것이 중요하다. 그래서 필자는 앞서 제시한 논제를 고려하면서 세 가지 격자를 사용해서 한국 전통사회에 커다란 영향을 미친 유교, 불교, 그리고 무속의 삶과 죽음 이해와 태도를 조명해 보려고 한다. 삶과 죽음의 관계, 내세 또는 저승, 그리고 죽음 의례 등의 것들 말이다. 과연 이 세 가지 격자를 통해서 파악되는 한국 사람들의 현세 중심적 생사관의 성격은 무엇일까? 이제 이 세 가지 격자에 더해서 한국사회의 생사관에 대한 하나의 문제 제기 영역으로서 죽음의 기원에 대한 관심을 고찰할 것이다.

2. 한국 사회 현세 중심적 생사관의 구조와 성격

한국 사회 안에는 유교, 불교, 그리고 무속의 생사관 외에도 다양한 생사관들이 공존하고 있다. 범신론적 세계관에 기초한 생사관, 무속의 생사관, 불교의 생사관, 도교의 생사관, 유교의 생사관, 기독교의 생사관, 그리고 자연적인 생사관 등이 공존하고 있다고 할 수 있다. 이렇게 다양한 전통의 중층적이고 복합적인 구조로 이루어진 한국 사회의 생사관을 규명하려는 연구들은 이론 연구뿐만 아니라 실증 연구까지 포함해서 그동안 많이 이루어져 왔다.[1] 한국 사회의 생사관이 현세 중심적이라는 평가는 거의 모든 연구에서 공통적으로 일치된다고 할 수 있을 것이다. 그렇다면 현세 중심적인 삶과 죽음 이해와 태도의 구조와 성격을 좀 더 상세하게 분석할 필요가 있다. 위에서 제시한 세 가지 격자를 통해 현세 중심성의 구조와 성격을 파악해 보자.

1) 삶과 죽음의 관계에서의 현세 중심성

여러 다양한 종교적 사유와 실천의 전승들이 복합적이고 중층적으로 공존하지만, 전반적으로 한국 사람들의 삶과 죽음에 대한 태도는 지극히 현세 중심적, 현세 지향적이라는 평가를 대체로 받아들일 수 있다. 한국 사회는 확실히 현세 지향적인 삶을 매우 중요하게 생각하는 듯하다. 그에 반해 죽음에 대해서는 매우 부정적인 인식과 태도를 보인다. 그래서 한국인들에게는 삶이 죽음을 위해서 존재한다기보다 오히려 죽음이 삶을 위해 존재하는 것처럼 보인다는 평가가 나온다고 할 수 있다.[2] 이렇게 한국 사회 구성원들의 의식에는 삶과 죽음을 대하는 태도에서 심한 불균형이 존재하는 듯하다.

먼저 유교의 생사관을 살펴보자. 유교는 공자의 시대부터 그 전체 성격에 있어서 현세 중심적 삶과 죽음의 이해와 태도를 뚜렷하게 보여 주는 전통이라 할 수 있을 것이다. 물론 좀 더 균형과 조화의 측면을 강조하는 해석도 있다. 유교의 경전들 가운데 하나로서 동아시아 사유의 원형으로 여겨지는 『주역』에서는 삶과 죽음을 말할 때, 그 둘의 관계를 동일성을 바탕으로 하여 '적대적 대립'을 강조하는 서구의 변증법과는 달리, 동시성을 바탕으로 하는 '대립을 통한 생성·변화와 조화'의 관점에서 이해하고 있다는 점에서 균형과 조화를 강조한다고 할 수 있다.[3] 그럼에도 불구하고 유교가 전체적으로 현세의 삶을 중심에 두고 죽음을 윤리적으로 접근하면서 죽음에 대한 형이상학적 설명에는 비교적 무관심하다는 점을 부인하기는 어려운 듯하다.

이와 관련해서 『논어』에 나오는 공자의 말은 너무나도 잘 알려져 있어서 또 거론하기가 식상할 정도라 하겠다. 어느 날 제자인 자로(子路)가 공자에게 귀신 섬기는 법을 물었다. 공자가 대답하기를 "사람도 잘 섬기지 못하는데 어찌 귀신을 섬기겠느냐?"라고 했다. 자로가 다시 물었다. "죽음에 대해 묻습니다." 공자가 다시 대답한다 : "삶도 아직 다 모르는데 어찌 죽음을 말하겠느냐?"(『論語』, 「先進」편) 공자와 자로 사이의 이 대화는 유교의 삶과 죽음에 대한 이해와 태도를 단적으로 보여 주는 사례라 할 수 있다. 공자의 대답에서 드러나듯이 유교는 죽음보다 현세의 삶을 먼저 귀하게 여긴다. 하지만 그렇다고 해서 유교가 죽음을 가벼이 여기거나 회피하면서 삶에만 집착할 것을 가르친다고 할 수는 없다. 오히려 공자의 말은 삶을 허무하게 여기면서 죽음 자체에 몰두하기보다는 죽음을 철저하게 삶의 관점에서 사유하면서 삶의 문제와 연관해서 이해하려는 태도의 표현이라고 할 수 있을 것이다.

위에서 언급한 공자와 자로의 대화가 이른바 선진 유학에 나타난 죽음의 태도에 대한 윤리적 성격을 잘 보여 준다면, 송나라 이후 형성된 성리학은 불교와의 통섭을 통해서 죽음에 대한 선진 유학의 도덕적 접근을 유지하면서도 동시에 선진 유학에 비해 죽음의 형이상학적 차원에 대해서도 진지하게 접근하고 있다. 그래서인지 혹자는 선진 유학과 달리 생사의 문제가 성리학의 목적이라고 주장하기도 한다. 성리학은 삶과 죽음을 이기론(理氣論)에 기초하여 설명한다. 물론 성리학에는 '기' 일원론적 생사 이해도 있지만 삶과 죽음을 '이'와 '기'라는 두 원리의 작용으로 이해하는 사유의 흐름이 더 큰 영향력을 발휘했다. 생명은 '이'와 '기'의 복합체로 이해할 수 있는데 여기서 '이'는 생명의 도덕적 원리로 간주할 수 있다. 그래서 '이'가 결여된 생명은 도덕성을 결여하고 있는 '기'만의 형체를 지닌 생명이며 그것만으로는 결코 온전한 의미의 생명이라고 할 수 없다. 생명의 본질인 도덕성을 결핍한 채 단지 형체인 신체만으로 존재하는 생명은 진정한 생명이 아니라 이미 죽은 생명과 다름없다고 생각하는 것이다. 거꾸로 생각해서 어떤 생명이 도덕성을 실현하고 완성한다면 신체는 죽어도 그의 삶은 반드시 무의미하게 죽는 것은 아니라는 뜻으로 해석할 수도 있다.[4]

위와 같은 성리학의 생사 이해로 인해, 유교가 죽음에 관심을 기울이지 않고 죽음을 사유하지 않으며 오직 삶의 문제에만 집중한다는 평가는 오해에 불과하다고 주장되기도 한다.[5] 유교가 죽음의 실재에 대한 사변적인 형이상학에 별로 관심을 기울이지 않는 것은 맞지만 언제나 죽음을 삶의 문제에 비추어 성찰한다는 이유로 죽음에 관심을 기울이지 않는다는 평가는 옳지 않다는 것이다. 실제로 유교의 고전인 『좌전』과 『예기』에서도 죽음을 다루고 있고, 또 공자와 맹자를 포함한 주요 유가 사상가들, 곧 왕충, 자산, 주희, 왕양명 등 수많은 사상가들이 모두 죽음의 문제에 관심을 기울이고 있다. 유가의 주요 사상가들은 죽음에 대한 사유가 중요한 사상적 주제들 가운데 하나라고 해도 과언이 아닐 정도로 죽음에 대해 깊이 사유하고 있다. 심지어 그들 가운데는 죽음 이후의 생명, 곧 혼백과 귀신 등의 존재 양상을 이론적으로 설명하려는 관심을 가진 경우도 없지 않다고 한다.[6] 그러나 유교 사상가들은 죽음을 언제나 삶의 문제를 해결하고자 하는 관심의 일환으로 주제화한다는 점도 잊어서는 안 된다는 점을 강조한다. 이렇게 볼 때 유교는 전반적으로 죽음 이후의 현실보다는 현세의 생명과 도덕적인 삶에 더욱 치중한다고 평가해야 할 것이다.

유교의 생사 이해에서 드러나는 또 다른 특징은 자연적인 접근과 더불어 두드러진 가치론적인 접근에 대한 강조를 들 수 있다. 송나라 시대 성리학을 체계화한 주희(朱熹)를 대표적인 경우로 볼 수 있다. 그는 생사 문제가 자연의 문제, 오늘의 언어로 생물-물리의 문제가 아니라 가치의 문제, 곧 윤리의 문제라는 점을 강조한다. 노장 사상에서 더욱 두드러지기도 하지만 성리학에서도 삶과 죽음을 '기'의 모임과 흩어짐(聚散)이라는 자연적 사실로 설명한다. 그러나 동시에 삶과 죽음은 형체의 존재·부재 양상인 '기'의 취산을 넘어서는 도덕적 가치의 문제이기도 하다. 즉, 유교의 죽음에 대한 사유에 있어서 도덕적 이해가 요체라 할 수 있다. 주희는 유교의 바로 이런 도덕적 성격을 도교나 불교와 다른 것으로 구별한다. 생명을 '기'의 취산이라는 자연적인 사실로만 설명하는 것은 충분하지 않다는 것이다. 생명의 도덕적인 의미를 배제하고 자연적인 사실만을 생각해서는 충분하지 않다는 것이다. 죽음에 대한 이해의 과제 역시 생명의 도덕적 가치를 성찰하는 데 있는 것이다. 주희가 도교와 불교를 비판한 점도 바로 생명의 가치 탐구에 소홀했던 것에 있다고 할 수 있다. 주희는 생사의 자연적 사실에만 초점을 맞추게 되면 죽음에 대한 이해가 결국 삶을 위한 사유가 되고 죽음이 생명의 가치 주제라는 온전한 의미를 놓쳐 버릴 수 있다고 본 것이다.[7]

도덕의 가치를 중요하게 생각하는 유교의 생사 이해와 관련해서 중요한 생각은 현세 지향적인 불멸 이해이다. 물론 유교에는 영혼 불멸의 관념이 존재하지 않는다. 그러나 삼불후(三不朽)라 불리는 유교만의 고유한 불멸 관념이 있다.[8] 이 고유한 개념은 『춘추좌전』에서 등장하고 있는데 현세의 생명을 평가하는 데 있어서 매우 중요하게 여겨지는 것으로서 덕을 실천하고(立德) 공적을 이루고(立功), 작품을 남기는(立言) 것을 가리킨다. '불후'(不朽)라는 개념은 자연 생명의 불사가 아니라 사후의 사회적·정신적 불멸을 의미하는 것으로 죽음을 초월한 생사연속이라는 유교 생사관의 핵심으로 평가되기도 한다.[9] 비록 육신은 죽었으나 현세의 도덕적이고 정신적인 삶이 죽음 이후에도 계속 남아 산 사람들에게 영향을 미친다는 의미에서 죽음은 생명의 단순한 종착점이 아니고 삶의 연장이라고 볼 수도 있을 듯하다.

유교의 삶과 죽음 이해에 있어서 또 하나 주목해야 할 점은, 현세 중심의 사유를 펼치는 가운데 유가들이 때로 삶 속에 도사린 죽음에 대한 예민한 탄식을 보여 주기도 한다는 것이다. 예컨대, 『논어』에서 그런 사례를 확인할 수 있다. 공자는 제자 백우(伯牛)가 몹쓸 병에 걸려 죽음을 앞에 두고 있을 때 문병을 간다. 그리고 남쪽 창문을 통해 그의 손을 잡고는 "이런 병에 걸릴 리가 없는데 명(命)인가 보다. 이런 사람이 이런 병에 걸리다니! 이런 사람이 이런 병에 걸리다니!"(「雍也」편)라고 말했다. 또 다른 비슷한 사례가 『예기』(禮記)에도 나온다. 거기서 공자는 제자 가운데 하나인 자로(子路)의 부조리한 죽음 앞에서 슬피 곡(哭)하는 모습을 보여 주고 있다(「檀弓上」편).

나아가 『춘추공양전』에서 공자의 인식이 공적으로 확대되는 것을 확인할 수 있다. 백가가 쟁명하는 춘추전국 시대에 전쟁을 통한 살육은 국토의 황폐화를 가져왔다. 뿐만 아니라 나아가 성이 포위되었을 때 자식을 서로 바꾸어 잡아먹고 그 뼈를 꺾어 불을 때는 참상과 야만적인 행위가 다반사였을 것이다. 그 시대는 권력 다툼으로 아비가 자식을 버리고 자식이 아비를 버리며 형제 간에 칼을 들이대는 비극과 폭력이 이어지고, 눈만 돌리면 시체가 널부러져 있는, 그야말로 아비규환의 시대였음을 어렵지 않게 추론할 수 있다. 폭력과 죽음이 반복되는 현실에서 한 개인의 죽음에 대한 의미 추구나 수많은 희생자들의 영혼의 운명에 대한 형이상학적 사변에 대한 회의들이 일어났을 것이다. 유가들은 죄 없는 백성들이 그저 하늘을 원망하며 운명을 한탄하며 죽어 갈 뿐인 현실에서 단지 죽음을 해석하고 의미를 부여하는 것이 날마다 일어나는 현실 속 참상의 반복을 막아 주지 못한다는 점을 깊이 성찰했을 것이다.[10]

마지막으로 유교의 생사 이해에서 주목해야 할 점은 삶 속에 도사린 죽음을 극복하려는 노력을 보여 준다는 것이다. 다시 말하면 유교는 죽음을 야기하는 현세의 모순을 예민하게 인식한다는 뜻이다. 특별히 억울한 죽음에 대해 예민하게 생각하고 있다. 원통한 생명(귀신)의 출현과 호소에 대한 깊은 관심이 특별히 무속에서 더 예민하게 인식되고 있지만 유교에서도 나타난다. 한편 유교에서 이런 현상은 이 세상에서 결여된 정의와 평등을 갈구하는 요청으로 이해될 수도 있다고 해석되기도 한다.

> 그러나 귀신은 인간으로서 충족시켜야 할 최소한의 욕망마저도 박탈당한 억울한 존재들이며, 공동체적 합의를 파괴하는 세력에 의해 희생된 자들이다. 그들의 왜곡되고 억눌린 욕망은 결국 사회적 차원의 무질서로 이어질 가능성이 있다고 믿어졌다. 결국 귀신의 회귀를 승인하는 상상력은 사람답게 살 수 있는 권리를 확보하기 위한 정의와 공정에의 요구와 일정한 연관이 있다고 이해할 수 있다.[11]

사실 유가의 시조인 공자의 등장 시기 자체가 태평세가 아닌 난세였던 점을 고려하면 유가의 현세 중심의 윤리적 접근을 더욱 더 쉽게 납득할 수 있다.

이제 불교의 생사 이해를 살펴볼 차례다. 불교는 유교와는 꽤 다른 이해의 양상을 보여 준다. 불교는 삶과 죽음에 대해 어떻게 이해할까? 불교는 삶과 죽음 자체를 실상에서 떠난 고통의 현실로 이해한다. 불교는 기본적으로 삶과 죽음을 동일한 현실에 속한 고통으로 보는 생사일여(生死一如)를 주장하고 있다. 따라서 불교에서는 삶과 죽음의 경계를 나누는 것 자체가 그다지 커다란 의미가 없는 듯하다. 그러나 불교는 죽음의 문제를 매우 진지하게 성찰한다. 불교에서 생사 문제는 궁극적 관심사라고 할 수 있다. 사실 불교의 이런 생사관은 붓다의 삶과 죽음에서 분명하게 확인된다. 석가모니 붓다가 출가한 동기가 바로 생로병사의 문제에 있었다. 아울러 그가 일생에 걸쳐 수행한 정진은 삶과 죽음에서의 해방을 의미하는 열반으로 완성되는 것이었다. 불교의 생사 이해는 윤회와 열반이라는 두 개념을 축으로 해서 움직인다고 할 수 있다. 윤회는 죽음과 재생이 반복되는 현실을 가리키고 열반이나 해탈은 삶과 죽음의 반복적인 그물망에서 벗어나는 것을 가리킨다. 따라서 불교의 삶과 죽음, 그리고 이 둘 사이의 관계에 대한 이해는 윤회와 열반이라는 두 개념 속에 다 담겨 있다고 해도 지나친 말은 아니다.

먼저 불교는 생사를 철저하게 윤회의 관점에서 이해한다. 불교의 생사 이해는 '생사윤회'라는 한 단어로 축약할 수 있을 듯하다. 이 네 한자어를 풀이하면 삶과 죽음은 윤회(samsara/輪廻)라는 고통의 현실 속에서 반복된다는 것이다. 윤회는 윤회전생 또는 생사유전으로 불리기도 한다.[12] 붓다는 뭇 생명(중생, 衆生)이 겪는 생사윤회를 강물이나 바닷물과도 비교할 수 없을 정도로 많은 눈물에 비유할 만큼 슬픔과 고통이 가득한 현실로 보고 있다. 뭇 생명이 처한 현실을 세 가지의 세계와 여섯 가지의 길로 나누는데 이를 가리켜 삼계(三界) 육도(六道)라고 한다. 좀 더 자세하게 설명하면 삼계란 번뇌와 지은 행위를 뜻하는 업(karma/業)으로 가득 찬 욕계(欲界), 색계(色界), 그리고 무색계(無色界)를 말하고, 육도란 지옥, 아귀(餓鬼), 축생(畜生), 아수라(阿修羅), 인간, 그리고 천신(天神)의 여섯 가지 존재 양상을 말한다.[13]

윤회설에 따르면 뭇 생명은 생사윤회에서 해탈하지 못하면 생과 사, 그리고 재생(再生)과 재사(再死)의 고통스러운 현실을 반복할 수밖에 없다고 한다. 삶이 끝나면 죽음이 시작되고 죽음 이후에는 다시 삶이 시작된다. 부파불교(剖破佛敎)에서는 생명의 존재 양상을 네 가지(四有)로 구분한다. 곧 생명이 결성되는 찰나의 존재를 생유(生有)라 하고, 임종 직전까지의 존재 양상을 본유(本有)라 하며, 임종하는 찰나의 존재 양상을 사유(死有)라 하고, 마지막으로 다시 생명이 결성되는 생유 이전까지의 존재 양상을 중유(中有) 또는 중음(中陰)이라 한다. 그러니까 생은 생유와 본유를 합한 것이고 임종과 죽음은 생과 재생 사이의 경계를 나누어 주는 생명의 양상으로 사유라 할 수 있다.

불교에서는 출생을 태생(胎生), 난생(卵生), 습생(濕生), 그리고 화생(化生) 등 넷으로 나누는데 이를 가리켜 사생(四生)이라고 한다. 인간과 짐승은 태생, 조류는 난생, 파충류들은 습생, 그리고 자신의 업력에 의해 만들어진 존재인 천인이나 지옥의 중생들은 화생을 통해 태어난다고 한다. 흥미로운 점은 사생 가운데 가장 흔한 출생이 화생이라는 점이다. 또한 앞서 육도를 사생에 배치하고 있다. 곧 인간은 태생이고, 아귀는 태생과 화생이 있고, 천신과 지옥의 중생과 중유는 화생이며, 축생은 태생과 난생과 습생이라고 한다. 출생을 결정하는 것으로 생의 업이 중요한 듯하다. 그런데 업을 숙명론이나 운명론으로 오해해서는 안 된다고 한다. 현세의 삶은 생사윤회를 거치며 지은 업에 의해 영향을 받고 있다. 업이 일단 형성된 뒤에는 업보를 초래할 수밖에 없지만, 업을 지은 사람의 노력에 따라 예상되는 결과를 변화시킬 수는 있다고 한다. 생의 업을 중시한다는 점에서 불교의 생사관을 현세 중심이라고 평가할 수 있다.

또 임종의 순간에 따라 죽음의 종류를 나누고 있다. 임종의 순간에 임종자의 마음 또는 의식이 중요하다. 임종 때의 마음 자세가 내생에 결정적인 영향을 미친다고 한다. 말하자면 착한 마음을 지니면 좋은 곳에 태어나고 나쁜 마음이면 삼악도(三惡道)로 재생한다는 것이다. 『잡아함경』에 다음과 같은 죽음의 정의가 나온다.

> 어떤 것을 죽음[死]이라고 하는가? 이러저러한 중생들이 이러저러한 종류로 사라지고, 옮기며, 몸이 무너지고, 수(壽)가 다하며, 따뜻한 기운이 떠나고, 명(命)이 소멸하여 음(陰)을 버릴 때가 이르면 이것을 죽음이라고 한다(「대정장」2, 85a).[14]

위의 정의는 성리학의 자연적인 정의나 오늘날의 생물학적인 정의 사이에 그다지 차이가 나지 않는 듯하다. 물론 죽음에 대한 자연적인 정의가 전부는 아니지만 말이다.

불교는 죽음을 어떻게 평가할까? 불교도 현실에서의 죽음 체험을 부정적인 것으로 보는 것 같다. 예컨대 붓다는 죽음을 맞이한 사람을 "도살되는 소"에 비유한다.[15] 삶의 쾌락에 탐닉하면서 죽는 줄도 모르는 사람을 도살될 운명을 맞을 소에 비유하는 것이다. 불교 경전에서는 죽을 운명 앞에 있는 중생을 떨어질 "익은 과일" 또는 깨지고 말 "질그릇" 등으로 비유하기도 한다. 잘 알려진 대로 불교에서 죽음은 가장 큰 고통이다.[16]

불교는 또한 죽음의 통제 능력(願力)에 따라 죽음의 종류를 상세하게 나누기도 한다. 붓다 등 성인은 죽음의 시기뿐만 아니라 다시 태어나지 않거나 태어나는 것을 스스로의 원력에 따라 통제할 수 있다고 한다. 반면에 죽음을 스스로 통제하지 못하는 뭇 생명들은 윤회전생을 반복하게 된다. 그리고 중유 또는 중음은 죽음과 재생 사이의 생명의 존재 양상인데 보통 칠 일마다의 생사의 반복으로 구성되고 최대 49일의 기간으로 설명하고 있다. 임종 시와 마찬가지로 중유 시의 마음가짐에 따라 재생의 성격이 결정된다.[17]

이제 생사윤회에서 해탈하는 열반을 고찰해 보자. 불교에서는 죽음이 결코 끝이 아니라고 가르친다. 자신이 지은 업에 따라 다시 태어나는 고통스러운 생사윤회에서 벗어난 상태, 곧 열반이 있다는 것이다. 그렇다면 열반이란 무엇인가? 열반은 생로병사의 고통으로부터의 피난처로 이해되는데 이 상태에서는 모든 욕망과 번뇌가 사라지게 된다. 그것은 생사가 적멸(寂滅)되는 즐거운 상태다. 불교에서는 열반이 허공에 있는 것도 아니고 바다 가운데에 있는 것도 아니며, 산과 돌 사이에 들어가는 것도 아니고 정해진 곳이 있는 것도 아니라고 가르친다. 초기 경전에서는 열반을 현세의 유위법(有爲法)과 대조해서 무위법(無爲法)이라고 정의하기도 한다. 무위법이란 탐욕이 완전히 없어지고 성냄과 어리석음이 영원히 사라지며, 일체 번뇌가 영원히 소멸하는 것을 뜻한다. 이런 의미에서 열반은 불교 수행의 궁극적 목적이자 종착점으로 간주될 수 있다. 다시 말해서 열반이야말로 불교가 생사 문제에 대해 주는 가장 완전한 해답이라 할 수 있다.[18]

그러면 열반에는 어떻게 이를 수 있을까? 열반은 수행을 통해서 이를 수 있다. 불교에서 열반에 이르기 위한 수행의 길 가운데 최고의 길은 팔정도(八正道)이다. 팔정도는 쾌락과 고통의 양 극단을 떠난 중도(中道)의 수행법이다. 그것은 바른 봄(正見), 바른 생각(正思), 바른 말(正語), 바른 행위(正業), 바른 생활(正命), 바른 노력(正精進), 바른 알아차림(正念), 바른 집중(正定) 여덟 가지다. 붓다는 생사윤회를 벗어나 열반에 이르지만 중생들은 생사윤회를 되풀이하게 된다.[19] 이 둘의 차이는 수행에 있다고 할 수 있다. 결국 열반은 삶과 죽음 모두를 초월하는 길로 이해할 수 있을 것이다.

이렇게 볼 때 불교의 생사관이 현세 중심적이라고 평가하기는 어려울 듯하다. 그런데 그렇다고 내세 중심적이라고 평가하기도 어렵다. 불교의 생사관에서 현세와 내세의 구별은 그다지 커다란 의미가 없다고 볼 수 있겠다. 그러나 교리와 사람들의 실제 이해와 실천은 구별해야 할 듯하다. 적어도 한국 사회에서 불교는 유교와 무속과 결합된 채 현세 중심의 성격을 보여 주고 있기 때문이다.

무속의 경우도 삶과 죽음에 대한 태도에 있어서 불균형이 두드러지게 나타난다. 죽은 자가 저승에서도 이 세상에서와 같은 삶을 누린다거나 저승에서 행복하게 살기보다는, 현세의 삶이 어렵고 힘겨워도 이 세상으로 돌아오기를 바란다는 무속 설화의 내용은 현세 중심 성격을 잘 보여 준다.[20] 저승이 이승과 동떨어진 현실이 아니라 서로 연결되어 있고 이승이 투사된 현실로 생각하는 태도에서도 마찬가지로 현세 중심 성격을 확인할 수 있다.[21]

그 밖에 무속의 현세 중심성은 내세 이해나 죽음의례 부분에서 상세하게 다루어지기에 여기서는 짧게 마무리하기로 하자.

2) 내세 이해에서 나타나는 현세 중심 성격

한국 사회의 내세 이해에서 현세 중심 사고가 어떻게 나타나는지 살펴보는 것 역시 한국 사회의 현세 중심성의 구조와 성격을 파악하는 데 주목할 만한 가치가 있다. 한국 사람들은 내세 개념을 별로 발전시키지 않았다는 일반적인 평가가 있지만[22] 그것이 내세 이해가 전혀 없다는 뜻은 아닐 것이다. 한국 전통사회에서 죽음 이후의 세계는 어떻게 이해되고 있을까? 유교도 내세관이 전혀 없는 것은 아니지만 대체로 내세에 그다지 관심을 두고 있지 않다. 유교에 비해 무속과 불교는 분명한 내세에 대한 관심을 지니고 있다. 불교와 무속의 내세 이해는 서로 영향을 주고받은 것으로 보인다.

먼저 한국 전통사회의 내세 이해를 역사적으로 살펴볼 필요가 있다. 고대 한국 사회에서 사후 세계에 대한 표현을 담은 자료가 전혀 전해지지 않는다고 단정하기는 어렵지만, 그다지 뚜렷하게 전개되지 않은 것으로 추정이 된다. 삼국사기의 기록에 특권층의 저승관을 엿볼 수 있는 내용이 나오는데, 사후 세계가 어둡고 암울하게 묘사되지 않고 이상 세계로 묘사되고 있다.[23] 물론 지옥에 대한 관념도 등장하는데 이는 토착적인 것이라기보다는 불교의 수용으로 본격적으로 형성된 것이라 평가된다. 이미 삼국시대에 현세에서의 개인 행위에 따라 보상이나 심판이 이루어질 수 있다는 생각이 등장하는 것으로 알려져 있다. 불교 전래 이후 지옥사상이 소개되었고 통일신라시대에 사후 세계와 관련해서 지옥에 관한 관념이 널리 퍼졌을 것으로 평가되고 있다.[24]

먼저 불교의 내세 이해를 살펴보자. 불교의 내세관은 윤회설과 밀접한 관련을 지니고 있다. 윤회설의 생사관은 이른바 사유설(四有說)이 대표적이다. 곧 생유, 사유, 본유, 중유가 그것이다. 불교의 인과업보와 윤회설은 현세의 행위와 사후의 삶이 연관되는 것을 설득력 있게 설명해 주고 있다. 불교가 제시하는 윤리적 실천행위는 지옥관념과 결부되어 사람들에게 영향을 미

친 것으로 평가된다.[25]

　우리 전통 사회의 내세 이해에 있어서 가장 중요한 영향을 미친 것은 불교일 것이다. 불교는 체계적 내세관 형성에 커다란 영향을 주었을 것으로 평가된다. 실제로 저승 이해의 전통이 사찰 전승을 중심으로 하여 조선후기에 이르기까지 꾸준히 이어져 온 것이 증거가 될 수 있다. 또한 고려시대에 이르러 불교가 중심적인 세계관으로 부상함에 따라 저승에 관한 서사문학의 질적 도약을 이끈 것으로 평가되고 있다. 삼국유사가 전해 주는 사복설화는 불교 생사관이 무속의 저승 이해와 만나 결합된 저승관을 보여 준다. 예컨대 「왕랑반혼전」과 「명학동지전」, 「목련전」 등의 저승체험담은 불교 지식인들의 창작적 참여에 의해 초기 소설 형태로 발전된 사례에 속한다고 할 수 있다.[26]

　다음, 무속의 저승 이해 역시 중요하다. 저승 설화들 또는 저승 체험담들은 가장 이른 시기의 전통으로 간주되는 무속의 사후 세계에 관한 이해를 드러내 주는 자료라고 할 수 있을 것이다. 한국 전통 사회에서 무속은 본래 체계적인 저승 이해를 갖추고 있지는 않은 듯하다. 무속 연구들에 따르면 무속 본래의 내세 이해가 어떤 것이었는지를 무속 자료만으로 단정하기는 어렵지만, 현전 무속 자료가 보여 주는 지옥과 극락의 이원적 이해는 무속과 불교의 습합에 따른 것으로 이해할 수 있다.[27] 이 장에서 다루지는 않았지만 도교의 내세관 역시 샤머니즘을 기반으로 불교의 내세관과 지옥 개념, 인과응보, 윤회전생 사상 등과 깊이 결부되어 있는 것으로 보인다.[28] 결국 우리 전통 사회의 내세 이해에 있어서는 불교의 영향이 매우 크다는 것을 확인할 수 있다.

　유교의 경우 본래 내세에 대해 관심을 두지 않지만 조상을 숭배하고 제사를 지내는 가운데 타계와 타계에 사는 영적 존재를 전제하고 있다는 종교적 해석도 없지는 않다. 그것은 유교의 상례와 제례를 통해서 볼 수 있는 조상신에 대한 믿음과 제사의 형식에서 드러나는 의식의 경건성을 특징으로 하는데, 죽은 자의 혼의 존재에 대한 믿음에서 출발하는 상례나 제례를 통해서 내세나 망자와의 관계를 잇는 접목의 구조가 나타나기도 한다는 것이다.[29] 실제로 이를 뒷받침하는 역사적 연구가 있다. 조선시대에 이르러 유학이 당대의 지배 담론이 됨에 따라 유교 지식인들의 참여에 의해 유교적 저승 이해가 발전되었다. 김시습이 쓴 『금오신화』의 「남염부주지」나 채수가 쓴 『용천담적기』의 「박생」 등이 조선전기 저승체험담의 서사문학적 변용과 소설화 과정을 잘 보여 주는 사례라 할 수 있다. 물론 조선후기에 이르러 저승체험담의 전승이 대중화되는데 이 시기에 저승의 모티프가 탈각되면서 현실의 이야기로 전환되기에 이르기는 했지만 말이다.[30]

그러면 우리의 전통 사회의 저승 이해의 두드러진 특징은 무엇일까? 저승설화가 보여 주는 여러 다양한 전승 유형 또는 양상을 통해 저승 이해에 대한 일반적인 특징을 파악할 수 있다. 그 전승 유형을 살펴보면 윤리 이야기(倫理談), 연명 이야기(延命談), 명관 이야기(冥官談), 그리고 희학 이야기(戲謔談) 등으로 나눌 수 있다. 저승설화에서 윤리 담론이 차지하는 비중은 매우 크다. 윤리 담론의 내용은 주로 적선이나 보시와 같은 선업으로 인해 망자의 수명이 연장된다는 것이다. 거의 대부분의 저승설화의 전승 자료들이 생전 선악에 대한 심판이라는 저승 본래의 윤리적 요청에 직간접적으로 관련되어 있다고 볼 수 있다. 이렇게 볼 때 저승설화를 성립시킨 가장 중요한 요인은 윤리적 요청에 따른 심판 사상이라고 할 수 있지만 개인 윤리 차원으로 제한되는 듯하다. 연명 담론은 단명할 운명을 타고난 사람이 어떤 기이한 사람의 예언을 듣고 적극적으로 수명을 연장한다는 이야기이다. 명관 담론은 어떤 사람이 죽어서 저승의 일을 맡아 보는 관리가 되었다는 이야기이다. 마지막으로 희학 담론은 실없는 말로 하는 농지거리를 가리키는 것으로 조선후기에 이르러 사회가 전반적으로 세속화되는 과정에서 등장한다. 이는 때로 사회와 인물 또는 시대의 모순이나 잘못을 지적하여 조소와 익살 효과를 지닌 풍자 이야기로 나타나기도 한다. 이 모든 것은 사람이 죽으면 반드시 생전에 지은 선악에 대해 심판을 받는다는 생각을 바탕으로 사회의 일면을 풍자하는 이야기라 할 수 있다.[31]

이상의 전승 유형들을 기초로 해서 볼 때, 저승에 대한 이해가 매우 현세 중심적인 특징을 지닌다. 어떤 의미에서 현세 중심의 성격을 지닌다고 평가할 수 있을까? 첫째로 한국 사람들은 이승과 저승을 대립 개념으로 이해하지 않는다. 다시 말하면 삶과 죽음을 대립적으로 보지 않고 삶을 중심으로 상호 공존하는 관계로 이해한다는 뜻이다. 이런 특징은 여러 연구자들에 의해 확인되고 있다. 저승을 이승과 완전히 다른 초월 세계로 보지 않고 이승과 왕래할 수 있는 곳으로 간주한다는 해석[32]이나, 저승이 이승을 닮아 가는 '이승화'의 과정이 나타난다는 해석[33], 무속의 경우 저승을 '이승의 투사 공간'으로 여기는 생각이 두드러진다는 해석[34] 등을 예로 들 수 있을 것이다. 이러한 현세 중심의 저승 이해는 사후세계에 대한 적극적 형상화로 나아가지 못한 것과 밀접한 관련이 있다고 할 수 있다.

둘째, 윤리적 선악에 대한 관심도 현세 중심의 저승 이해를 뒷받침하는 것으로 보인다. 고전소설에 나타나는 저승 이해에 대한 한 연구에 따르면 저승을 윤리적인 선악에 비추어 이해하는 흐름도 분명히 나타난다. 본래 영혼의 존재를 신앙하기는 했지만 저승의 개념이 지극히 모호하고 저승 신앙이 막연한 상태에서 불교가 전래되면서 기존의 저승 사상에 극락과 지옥이 커다란 매력을 주었다는 것이다.[35] 다른 하나는 완전하지 못한 이승의 인간이 완전해지기 위해서는 심판의 세계가 요구되고, 이러한 가운데 저승설화는 인생을 살아갈 올바른 길을 제시해 줄 수 있기 때문에 그런 맥락에서 저승설화의 존재이유를 찾기도 한다.[36] 어떤 저승설화에서는 불행한 현실을 폐기하고 행복한 현실을 만들려 하는 재생적 순환의 의미를 추구하는 내용과, 영육분리의 이원적 사고와 영혼불멸관, 그리고 선행에 대한 보상의식 등도 나타나는 것으로 보고되고 있다.[37]

3) 죽음 의례에서의 현세 중심 성격

한국 전통 종교들의 죽음에 대한 이해와 태도에서 두드러진 점은 모든 종교들에서 공통적으로 죽음 의례가 매우 발전되어 있다는 것이다. 한국 전통 사회의 대부분의 죽음 문화가 사후 의례에 집중되어 있다는 평가는 공통적으로 받아들여질 수 있다.[38] 실제로 우리 사회에서는 무속, 유교, 그리고 불교의 죽음 의례가 복합적으로 병행되어 실행되었다. 유교, 불교, 그리고 무속의 죽음 의례가 상보적인 관계 속에서 기능했다. 조선시대 이후 한국 사회의 죽음 의례는 유교의 틀을 기본으로 하면서 오랜 역사를 통해 한국 사람들의 심층을 형성하고 있는 불교와 무속과 결합되는 형태를 보인다. 죽음 의례 유형으로는 정상적 죽음 의례와 비정상적 죽음 의례 두 가지로 나뉜다. 대체로 정상적 죽음 의례는 유교가 담당하고 비정상적 죽음 의례는 무속이 담당한 것으로 알려지고 있다.

유교는 죽음 의례를 매우 소중하게 생각해서 체계적인 죽음 의례를 제공한다. 유교에서 죽음 의례가 얼마나 강조되는지를 보여 주는 내용이 『예기』에 나온다.

> 군자는 궁궐을 지을 때 종묘를 먼저 짓고 다음에 외양간을 지으며, 마지막에 기거할 방을 짓는다. 집 안에서 쓰는 용품도 제기를 먼저 만들고, 그 다음에 제사상에 쓸 술그릇을 만들며 밥그릇은 그 뒤에 만든다. …… 군자는 비록 가난하더라도 제기에 죽을 담아 먹지 않고 추위도 제사 때 입는 옷은 입지 않으면, 궁궐을 지을 때 무덤가에 심은 나무는 베지 않는다.[39]

실제로 유교에서는 제사활동이 생활의 중심이라는 평가를 받는다. 공자 역시 죽음 의례의 중요성을 강조하고 있다. 공자는 『논어』에서 죽음이나 상례를 서른여덟 차례 언급하지만, 죽음 자체에 대한 형이상학적 관점이 아니라 현세 윤리의 관심과 책임에서 출발하여 장례 예절의 여러 규범에 대해 말하고 있다고 한다.[40] 유교에서 제사를 얼마나 중요하게 여기는지는 또한 제사를 전쟁과 같은 비중으로 다루었다는 사실이 뒷받침하고 있다.[41]

그렇다면 유교에서 죽음 의례는 내용적으로 어떤 의미를 지니는 것일까? 유교에서 상·제례는 다른 무엇보다 생사 연속의 가장 중요한 표현이라 할 수 있다. 주희가 말하듯이 제사는 이미 흩어지기는 했지만 조상의 정신과 혼백을 자손의 정신과 혼백에 이어지게 하는 가교의 의미가 있다. 다시 말하면 제사를 통하여 죽은 조상을 삶의 영역으로 끌어와서 연속적 관계를 지속하는 것이다. 아울러 상·제례는 증자가 말하듯이 "삶의 마감을 신중히 하고 먼 조상을 추모하면 백성의 덕이 두터워질 것"이라는 "신종추원"(愼終追遠)의 정신을 담고 있는 것으로 이해되고 있다. 그것은 또한 살아 있는 자손들의 슬픔과 그리움이 구현된 것이기도 하다.[42]

유교에서는 상례 역시 중요한 의미를 지닌 것으로 소중하게 여겨졌다. 죽은 사람을 보내는 상례가 유교에서 그토록 중요했던 이유는 바로 그것이 유교적 인간의 삶을 곧바로 보여 주는 것이었기 때문이라고 한다. 다시 말하면 유교는 죽음으로써 삶이 완결된다고 생각하기 때문에 죽음은 죽음 의례를 거쳐야 완결되는 것이다. 따라서 죽음의 의례를 제대로 거치지 않은 죽음, 곧 "죽음의 의례를 통해서 제대로 구획되지 않은 죽음"은 완결되지 못한 죽음으로 여겨진다. 비록 생물학적으로는 죽었을지 모르지만 사회적 존재로서, 그리고 문화적 존재로서는 아직 제대로 죽지 못한 것이라고 보는 것이다.[43]

위에서 살펴본 내용을 종합해 볼 때 유교의 죽음 의례는 삶과 죽음이 연속되어 있고 산 자와 죽은 자는 연결되어 있다는 의미를 담고 있다. 이렇게 볼 때 유교에서 죽음 의례, 곧 상장례나 제사가 정교하게 체계화되어 있는 것은 죽음 자체에 대한 관심이라기보다는 현세에 대한 관심의 또 다른 표현이라 볼 수 있을 듯하다.

불교 역시 유교만큼 죽음 의례를 중요하게 여기는 것 같지는 않지만 고유한 죽음 의례를 발전시키고 있다. 불교에서 죽음-재생 관련 의례는 두 가지로 구분된다고 한다. 죽기 전에 죽음 이후의 생천을 위해 행하는 의례와 죽음 이후에 행하는 의례로 나눌 수 있다. 전자에 해당하는 것이 예수재(豫修齋)라 할 수 있다. 예수재는 죽음 준비 교육에 해당하는 예식이라 할 수 있다. 예수재는 살아 있는 동안 공덕을 미리 닦아 죽음 이후에 지옥 등 고통의 세계에 떨어지지 않고 극락왕생하고자 하는 바람을 구현한 의례라고 한다.[44]

죽음 이후에 행하는 죽음 의례로는 네 가지가 있다. 먼저 임종의례인데 이는 죽음이 임박한 시점부터 임종 직후까지 유족과 임종자가 함께 죽음에 임하는 예식이다. 둘째는 빈소의례와 시다림으로 이는 망자의 주검을 화장하기 전까지 빈소에 모시는 의식을 가리킨다. 셋째는 다비의례로 이는 화장으로 망자의 주검을 보내는 예식이다. 마지막으로 사십구재와 추천의례인데

이는 영가를 좋은 곳으로 천도하는 예식이다.[45]

앞서 살펴보았듯이 불교의 생사관의 핵심이 생사여일에 기초한 생사윤회로부터의 해탈, 곧 열반에 있음을 감안할 때 불교의 죽음 의례는 죽은 자와 산 자를 가교하는 의미나 죽은 자를 죽음의 세계에 통합시키는 의미보다는 역시 망자의 해탈을 염원하는 데 그 목적이 있다고 볼 수 있겠다.

무속의 경우도 유교 못지않게 정교하고 다양한 죽음 의례를 발전시켜 왔다. 무속의 죽음 의례는 매우 다양하다. 진오기 굿, 씻김 굿, 오구 굿, 넋 건지기 또는 혼 부르기 굿, 사후 결혼 굿 등의 다양한 죽음 의례가 있다. 죽음 의례는 사령제라 불리기도 하는데 세 가지 목적을 가지고 기능하는 것으로 설명되기도 한다. 살아남은 자들의 행복, 죽은 자의 생전의 한을 풀어 주고 위로하기, 그리고 죽음을 주어진 현실로 수용하고 죽은 자를 이승에서 죽은 자의 세계인 저승으로 보내기다. 정리해 보면 무속에서 죽음 의례는 주로 정상적이지 않은 죽음을 당한 망자를 죽은 자의 세계에 통합하는 기능을 한다.[46] 부조리한 죽음을 당한 자를 대하는 데 있어서도 무속은 부조리한 죽음의 정의를 규명하고 해소하기보다는 부조리한 죽임을 당한 원혼을 그 공간으로부터 자유롭게 하고 죽음의 세계로 넘어가도록 돕는 의례에 더욱 관심을 둔다.

그렇다면 유교, 불교, 그리고 무속을 가로지르는 한국 사회의 죽음 의례의 특징은 무엇일까? 크게 두 가지를 제시하는 해석이 있다. 하나는 죽음 의례가 삶과 죽음의 단절을 강조하기보다는 연결을 강조한다는 것이다. 다른 하나는 사후의 존재와 사후 세계를 어떤 마음가짐과 예법으로 준비할지를 중요하게 여긴다는 것이다.[47] 이 해석의 기저에 놓인 생각은 한국 사회의 죽음 의례 역시 현세 중심적임을 강조하는 데 있는 듯하다.

3. 하나의 문제 제기 : 죽음의 기원에 대한 물음

필자는 죽음 이해와 태도를 파악하는 데 있어서 무엇보다 죽음의 기원에 대한 이해가 중요하다고 생각한다. 그렇다면 과연 한국 전통 사회에서 죽음의 기원에 대한 사유를 발견할 수 있을까? 죽음의 기원에 대한 사유를 밝혀 주는 자료들과 그에 대한 연구들이 있다. 우리 전통사회의 죽음 기원 신화의 양상과 성격에 주목하면 그 사유의 특성을 파악할 수 있을 것이다. 죽음의 기원에 정보를 제공해 주는 것은 전통 무속신화이다. 우리의 전통 무속신화에 대한 분석에 따르면 죽음과 관련해서 다음과 같은 다섯 가지의 관심의 양상이 나타난다고 한다.[48]

가. 이승과 저승의 분리
나. 인간 죽음의 기원
다. 망자를 인도하는 신
라. 죽음으로부터의 재생
마. 저승차사를 대접하여 죽을 횡액을 피함.

여기서 인간 죽음의 기원에 관한 항목을 분명히 확인할 수 있다. 이 항목은 "사람이 왜, 어떻게 죽게 되었는가?" 또는 "사람이 왜 나이 순서대로 죽지 않고 때 이른 죽음을 당하게 되는가?"라는 물음에 대한 대답과 밀접한 관련을 지니고 있다. 죽음이 왜 또는 어떻게 생겨나게 되었는가라는 질문에 대한 대답을 확인하는 것은 중요하다. 대체로 죽음 기원에 대한 물음 속에 죽음 이해의 핵심적인 관심이 담기고 죽음에 대한 보다 근원적인 인간의식이 반영되어 있다.

인간의 죽음 기원을 전해 주는 신화로 "차사본풀이"가 있다. 이 신화에 따르면 한 사람의 죽음은 염라왕이 정하는 정명(定命), 곧 예정된 것이라고 한다. 그러나 염라왕의 사신인 까마귀가 중간에 먹을 것을 탐내 적패지(籍牌紙)를 잃어버림으로써 인간에게는 신이 정한 수명이 없어지고 죽음에 순서가 없어지게 되었다고 설명한다. 이는 죽음 기원에 관한 형이상학적 사유와 거리가 있어 보인다. 또 창세신화나 "삼승할망본풀이"를 보면 세상이 처음 창조되고 자리를 잡아 나가는 과정에서 이미 저승과 이승이라고 하는 삶의 세계와 죽음의 세계가 나뉘는 양상을 보인다. 곧 죽음이 전제된 채 죽음의 기원을 설명하는 형태로 나타나기에 죽음이 처음 생겨나는 과정을 굳이 강조할 필요가 없는 것으로 생각하는 듯하다.[49]

죽음의 기원을 전해 주는 전통 신화에 나타나는 특징들을 다음과 같이 정리해 볼 수 있을 것이다. 첫째, 죽음이 왜 생겼는지에 대한 형이상학적 설명보다는 어떤 인간이 죽음의 대상이 되는가에 더 관심을 둔다. 둘째, 우리 죽음기원 신화에서는 죽음에 이른 재생의 관념이 거의 나타나지 않는다. 사람의 죽음은 재생보다는 죽음을 통해 새로운 공간으로 전이된다고 생각한다. 셋째, 죽음의 기원에 대한 질문을 본질적인 것으로 생각하기는 하지만 결코 해결할 수 없는 다소 추상적이고 관념적인 것으로 생각한다. 죽음을 당연하다고 받아들이는 경향이 강하고 죽음을 피할 수 있는 현실적인 방도에 더 관심을 보인다.[50] 이런 설명을 고려해 볼 때 우리 전통사회에서는 엄밀한 의미에서 죽음의 원인이나 기원 자체를 다룬 무속신화가 발견되지 않는다는 평가[51]가 일리 있다.

필자가 생각하기에 죽음 기원에 대한 미약한 관심은 죽음에 대한 이해와 태도에 커다란 영향을 미친다. 잘 알려진 대로 무속은 죽음 관련 신화들을 많이 포함하고 있는데, 그 이유는 아무래도 무속이 특성상 부조리한 죽음에 대해 많은 이야기를 해 줄 수밖에 없기 때문이라고 생각해 볼 수 있다. 실제로 무속에는 아이나 어른, 노인이나 젊은이를 가리지 않고 발생하는 죽음의 구체적 현실을 설명하는 신화들이 있다. 이것은 실제 무속이 부조리하고 모순적인 죽음의 현실에 대한 예민한 의식이 있음을 보여 주는 것이다. 예컨대, 무속에서 부당하게 죽은 자는 죽은 자의 세계로 통합되지 못하고 그 죽음이 일어난 공간을 위험공간으로 만든다는 의식이 일반적이다.

그러나 부조리하고 모순적인 죽음의 현실에 대한 예민한 의식에 비하면 죽음의 기원이나 원인에 대한 의식은 상대적으로 미약한 것이 아닌가라는 생각이 든다. 오히려 무속에서 부조리한 죽음의 부정성에 대한 현실적인 인식은 죽음의 원인에 대한 관심보다는 다른 관심으로 나타난다. 무속에서 말하는 흔히 비정상적인 죽음, 곧 부조리한 죽음의 경우, 죽은 영혼은 '원혼'(冤魂)이 되는데, 그 원혼은 자신이 부당하게 죽은 곳을 떠나지 못하고 배회하면서 그곳을 위험한 곳으로 만든다는 인식이 있다. 가령 자살한 사람의 집은 흉가가 되고, 교통사고로 죽은 곳은 계속해서 교통사고가 이어지는 곳이 되며, 사람이 빠져 죽은 물가 역시 계속 익사 사고가 발생할 수도 있는 위험한 장소로 인식되는 것이 그 사례들이다.

그래서 무속에서 부조리한 죽음이 야기하는 죽음의 부정성은 무당의 매개를 통한 죽은 자와 산 자의 대화를 통해 해소된다. 부당하게 죽은 자의 원혼은 자신의 죽음을 인정하지 않으려 하고 저승의 세계로 떠나는 것에 저항한다는 것이다. 이때 죽은 자가 죽음을 현실로 받아들이도록 돕는 결정적 역할을 하는 것이 죽은 자와 산 자의 대화이다. 이 대화는 무당의 신내림 또는 대내림 같은 의례 장치를 통해 죽은 자가 자신의 심정을 말하는 과정에서 이루어진다. 예컨대 서울에서 행해진 진오기굿의 영실(또는 넋두리)을 들 수 있는데, 영실은 무당에게 실린 죽은 자가 자신의 이야기를 가족에게 전하는 것이다.

필자가 보기에 이런 모든 의례 장치들은 비록 그 죽음이 사악한 원인에 의해 부조리하게 행해진 죽음이라도 수용하도록 돕는 절차라고 할 수 있다. 그러나 무속 연구자들에 따르면 그렇다고 무속이 무력하게 수용할 수밖에 없는 불가피한 운명이나 현실로 죽음을 파악하는 비관적 죽음이해를 지니고 있지는 않다고 한다. 무속은 죽음을 인간 존재가 사라지는, 그래서 부정해야 하는 두려운 현상으로 보지 않는다. 오히려 무속은 죽음에 대해 존재의 소멸이 아닌 존재의 변화, 곧 이전과는 다른 새로운 존재로 다시 태어나는 계기라는 적극적 의미를 부여하기도 한다.[52]

필자가 생각하기에 죽음의 긍정적인 의미 자체를 부정하는 종교는 없을 것이다. 이런 측면에서 죽음의 부정성을 가장 예리하게 인식하고 또 지극히 강조하는 기독교조차도 죽음의 긍정적이고 적극적 계기를 모조리 부정하는 것은 아니다. 죽음이라는 현실은 긍정과 수용의 계기도 있지만 부정하고 수용하지 말아야 할 계기도 있는 것이다. 실제로 무속에는 죽음의 부정성과 부조리성에 대한 예민한 인식이 있지만 그 부정성과 부조리성의 근거는 깊이 밝히지 않는 것으로 보인다.

4. 평가

필자는 이 장에서 유교와 불교와 무속을 중심으로 한국 사회의 현세의 삶 중심적 죽음 이해의 구조와 성격을 분석해 보았다. 한국 사회는 역사적으로 여러 다양한 전승들, 특히 무속과 불교와 유교의 중층을 통해 삶과 죽음에 대한 나름대로의 고유한 이해와 태도를 전개해 왔다. 무속, 불교, 그리고 유교의 중층적인 사유가 여전히 오늘날 한국 사회의 의식의 토대를 이루고 있다는 주장은 설득력이 있다.

필자는 한국 사람들이 삶과 죽음을 실제로 어떻게 이해하고 받아들였는지를 파악하기 위해 구체적인 연구들을 검토했다. 한국 사람들의 삶과 죽음에 대한 전형적인 이해와 태도를 파악하기 위해서 세 가지 격자를 통해 한국 전통사회의 유교, 불교, 그리고 무속의 삶과 죽음 이해와 태도를 조명해 보았다. 즉 삶과 죽음의 관계, 내세 또는 저승, 그리고 죽음 의례이다. 이 세 가지 격자를 사용해서 파악할 때 한국 사람들의 현세 중심적 생사관은 삶과 죽음을 연속으로 이해(유교)하거나, 삶과 죽음을 하나로 이해(불교)하거나, 삶과 죽음을 서로 소통과 왕래가 가능한 것으로 이해(무속)하고 있는 특성을 보인다. 물론 이 세 가지 격자는 한계를 지니고 있다. 한국 사회 구성원들의 현세 중심적 삶과 죽음 이해를 파악하기 위해서는 다른 격자들도 필요할 것이기 때문이다.

그리고 한국 사회의 생사관에 대한 하나의 문제 제기로서 죽음의 기원에 대한 관심을 고찰했다. 필자가 한국 사회의 생사관을 검토하면서 주목하게 되는 현저한 특징 가운데 하나는, 그것이 지극히 현세 중심적 성격을 보여 줌에도 불구하고 삶과 죽음의 정의(正義)에 대한 질문은 그다지 두드러지게 제기되지 않는다는 점이다. 특히 무속의 경우 부조리한 죽음을 많이 다룰 수밖에 없음에도 불구하고 부조리한 죽음에 대한 정의 문제를 제기하지 않는다는 점이 의아스럽다. 필자는 이 점을 마지막 장에서 숙고할 것이다.

10장 대화와 논제 : 한국 사회의 죽음 이해와 실천, 그리고 삶과 죽음의 변증법

1. 현세의 삶 중심 태도 뒤에 감추어진 역설

 필자는 이 연구에서 하나의 중요한 질문을 제기했다. 왜 지극히 현세 중심적이고 긍정적인 삶 이해와 부정적인 죽음 이해를 지닌 한국 사회가 현재 지구상에서 가장 높은 자살률을 보이는 것일까? 왜 이 지구상에서 가장 현세 지향적이고 삶에 대한 이해가 긍정적인 사람들이 가장 높은 비율로 폭력적인 죽음을 선택하는 것일까? 삶을 긍정하고 죽음을 부정한다면, 폭력적인 죽음이 아니라 오히려 약동하는 생명을 선택해야 옳은 것이 아닐까? 바로 이 물음은 한국 사회의 현세적인 삶에 대한 긍정과 죽음에 대한 부정의 이분법에 도사린 어떤 문제를 주목하게 한다. 바로 이러한 문제제기가 이 연구의 주제인 기독교에 나타나는 삶과 죽음의 변증법, 곧 기독교 죽음 이해의 대표 표상인 그리스도의 죽음에서 드러나는 죽음의 부정성에 대한 인식

과 그와 밀접하게 결합되어 있는 죽음의 정의(正義)의 중요성에 대한 인식으로 초대한다.[1]

필자가 이 연구에서 설정한 가정은 이것이다. 한국 사회의 생사 이해와 태도에 있어서 현세 삶 일변도의 긍정과 죽음에 대한 회피나 부정은 변증법적인 사유의 결여와 관련되어 있다는 것이다. 말하자면, 죽음의 부정으로서의 생명, 그리고 생명의 부정으로서의 죽음에 대한 치열한 변증법적인 인식과 태도를 말하는 것이다. 필자가 생각하기에는 생명이 부정된 현실로서의 죽음에 대한 치열한 극복의 인식과 의지가 생명을 향한 약동을 낳는다. 필자가 기독교의 생사관에서 나타나는 삶과 죽음의 변증법에 주목하는 이유가 바로 여기에 있다. 이 연구에서 필자가 제시하는 논제는 이렇다. 즉 기독교의 생사관에서 보이는 삶과 죽음의 변증법, 특별히 생명의 부정으로서의 죽음 이해와 죽음의 부정으로서의 생명 이해에 비추어 한국 사회의 삶과 죽음에 대한 이해와 태도를 보충하는 것은 한국 사회의 생명 존중의 생사관을 위해 기여할 수 있다는 것이다. 필자는 기독교의 생사관이 제시하는 죽음의 부정성과 정의에 대한 사유로 한국 사회의 생사관을 '보충'할 것을 제안한다.

필자가 생각하기에는 죽음에 대한 부정의 사유는 여러 가지 상반된 함축을 지닐 수 있고 또 그로 인해 삶에 대한 상반된 해석을 이끌어 낼 수도 있다. 그러나 죽음의 부정성에 대한 기독교의 예민한 인식은 한국 사회의 삶과 죽음에 대한 온전한 이해를 모색하는 데 매우 중요하게 도움이 될 수 있다. 필자는 한국 사회의 삶에 대한 현세 지향적이고 긍정적인 이해와 죽음에 대한 부정적인 이해 자체를 문제 삼을 필요는 느끼지 못한다. 오히려 한국 사회의 현세의 삶에 대한 긍정과 죽음에 대한 부정의 자세에서 보다 나은 방향성을 향한 단서를 발견할 수 있다고 생각한다. 현세의 삶을 더욱 소중하고 가치 있게 여기는 자세는 현세의 삶을 더욱 살 만한, 곧 생명으로 충만한 삶으로 만들어 가도록 고무할 수 있기 때문이다. 만일 어떤 사회 구성원들이 내세를 지극히 가치 있게 여기면서 현세의 삶을 부정한다면 현세의 삶에 대한 관심과 열정을 지니기가 지극히 어려울 것이다. 이런 의미에서 필자는 한국 사회의 현세 중심 성격 또는 현세 지향성을 버리기보다는 더욱 높은 차원으로 고양할 수 있는 다른 방향을 추구하는 것이 보다 낫다고 생각한다.[2]

2. 한국 사회의 현세 중심적 삶과 죽음 이해와 태도를 구성하는 논리들과 그 성격

필자는 앞 장에서 한국 사회의 현세 중심적 생사 이해와 태도를 구성하는 논리들의 성격을 검토해 보았다. 검토 후에 필자가 내리는 결론은 이렇다. 즉, 한국 사회가 단지 현세 중심이냐 아니냐를 넘어서 어떤 현세 중심이냐를, 다시 말하면 현세 중심의 성격을 물어야 한다는 것이다. 현세 중심을 구성하는 가치들에 대한 이해를 물어야 한다는 뜻이다.

먼저 유교의 삶과 죽음에 대한 이해와 태도에 나타난 현세 중심 성격을 생각해 보자. 앞 장에서 살핀 대로 유교는 죽음과 내세에 대해 그다지 많은 설명을 내놓지 않는다. 따라서 유교에서 죽음에 대해 어떤 체계적인 설명을 기대하기는 어렵다. 그렇다고 해서 유교가 죽음에 대해 생각하지 않고 오직 삶의 문제에만 집착하는 것도 아니다. 필자는 유교가 삶과 죽음에 대한 주체적인 태도를 중히 여기면서도 삶과 죽음을 단순히 개인의 문제로 접근하지 않고 가족의 문제, 공동체의 문제, 그리고 국가의 문제로 주제화한다는 점을 주목할 필요가 있다고 생각한다. 그리고 유교는 그 어떤 다른 종교보다도 삶과 죽음을 도덕적 측면에서 생각하고 접근하면서 삶과 죽음에 대한 성찰을 강조한다. 유교는 죽음에 대한 형이상학적 사변보다, 예와 의를 중히 여기는 윤리적 삶을 단지 개인 차원뿐만 아니라 공동체와 사회 차원에서 치열하게 구현하려는 자세와 노력을 보여 준다.

이러한 유교의 죽음 준비의 이해와 태도는 주체적인 죽음과 정의를 위한 죽음에 대한 관심을 담고 있는 듯하다. 앞서 살핀 대로 죽어서도 사는 유가식의 불멸 개념이라 할 수 있는 불후(不朽)가 그 한 예를 제공해 주지 않을까 한다. 그러나 필자의 과문인지 모르겠지만 유가 자신의 주체적인 죽음과 정의를 위한 삶과 죽음을 강조하는 노력에 비하면 사회의 부조리한 죽음에 대한 관심이나 체계적인 사유는 다소 빈곤한 것이 아닌가 하는 생각이 든다. 예컨대 공자는 제자 가운데 하나인 자로(子路)의 부조리한 죽음 앞에서 슬피 곡(哭)한다(『禮記』, 『檀弓上』편). 그러나 공자는 제자의 때 이른 죽음을 그저 천명에 맡기는 듯한 인상을 준다. 제자의 부조리한 때 이른 죽음과 관련해서 그 부조리성의 이유와 원인을 묻지 않는다. 유교의 이런 성격을 그저 역사적으로 유교가 봉건시대의 사유체계임을 감안해야 한다는 식으로 생각해서는 안 될 것이다. 전통 유교의 죽음 이해가 실제 오늘날 한국 사회의 죽음에 대한 인식에 어떤 방식으로 나타나는지 볼 필요가 있다. 유교 문화의 영향을 받은 사람들은 전통적으로 삶에 집착한다는 평가를 받는 동시에 죽음에 대한 의식이 삶에 대한 의식보다 훨씬 화려한 이중의 태도를 보인다는 지적도 있다.[3]

불교의 현세 중심성은 꽤 복잡한 양상을 보인다. 필자의 눈에는 불교 생사관을 현세 중심이라 평가하기 어려워 보인다. 그렇다고 현세를 전부 부정하고 회피하는 내세관을 내세우는 것도 아니다. 다만 한국 사회에서 불교가 유교와 무속과 결합되면서 보다 현세 중심적 이해와 실천의 경향이 나타나는 것은 부인하기 어려워 보인다. 앞 장에서 살펴본 대로 불교는 적어도 생사윤회 교리가 보여 주듯이 죽음뿐만 아니라 현세의 삶 자체도 부정적인 고통의 현실로 본다. 생사가 일여로 부정한 현실이라는 것이다. 여기서 생과 사의 경계를 나누는 것은 의미가 없어 보인다. 그렇지만 불교는 죽음의 문제를 결코 소홀히 여기지 않는다. 오히려 죽음을 궁극적인 문제로 여기면서 매우 진지하게 성찰한다.

불교가 궁극적으로 추구하는 것 역시 열반 교리가 말해 주듯이 죽음으로부터의 자유 또는 해방이라 할 수 있다. 한편으로 이 점은 기독교와 유사한 측면이라고 생각한다. 양자 모두 죽음으로부터의 구원의 열망을 추구한다. 다만 불교는 기독교와는 달리 죽음을 인격화하거나 죽음을 삶에 대립하는 현실로 생각하지는 않는다. 어차피 현세의 삶이나 죽음이나 마찬가지로 벗어나야 할 부정의 현실이라 여기기 때문이다. 그리고 삶과 죽음의 현실을 자연주의적으로 해석하는 성격이 강하다. 기독교처럼 실재를 초자연적으로 해석하는 측면이 없는 듯하다. 열반의 실재도 마찬가지라는 생각이 든다. 다른 한편으로 불교는 죽음을 궁극의 문제로 여기면서도 유교와 마찬가지로 삶 속에서의 죽음 준비와 훈련을 매우 강조하고 또 팔정도나 예수재와 같은 죽음 의례가 보여 주듯이 구체적인 수행법을 제공하고 있다.

불교 생사관에서 현세의 삶을 업으로 설명하고 있는 것을 볼 수 있는데 바로 이 점이 삶과 죽음을 여일하게 부정적인 현실로 보는 생사윤회의 가르침에도 불구하고 현세의 삶을 중시하는 태도를 고무한다는 생각이 든다. 열반 교리 역시 본질적으로는 현실 도피적 개념이 아닌 듯하다. 그러나 필자가 흥미롭게 생각하는 한 가지 점은 불교가 현세의 삶에서 업을 대단히 강조함에도 불구하고 정의에 대해서는 별로 관심을 보여 주지 않는다는 것이다. 불교의 열반 교리는 철저하게 고통과 질곡으로 가득 차 있다고 여기는 현세의 삶과 죽음으로부터의 자유나 초월을 더 많이 생각하는 듯하다. 필자의 과문인지는 모르겠지만 실제로 불교 생사관 연구에서 정의와 관련된 연구를 거의 찾아볼 수 없다. 물론 이런 경향은 불교에만 해당되는 것은 아니다. 유교도 약간의 연구가 있기는 하지만 죽음의 정의(正義)에 대한 관심이나 연구는 그다지 보여 주지 않는다. 무속의 경우에는 더욱 그런 경향이 강하게 나타나는 듯하다.

필자가 불교 생사관에 제안하고 싶은 점은 이렇다. 생사윤회 교리에서 드러나듯이 불교가 현세의 삶뿐만 아니라 죽음조차도 부정의 현실, 곧 벗어나야 할 또는 초월해야 할 고통의 현실로 인식한다는 것은 모순적인 현실에 대한 구원 또는 변화의 열망을 반영한다. 그렇다면 생사윤회의 교리가 왜 현세의 정의에 대한 인식으로 이어지지 않는지 사뭇 궁금하지 않을 수 없다. 마찬가지로 불교는 죽음 준비에 기여할 수 있는 정교한 삶과 죽음의 수행법을 제공하는데 이는 매우 중요한 요소라고 생각한다. 다만 주체적인 죽음 준비 또는 무아적인 죽음 준비를 현세의 삶의 정의에 대한 관심과 결합한다면 불교가 추구하는 목표인 열반에 이르는 데 더욱 나은 길이 열리지 않을까 제안해 본다.

마지막으로 기독교의 삶과 죽음의 변증법에 비추어 무속의 생사관을 검토할 차례다. 필자가 보기에 무속은 유교 못지않게 현세의 삶 중심적인 이해와 태도를 보인다. 앞 장에서 살펴보았듯이 무속의 현세 지향성은 내세 이해나 죽음 의례에서 고스란히 드러나고 있다. "개똥밭에 굴러도 이승이 저승보다는 낫다."는 고백은 무속의 탄식처럼 들린다. 죽은 자가 저승에 가서도 그 힘든 이승의 삶을 그리워하고 이 세상으로 돌아오기를 염원한다는 무속 설화의 내용이 이를 뒷받침하는 듯하다. 이승과 저승의 소통과 왕래가 자유로운 무속의 상상과 사유 속에서 필자는 현세의 보다 정의로운 삶을 생각하게 된다.

실제로 무속은 유교와 불교보다 현세의 삶과 죽음의 부조리에 대해 더 예민하게 인식한다. 무속에는 부조리하고 모순적인 이른바 '비정상적인' 죽음에 대한 의례는 있지만 부조리하고 모순적인 죽음의 원인을 규명하는 사회 윤리적인 구명에 대한 관심이 부족하다. 그 부조리의 원인과 근거에 대한 관심이나 탐구에서는 기독교와는 비교할 수도 없고 유교와 불교에 미치지 못하는 듯하다. 이런 평가를 한다고 해서 필자가 무속은 고등 종교인 기독교나 유교나 불교와 비교해서 저등 종교라는 식의 평가에 전적으로 동의하는 것은 아니다. 물론 모든 종교가 부조리와 부정의의 원인과 근거에 대해 꼭 같은 관심을 가져야 할 필요는 없다. 모든 종교는 저마다 강조해서 추구하는 점이 다를 수 있다. 그러나 사랑과 정의와 같은 가치는 사회적으로나 문화적으로나 보편적이다. 따라서 모든 종교나 문화는 그 차이를 넘어서 이런 보편적인 가치들을 담아내야 한다는 것이 필자의 생각이다.

필자는 삶과 죽음을 이해하고 실천하는 데 있어서 현세의 삶 중심적 가치관을 긍정적으로 생각한다. 오히려 필자는 이 현세 지향성을 부정하지 않고 승화하는 길을 생각한다. 앞서 살핀 바와 같이 삶과 죽음을 이해하고 실천하는 데 있어서 내세관도 중요하고 죽음의 의례도 중요하다. 죽음을 반드시 부정적으로 볼 필요는 없다. 죽음에 대한 긍정적 이해도 필요하다. 또한 죽음을 수용하는 죽음 긍정의 정신과 자세도 중요하다. 그러나 필자는 죽음의 부정성을 숙고하는 기독교의 사유가 죽음의 정의를 연구하는 측면에서 커다란 의미가 있다고 생각한다.

실제 많은 죽음 연구가들이 주장하는 바에 따르면 사람들은 죽음을 두려워한다. 많은 경우 죽음을 부정하고 회피하고 배제하려고 한다.[4] 현실에서 죽음을 삶의 단절로 보고 두려워하는 것은 동서고금을 통해 보편적인 이해요 태도라 할 수 있다. 동양인들이 서양인들보다 죽음을 더 자연적으로 이해한다고 해서 동양인들이 죽음을 자연의 이치로 받아들여 두려워하지 않는다고 볼 수는 없다. 죽음의 두려움에 대한 동양과 서양의 이해와 태도의 차이는 단지 정도의 차이일 뿐이다. 다만 필자가 보기에는 아마도 동양 사회들이 서양 사회들보다 전반적으로 죽음의 부정성을 깊이 인식하지 않는 듯하다. 필자가 생과 사의 문제를 고찰하면서 동과 서를 구별하는 차이 가운데 하나로 생각하는 점은 바로 정의 문제이다. 필자가 보기에 동양 사회들은 대체로 서양 사회들보다 삶과 죽음의 정의 문제에 있어서 덜 예민하다. 그런데 죽음을 부정적으로 생각하고 현세의 삶을 중시하면서도 삶과 죽음에 있어서는 정의 문제를 소홀히 여기는 것을 어떻게 설명할 수 있을까?

우리는 삶과 죽음의 연동을 부인할 수 없다고 생각한다. 쉽게 말해서 잘 살고 올바르게 살지 않고는 잘 죽고 올바르게 죽을 수 없다는 것은 너무도 당연한 이치라고 할 수 있다.[5] 당연히 죽음에 대한 물음이 현세의 삶에 대한 물음과 동떨어진 채 제기되어서는 안 된다. 죽음 이후의 내세에 대한 물음도 마찬가지다. 내세에 대한 관심을 현세의 삶의 고통과 부조리한 죽음에 대한 보상에 대한 관심으로만 평가절하해서는 안 된다. 내세의 생명에 대한 물음은 현세의 삶과 그 부조리한 마감으로서의 죽음의 정의에 대한 관심에서 나올 수도 있는 것이다. 필자는 그리스도의 죽음에 담긴 죽음의 부정성에 대한 신학적 사유와 성찰이 바로 삶과 죽음의 정의에 관심을 둔다고 생각한다. 삶의 정의를 위해 죽음 이후의 삶의 미래를 묻게 되는 것이다.

3. 그리스도의 죽음, 그리고 죽음의 부정성과 정의에 비추어 본 한국 사회의 현세 중심적 삶과 죽음 이해

필자는 이 연구에서 기독교의 생사 이해에서 두드러지게 나타나는 삶과 죽음의 변증법, 그리고 그 핵심 사상으로 죽음의 부정성과 정의에 대한 인식을 가지고 한국 사회의 현세 중심적 삶과 죽음 이해와 태도를 보충할 필요가 있다고 제안한다. 필자가 보기에 삶과 죽음에 대한 현세 중심적 이해와 태도를 부정할 필요는 없지만 그것만으로는 충분하지 않다. 그렇다면 한국 사회의 현세 중심성을 지양할 수 있는 보충의 설명에 귀를 기울이는 노력이 필요하다. 그래서 필자는 기독교 생사 이해에 주목한다. 필자의 눈에는 죽음의 부정성과 정의에 대한 사유가 중요해 보인다. 그래서 필자는 앞 장들에서 고찰한 그리스도의 죽음에 대한 신학적 해석에서 드러나는 죽음의 부정성과 정의에 대한 성찰이 한국 사회의 삶과 죽음 이해에 기여할 수 있는 점 몇 가지를 정리해서 제시하려고 한다.

계속 반복해서 주장하지만 유대-기독교 전통의 영향이 큰 서구 사회는 확실히 죽음의 부정성과 정의에 대해 동양 사회보다 훨씬 예민한 인식과 태도를 보여 주는 듯하다. 예컨대 14~15세기 독일의 인문주의자인 요하네스 폰 탭플(1350-1415)은 사랑하는 젊은 아내의 죽음에 슬픔을 이기지 못하고 신에게 죽음을 고소한다. 신의 법정에서 죽음에 대해 논쟁을 벌인다.

사람들을 잔인하게 제거하는 자, 모든 존재들을 비열하게 추방하는 자, 인간들을 끔찍하게 살해하는 자, 그대 죽음이여, 저주를 받아라! …… 그대, 사악한 죽음이여, 온 인류의 적이여, 신이 그대를 영원히 증오하기를![6]

사랑하는 아내를 때 이르게 빼앗아 간 부조리한 죽음의 현실에 대한 한 청년의 부르짖음은 기독교 사상의 영향이 바탕에 깔려 있는 서구 사회의 죽음의 정의에 대한 전형적인 문제 제기라 할 수 있다. 유대-기독교 전통에서는 신정론(theodicy, 神正論)이라는 탐구 주제가 있다. 이 연구 영역은 악과 고통을 신의 정의의 문제로 숙고한다.[7] 필자는 신정론이 밝히고자 하는 이런 죽음의 부정성과 그에 상응하는 정의에 대한 인식이 삶과 죽음을 이해하고 실천하는 데 있어서 매우 중요하다고 생각한다. 삶을 단순히 긍정하고 죽음을 단순히 부정하고 배제하는 이해와 태도만으로는 충분하지 않다. 왜 충분하지 않은가? 죽음의 부정성을 성찰하면서 죽음의 정의를 묻지 않는 것은 온 생명과 삶, 그리고 그 귀결로서의 온전한 죽음으로 나아가는 데 있어서 결코 바람직하지 않다고 보기 때문이다.

먼저 앞 장에서 살핀 우리 사회의 유교, 불교, 그리고 무속의 생사관이 자연주의 경향을 띠고 있다는 점을 고려하여, 기독교의 삶과 죽음에 대한 변증법적 이해와 태도에 나타나는 죽음의 부정성과 정의에 대한 인식과 관련해서 죽음에 대한 기독교의 초자연적인 이해를 생각해 보려 한다. 기독교는 신학적으로 때로는 시계추처럼 왔다 갔다 하면서 갈등할 때도 있었지만 자연적인 현실 이해뿐만 아니라 초자연적인 현실 이해를 함께 발전시켜 왔다. 죽음에 대해서도 마찬가지이다. 기독교 전통은 죽음의 초자연적인 차원을 매우 강조한다. 그러면서도 죽음을 단지 자연스런 자연의 이치로 여기는 데 만족하지 않는다. 죽음은 자연의 순환의 이치로 설명될 수 없는 어떤 부정의 성격을 지니고 있다. 앞서 속죄 교리에 대한 통시적인 이해를 통해 살펴보았듯이 죽음이 지닌 이런 부정의 성격은 죄와 악과 밀접하게 연결되어 있다. 죽음의 현실은 창조의 질서에서 자연스런 현상이 아니다. 죽음은 인간의 죄와 죽음의 세력, 곧 마귀의 유혹이나 충동에 의해 야기된 악과 깊이 연관된 부정의 현실이다. 다시 말하면, 죽음은 하나님의 정의의 상실에 맞닿아 있는 현실이다. 우리가 앞 장들에서 그리스도의 죽음에 대한 신학적 해석들을 고찰한 바에 따르면 그리스도의 삶과 죽으심의 변증법은 바로 죄악과 정의의 상관성을 웅변해 준다.

필자는 죽음의 부조리성과 정의에 대해 심층적으로 숙고하면서 탐구하는 기독교의 생사 이해의 중요성이 바로 여기에 있다고 생각한다. 그리고 그 중심에 놓인 예수 그리스도의 죽음은 기독교의 심층적이고 반복적인 신앙의 기억과 신학적 성찰을 위한 원천이다. 기독교 신학은 성경이 증언하는 그리스도의 죽음과 부활의 진리를 계속해서 반복하여 숙고해 왔다. 필자가 보기에 고전적인 속전 이해나 대속 이해가 담고 있는 진리 가운데 하나는 하나님의 정의에 대한 관심이다. 우리가 칸트와 헤겔과 슐라이어마허 이후의 현대 신학의 해석들을 고찰하면서 확인했듯이 고전적인 전통의 속전 이해나 대속 이해는 계몽의 관점에서 수용하기 어렵고 또 비판이 요구되는 내용들을 포함하고 있다. 실제로 20세기에 들어와 많은 주요한 현대 신학자들이 칸트와 헤겔과 슐라이어마허의 비판을 수용해서 예수 그리스도의 죽음에 대한 전통적인 이해에 있어서 나타나는 대리와 희생에 대한 단층적인 이해의 그릇된 해석들을 비판했다.[8]

그 가운데 두 가지 비판은 우리의 논의를 위해서도 중요하다고 생각하기 때문에 소개하기로 한다. 먼저, 전통적인 대속 이해가 담고 있는 희생과 대리라는 생각은 이성에 부합하지 않을 뿐더러 잘못하면 맹목적 신앙을 고무하고 나아가 그릇된 신앙 이해와 왜곡된 하나님 이해를 조장할 수 있다는 비판이 제기된다. 이 비판은 한편으로는 정당하다. 말하자면 죄에 대해 벌을 강조하다 보면 응보의 원리를 조장할 수도 있고, 그리스도의 죽음을 화해의 조건으로서의 희생 제물로 이해하게 되면 하나님을 잔인한 독재자로 만들 위험성도 있다. 또 잘못하면 심지어 하나님이나 그리스도의 이름으로 폭력을 정당화하는 경향을 부채질할 수도 있을 것이다.

그래서 어떤 신학자들은 대속 교리 자체를 부인하면서, 예수의 죽음을 종교적이고 정치적인 폭력에 의한 애꿎은 희생이라고 비판하며 아예 대속 교리와 그 신학적 이해들을 포기하자고 제안한다. 그들은 보상과 만족이라는 제의적이고 법적인 해석이 잘못하면 계속해서 폭력의 온상이 될 수 있다는 현대의 지성들의 지적을 수용한다.[9] 필자가 생각하기에도 종교적 희생 표상이 폭력과 어떤 연관성을 가질 수 있다는 신중하고 섬세한 우려를 기독교 신학자들도 경청할 필요가 있다. 만일 그리스도의 죽음이 하나님이 죄 없는 자신의 아들로 하여금 우리들의 죄의 값을 대신 치르도록 한 연후에 비로소 인간의 죄를 용서해 주기 위한 계산적인 행위로 그릇 이해된다면, 그리스도의 대리와 희생의 죽음이 역설적이게도 복음적인 하나님 이해를 차단하는 결과를 낳을 것이다.[10] 그러나 다른 시각에서 필자가 주목하는 바가 있다. 성경과 전통이 전해 주는 그리스도의 죽음에 대한 대속 이해에는 결코 폐기될 수 없는 본질적인 복음적 의미가 있다는 것이다. 그것이 바로 필자가 주장하는 그리스도의 죽음이 계시해 주는 하나님의 정의와 사랑이다. 우리는 그리스도의 죽음에 대한 성경의 증언과 교리적 해명의 이 측면을 계속해서 주목해야 한다.

다음, 둘째 비판은 보다 적극적인 의미를 담고 있다고 생각하는데, 즉 전통적인 그리스도의 죽음에 대한 대리와 희생의 이해가 예수가 선포한 하나님 나라의 적극적 의미를 드러내지 못한다는 것이다. 말하자면 전통적인 대속 이해는 희생제물로서 예수의 죽으심을 통한 죄 용서와 하나님과 인간 사이의 관계 회복으로 구원 이해를 축소하는 경향이 있다는 것이다. 그렇게 이해하면 그리스도의 죽음이 담고 있는 보다 깊고 높은 의미를 살려 낼 수 없다. 이 비판은 특별히 그리스도의 대속의 죽으심을 협소하게 제의적으로만 해석하는 문제를 지적하는 것이다. 그리스도의 죽음을 제의적으로만 이해하게 되면 하나님의 생명 구원을 개인의 죄 용서와 이를 통한 개인의 영혼구원으로 축소하게 되고, 생명 구원의 사회적이고 우주적 차원이 배제되어 버리는 결과를 낳게 된다. 그렇게 되면 그리스도의 죽음이 담고 있는 하나님의 사랑과 정의와 그 사랑과 정의가 실현되는 하나님 나라의 포괄적인 지평을 간과하게 되고 만다. 현대신학의 이런 비판들은 그리스도의 죽음에 대한 온전한 이해, 특별히 우리 연구주제와 관련해서, 곧 삶과 죽음에 대한 변증법적 이해와 관련해서 매우 중요하다고 생각한다.

필자는 현대 신학자들의 정당한 비판을 수용하지만 그렇다고 전통적인 대속 이해가 담아내는 대리와 희생 개념 자체를 전적으로 폐기할 필요는 없다고 생각한다. 오히려 오늘의 시대정신에 비추어 그리스도의 죽음에 대한 보다 온전한 재해석으로 나아가는 편이 낫다고 생각한다. 그것을 위해 본 주제와 관련해서 한국 사회의 생사관에 기여할 수 있는 기독교의 삶과 죽음 이해의 두 가지 점을 주목하고 싶다. 먼저, 현대의 여러 해석들이 주목한 그리스도의 죽음에 깊게 드리워진 폭력성의 문제이다. 예수 그리스도의 십자가의 죽으심은 죄악과 죽음의 부정적인 실재의 깊이를 드러내 준다. 성경과 전통적인 대속 이해가 실어 나르는 희생제물 사상의 어떤 이데올로기적인 왜곡에 대한 비판을 경청해야 하지만, 이보다 더 중요한 점은 복음서가 전해 주는 예수 그리스도의 죽음에서 드러나는 죽음의 부정성과 정의의 문제이다.

앞 장들에서 살핀 대로 예수는 부정적인 저주와 폭력의 죽음을 당했다. 십자가의 죽음은 바로 죽음의 폭력성의 극치를 보여 준다. 우리가 여기서 주목해야 할 중요한 점은 예수 그리스도의 십자가의 죽으심이 인간을 포함하는 모든 생명체의 비참한 현실을 비극적으로 표현해 주고 또 심지어는 대변해 준다는 것이다. 예수 그리스도의 고난과 죽으심은 온통 모순과 부정의 현실로 나타난다. 그것은 자연스럽고 아름다운 죽음이 아니다. 모두가 원하는 평화로운 죽음이 아니라 폭력적인 죽음이요 정의롭지 않은 죽음이다.

따라서 예수 그리스도의 대속의 죽으심 자체를 폐기시켜야 한다는 비판들은 진리의 일면만을 생각하는 것이다. 다른 깊은 의미를 함께 생각해야 한다. 즉, 예수 그리스도의 희생의 죽으심에 드러난 폭력성을 단순히 부정의 계기로 다루면서 폐기하는 것은 죄와 악과 죽음의 부정적인 현실을 너무 가볍게 여기는 것이 될 수 있다. 예수 그리스도의 죽음은 그 어떤 이데올로기적인 왜곡에 대한 비판 혹은 해체로도 소진될 수 없는 생명의 근본적인 부정적 현실을 담고 있다. 예수 그리스도의 죽음은 모든 생명이 직면하고 있는 이 세계의 벌거벗은 보편적 폭력성의 실체 혹은 심연을 비추는 거울이라 할 수 있다. 이 점에서 예수 그리스도의 죽음은 폭력적인 죽음이라는 의미가 죽음의 정의 문제를 제기하고 있다. 예수 그리스도의 폭력적인 죽으심은 이러한 죽음이 더 이상 반복되어서는 안 될 것을 가르친다. 폭력적인 희생이 은밀하게 강요되어서는 안 된다는 것이다.

이렇게 예수 그리스도의 죽음에 대한 온전한 이해는 현세의 삶의 갈등과 불의한 상황에 대한 인식으로 우리를 초대하고, 오늘날의 모순적이고 불의한 현실에서 폭력적인 죽음에 직면하고 있는 생명들에게 복음의 힘을 설득력 있게 전달해 줄 수 있다. 예수 그리스도의 죽음에 대한 통전적인 이해는 온 생명이 직면하고 있는 죽음에 대한 보편적인 부정의 현실을 공적인 책임의 시선으로 이해하고 접근하게 해 준다. 생명을 파괴하는 폭력적인 죽음은 인간을 포함해서 온 생명의 차원에서 우리가 풀어야 할 가장 보편적인 부정의 현실인 것이다.

또 하나 예수 그리스도의 죽음은 성경과 복음이 증언하는 바, 생명이 겪고 있는 부정의 현실 속으로 하나님이 참여하고 연대한다는 복음의 정수를 드러내 준다. 오늘날 기독교 신학은 예수 그리스도의 죽음을 통해 하나님이 죄악과 죽음의 부정적인 현실에 당파적이 아니라 보편적으로 현존하고 참여하며, 연대한다는 공적이고 존재론적인 해석을 더욱 강화할 필요가 있다. 예수 그리스도의 죽음은 가난한 사람들과 버림받은 사람들뿐만 아니라, 결국 자연적으로 죽을 수밖에 없는 유한한 온 생명들과의 적극적인 일치와 연대의 가장 복음적인 표현이라 할 수 있다. 예수 그리스도의 죽음에서 부정적 실재인 죽음에 하나님 자신이 존재의 방식으로 참여하고 연대한다는 사실을 강조하는 것은 생명의 복음이 죽음보다 더 큰 생명 혹은 죽음을 넘어서는 삶의 역사에 대한 비전을 고무하도록 해 준다. 참으로 우리가 죽음의 어둠을 깊이 체험하고 성찰한다면 진정한 생명의 변화와 이웃과 더불어 그 생명의 고귀함을 삶 속에서 나눌 수 있을 것이다.

4. 삶과 죽음의 변증법, 그리고 한국 사회와 하나님 나라[11]

필자는 본 연구를 마감하며 논제를 고려하면서 몇 가지를 더 생각해 보고자 한다. 먼저, 왜 죽음의 부정성을 생각해야 하는가의 문제이다. 필자는 기독교의 죽음의 부정성에 대한 성찰이 정의에 대한 예민한 인식을 고무한다고 주장했다. 그러나 죽음의 부정성을 강조하는 기독교의 인식이나 태도가 죽음의 존엄성에 대한 인식과 태도를 막는다는 평가도 있다. 그런데 필자가 보기에 이런 평가는 단선적인 이해에 기초하고 있다. 죽음을 삶의 부정적 현실로 보는 기독교의 죽음에 대한 이해와 태도에는 그렇게 단순하게만 평가할 수 없는 어떤 변증법적 지혜가 들어 있다고 생각한다.

기독교는 예수 그리스도의 죽음에서 전형적으로 드러난 생명이 부정된 현실로서의 죽음의 부정성을 끊임없이 숙고한다. 이러한 끊임없는 숙고는 죽음을 부정적인 것으로 배제하거나 성급하게 망각하도록 부채질하지 않는다. 죽음을 생명의 부정으로 성찰한다고 해서 삶과 죽음 사이에 이원론이 조성되거나 결코 비관론을 고무시키는 것은 아니다. 다시 말하면, 삶과 죽음의 대립의 측면을 생각하는 것은 삶과 죽음을 단순히 대립과 배타의 현실로 보는 것이 아니라, 더 나은 삶(생명)과 죽음의 이해로 초대하는 길이 된다. 어떤 의미에서 그런가? 예수 그리스도의 죽음에 계시된 부정성에 대한 끊임없는 숙고는 생명이 부정된 현세에서의 정의롭지 못한 폭력적인 죽음에 대한 하나님의 참여와 연대를 성찰하게 하여 생명 살림의 복음을 더욱 깊이 퍼 올리는 길로 초대하기 때문이다.

예수 그리스도의 죽음은 오늘날의 죽음 교육에서 유행하는 이른바 좋은 죽음, 평화로운 죽음이 아니었다. 예수 그리스도의 죽음에 대한 기독교의 숙고는 이러한 좋은 죽음, 평화로운 죽음의 추구가 지닌 어떤 단선적인 문제를 제기한다. 두려움과 공포를 야기하는 어둡고 정의롭지 못한 죽음이 제기하는 정의를 생각해야 한다. 예수 그리스도의 죽음은 죽음의 정의 문제를 제기한다. 오늘날 현실에서 사회 구성원들 사이에 죽음을 경험하는 데 분명한 격차가 존재한다. 이 세상에는 이 순간에도 두려움과 공포를 야기하는 정의롭지 못한 죽음(죽임)이 너무 많이 일어나고 있다. 예수 그리스도의 죽음에 담긴 생명의 부정으로서의 죽음에 대한 이해는 온 생명들이 정의로운 죽음을 맞이하는 길을 지향하고 추구해야 함을 가리키는 이정표가 될 수 있다. 예수 그리스도의 죽음은 보다 정의롭고 사랑이 넘치는 하나님 나라가 온전히 이루어질 그날(종말)을 기대하는 가운데, 그 나라의 실재를 비록 온전하지는 않을지라도 지금 이곳에서 실현해 보려는 생명의 약동을 추동하는 죽음으로 이해될 수 있다. 예수 그리스도의 죽음은 결코 이 세상에서의 정의롭지 못하고 폭력적인 희생의 죽음을 정당화하는 죽음으로 해석되고 이해되어서는 안 된다. 그것은 더 이상의 정의롭지 못하고 폭력적인 죽음, 곧 부정적인 죽음의 현실을 지양하기 위한 죽음으로 해석되고 이해되어야 한다.

  오늘날 한국 사회에서 생명이 부정되는 폭력적 죽음의 행렬이 끊이지 않는다는 사실은 생명의 부정으로서의 죽음을 지양하고자 하는 치열한 인식과 노력의 부재를 알리는 신호일 수 있다. 이런 의미에서 죽음의 사회적 의미를 밝히고 해석하는 접근이 중요하다. 이러한 접근은 21세기 한국 사회에서 각별히 더 중요하다.[12] 생명을 단순히 긍정한다고 해서 생명을 누리는 선물이 주어지는 것이 아니고, 죽음을 단순히 부정한다고 해서 죽음의 두려움과 공포를 피할 수 있는 것도 아니다. 참된 생명은 그 생명이 부정된 죽음을 지양할 때 주어지는 선물일 것이다. 그것이 평화로운 죽음이든지 좋은 죽음이든지 간에, 참된 죽음은 생명이 부정된 죽음이 지양될 때 주어지는 선물일 것이다. 생명이 부정된 죽음을 지양하려는 치열한 숙고와 실천이 일어날 때 한국 사회에서 폭력적인 죽음의 행렬을 멈출 수 있을 것이다.

또 한 가지 죽음에 대한 공적 관심이 중요하다고 생각한다. 예수 그리스도의 죽음에 담긴 부정성에 대한 공적이고 사회적인 해석과 그 부정적 현실에 하나님이 존재론적으로 참여하고 연대한다는 생각은 우리 시대의 죽음 문화를 지양하는 데 매우 중요한 통찰이라 하지 않을 수 없다. 이러한 통찰은 예수 그리스도의 죽음이 담고 있는 삶과 죽음의 변증법이 펼쳐 내는 하나님의 사랑과 정의의 역사를 보여 준다. 따라서 기독교의 삶과 죽음의 변증법을 보다 보편적이고 공적인 방향으로 조명해야 한다고 생각한다. 모든 생명에게 있어서 삶이 보편적이듯이, 죽음도 보편적이다. 물론 죽음을 알지 못하는 단세포 생명체도 있다고는 하지만 그들을 제외한 모든 생명은 죽음 앞에서 평등한 것으로 보인다. 특별히 우리 가운데 죽음을 비켜 갈 수 있는 사람은 아무도 없다. 필자는 삶과 죽음에 대한 담론이 지닌 공적 성격을 좀 더 주목해야 한다고 생각한다. 그리스도인들은 오늘의 시대정신에 비추어 예수 그리스도의 죽음을 인간을 포함한 온 생명을 위한 가장 보편적이고 공적인 죽음으로 승화시키는 방향으로 해석하고 이해하는 노력을 더욱 기울여야 한다고 생각한다.

생명이 부정된 죽음을 지양하려는 노력 속에서 예수 그리스도의 죽음에서 나타나는 생명의 부정으로서의 죽음 이해가 주는 뜻은 누구의 죽음이든지 그 죽음을 단순히 고립된 개인 혹은 개체의 죽음으로 이해할 것이 아니라 사회, 나아가 온 생명 공동체의 죽음과 관련된 것으로 이해하는 노력이 필요하다는 것이다. 초기 기독교 공동체는 예수 그리스도의 죽음에 대한 기억을 사적 담론, 곧 한 개인의 이야기로 해석하고 이해한 것이 아니라 공적 담론, 곧 우리의 이야기로 해석하고 이해했다. 예수 그리스도의 죽음을 단순히 대리 희생으로 이해한 것뿐만이 아니라, 그 죽음에서 공동의 책임을 통감했다. 비록 생명이 부정된 죽음조차도 모든 죽음은 그 자체로 소중하게 여겨져야 한다. 물론 이 세상에 무의미한 죽음은 없다. 자신에게 폭력적인 죽음을 가한 자살자들의 모든 동기와 행위를 정당화할 수는 없을 것이다. 혹은 무고하게 죽은 이들의 죽음에 제의적인 희생의 의미를 부여해서도 안 된다. 오히려 모든 타자들의 죽음에서 온 사회의, 나아가 온 생명 공동체에 속한 지체의 죽음, 곧 죽음의 연대성을 생각할 수 있어야 한다. 특별히 생명이 부정된 죽음의 폭력성은 죽음을 개인의 문제만으로 축소하는 이해를 불가능하게 한다. 죽음의 벌거벗은 폭력성에 대한 인식이야말로 온 생명의 가장 보편적인 일치와 연대를 가능하게 한다. 죽음의 폭력성에 대한 담론이야말로 온 생명의 일치와 연대를 이끌어내기 위해 가장 소중한 매개가 아닐까. 죽음의 폭력성과 공동체성(참여와 연대)에 대한 성숙한 이해가 이루어질 때 한국 사회는 생명이 부정당하는 폭력적인 죽음의 사회가 아니라 보다 나은 생명의 사회가 될 것이다. 필자는 그리스도인들이 믿고 고백하는 그리스도의 죽음에 담긴 이러한 삶과 죽음의 변증법이 한국 사회 생사관의 현세 중심성을 승화시켜서 보다 생명이 존중받는 사회로 나아가고, 온 생명의 참된 갱신을 위해서도 중요한 기여를 할 수 있을 것으로 고대한다.

앞서 필자는 예수 그리스도의 죽음에서 드러나는 죽음의 부정성과 하나님의 정의에 대한 신학적 성찰을 적극적인 의미의 하나님 나라 비전에서 이해하는 것이 중요함을 밝혔다. 기독교 신학에서 예수 그리스도의 죽음을 하나님 나라에 비추어 이해하려는 신학적인 노력들은 매우 인상적이고 가치 있다고 생각한다. 특히 20세기 신학자들의 연구에서 살펴보았듯이 예수 그리스도의 죽음은 하나님 나라 선포와 분리될 수 없다. 예수 그리스도의 삶과 죽으심이 보여 준 하나님 나라는 단순히 종교적인 현실로 축소되는 것이 아니라 정치, 경제, 그리고 사회 등 우리 삶의 영역의 총체적인 차원에서 변화를 주고 또 요구하는 생명의 현실이다. 생명 파괴가 온 영역에서 일어나고 있는 이 시대 한국 사회에서, 예수 그리스도의 죽음을 영적이고 개인적인 구원의 차원으로 축소하여 이해하는 것은 생명 파괴의 흐름을 막는 데 매우 소극적으로만 기여할 수 있을 따름이다. 예수 그리스도의 죽음의 의미를 개인적이고 영적인 차원뿐만 아니라 사회적이고 역사적이며, 더 나아가 우주적인 차원으로 개방해서 이해하는 전망이 절실하다. 그리스도인들은 예수 그리스도의 죽음을 폭력적인 세상 한가운데서 온 생명의 화해와 평화의 미래를 여는 하나님의 사랑과 정의가 계시된 사건으로 믿고 이해한다. 예수 그리스도의 죽음에서 하나님의 의가 다스리는 하나님 나라가 밝히 드러났다. 예수 그리스도의 죽음은 "다시는 죽음이 없고, 슬픔도 울부짖음도 고통도 없을"(계 21 : 4, 표준새번역) 새 창조의 완성, 새 하늘과 새 땅을 열어 내는 하나님 나라의 궁극적인 실현을 지시한다.

그리스도인들은 그리스도의 죽음과 부활을 통해 촉발된 새 창조가 온전히 이루어지면 더 이상 고통과 죽음이 없고, 새로워진 영원한 생명, 곧 하나님과 연합하는 삶이 펼쳐질 것(계 21 : 4 ; 고전 15 : 28)을 확신하고 희망하며 산다. 이 확신과 희망은 생명이 화해와 치유를 통해 온전히 갱신되어 모든 악과 죽음의 권세에서 자유로워지고 진리와 사랑과 정의와 평화의 기쁨을 충만하게 누리게 될 것이라는 더욱 구체적인 비전으로 초대한다.

결 론

필자는 모두(冒頭)에서 기독교의 독특한 죽음 이해에 비추어 한국 사회가 고유한 전통으로부터 물려받은 죽음 이해를 보다 온전하게 할 수 있는 길이 무엇인지를 물었다. 그리고 기독교의 죽음 이해의 고유한 성격을 죽음의 부정적 현실을 강조하는 데서 찾았다. 기독교에서 죽음을 부정적 현실로 이해하는 것은 바로 신학적 입장에서의 죄와 악에 대한 인식으로부터 기인한다. 필자가 보기에 죽음의 원인을 죄와 악에서 찾는 접근은 매우 깊은 의미가 있다. 기독교 신학에서 죄와 악은 정의(正義) 문제와 분리될 수 없기 때문이다. 다시 말하면 죄악과 정의는 상관되어 있고 서로 반비례한다. 죄악이 더하면 정의는 감소한다. 물론 둘의 관계를 산술적으로만 계산할 수는 없다. 필자가 기독교의 삶과 죽음의 변증법에서 주목하는 바는 바로 정의이다. 삶과 죽음의 변증법의 본질은 바로 정의에 있다고 생각한다. 그리스도인의 삶과 죽음 이해, 그리고 그 모범인 예수 그리스도의 삶과 죽음과 부활 생명 이해의 핵심에 하나님의 정의 문제가 있다. 예수 그리스도의 삶과 죽음의 변증법은 정의를 정수로 삼는다.

　필자는 삶과 죽음을 죄악과 정의의 관점에서 이해하면서 죽음의 부정성을 예민하게 인식하는 기독교의 이해가 우리 사회 구성원들의 죽음 이해와 실천을 위해 매우 중요한 기여를 할 수 있다고 주장한다. 물론 그렇다고 해서 우리 사회의 구성원들이 조상들로부터 물려받은 전통적인 죽음 이해를 기독교의 죽음 이해로 완전히 대체할 것을 과격하게 주장하기보다, 오히려 보충을 통한 더 온전한 이해의 실현을 제안한다. 기독교의 삶과 죽음에 대한 변증법적 이해에 비추어 우리는 죽음의 부정성을 좀 더 깊이 사유해야 한다. 우리의 전통적인 삶과 죽음 이해에서 부정에 대한 사유가 잘 나타나지 않는다. 필자는 삶과 죽음을 긍정 일변도로 접근하기보다는 부정의 시각으로도 접근하는 것이 더욱 나은 길이라고 생각한다. 다시 말하면 삶과 죽음을 정의의 시각으로 접근할 필요가 있다는 것이다.

　우리 사회뿐만 아니라 동양 사회들이 전반적으로 삶과 죽음을 정의의 시각으로 이해하지 않는 것 같다는 판단을 내린 바 있다. 필자는 우리 사회가 더욱 성장하고 발전하기 위해서 정의에 대한 물음을 더욱더 치열하게 제기해야 한다고 믿는다. 삶에 대해서만 정의를 물을 것이 아니라 죽음에 대해서도 정의의 문제를 제기해야 한다. 소극적으로 삶과 죽음에 대해 정의를 물을 때 소극적으로는 폭력에 희생되는 삶과 죽음이 줄어들 것이다. 나아가 적극적인 면으로는 평화로운 삶과 죽음이 증진될 것이다. 지금 우리 사회는 폭력적인 죽음으로 인해 희망을 상실해 가고 있다. 삶과 죽음의 변증법이 드러내는 정의에 대한 인식은 생명 상실의 어두운 면을 줄여 나가고 결국에는 생명 존중의 사회를 이루어 내는 데 커다란 도움이 될 것이다.

삶과 죽음의 부정성에 대한 숙고를 통해 삶과 죽음의 정의를 캐묻는 기독교의 삶과 죽음의 변증법이 우리가 정신적으로나 문화적으로 물려받은 전통적인 죽음과 삶 이해에서 나타나지 않은 새로운 요소라 할 수 있다. 앞서 살펴보았듯이, 우리의 전통적인 죽음과 삶의 이해에서 정의에 대한 질문이 분명하게 부각되지 않는 듯하다. 특별히 유교나 불교는 잠시 제쳐 두더라도 부조리한 죽음과 삶의 문제를 가지고 씨름하는 무속의 이해에서도 정의의 문제가 거의 제기되지 않는다는 점은 참으로 신기하기까지 하다. 필자는 삶의 정의뿐만 아니라 죽음의 정의를 깊이 생각해야 한다고 본다. 기독교는 신정론이나 예수 그리스도의 죽음과 부활을 이해하는 데 있어서 정의의 문제를 매우 중심적인 것으로 보고 있다. 필자의 과문한 지식 때문인지는 모르지만 우리 사회뿐만 아니라 동양 사회 전반에 있어서 부정성 또는 부조리에 대한 문제의식이 결핍되어 있는 것으로 보인다. 필자는 우리 사회의 온전한 성장을 위해서 삶의 폭력이나 고통이나 죽음과 같은 부정의하고 부조리한 현실에 대한 문제 의식과 제기가 이루어져야 한다고 본다. 삶과 죽음의 부정성에 대한 비판적 의식 없이 갖는 긍정 일변도의 의식은 생명의 미래를 위해 부족하다고 생각한다. 죽음의 부정성에 대해 깊이 숙고할 때 삶과 죽음의 정의가 더욱 소중함을 깨닫게 된다. 그리고 그러한 깨달음이 현세의 삶에서 공동체의 연대를 북돋운다. 그것이 바로 최선의 죽음 준비가 될 것이다.

The dialectic of life and death

미 주

서론

1. 경제협력개발기구가 제시한 공식적인 통계에 따르면 2013년 기준 경제협력개발기구에 속한 나라들의 자살률 평균치는 인구 10만 명당 12명이다. Cf. OECD Health Data 2015 : Statistics and Indicators for 34 Countries. 같은 해 우리나라 자살률은 인구 10만 명당 28.7명인데 이는 회원국 평균치보다 거의 2.5배나 높은 수준이다. 물론 그 이후 다소 간격이 줄어드는 추세이기는 하지만 여전히 큰 편이다.
2. 참조. 졸고, "예수 그리스도의 수난과 죽음에서 '생명의 부정'으로서의 죽음에 대한 이해," 「한국조직신학논총」 제36집(2013), 277–278. 이 저술은 위 논문을 보다 확산시키기 위한 연구이다.
3. 참조. 졸저, 『죽음과 고통, 그리고 생명』, 서울 : 모시는사람들, 2015, 152–154.
4. 참조. 포그리믈러, 『죽음–그리스도교의 죽음 이해』, 서울 : 성바오로출판사, 1982, 45–46.

1부

1장

1. 이하의 내용은 참조. 한스 발터 볼프, 『구약성서의 인간학』, 문희석 옮김, 왜관 : 분도출판사, 1976, 178–181.
2. 욥기 34 : 14–15. 참조. 시편 9 : 13 ; 30 : 3 ; 88 : 6 ; 90 : 3 ; 104 : 29 ; 사무엘상 2 : 6 ; 전도서 12 : 7.
3. 참조. 창세기 15 : 15 ; 25 : 8 ; 35 : 29 ; 욥기 42 : 16–17.
4. 오토 카이저, 「구약성서와 초기 유대교에서 본 죽음, 부활, 그리고 불멸–종교사적인 고찰」, 오토 카이저·에두아르트 로제, 『죽음 그리고 삶』, 박두환 옮김, 성남 : 민들레책방, 2002, 49.
5. 폴 리쾨르, 『악의 상징』, 양명수 옮김, 서울 : 문학과 지성사, 1999, 233.
6. 참조. 강사문, 『구약의 하나님』, 서울 : 한국성경학연구소, 1999, 167–171.
7. 참조. 출애굽기 32 : 11–28 ; 민수기 25 : 1–9 ; 신명기 2 : 15 ; 4 : 25 ; 9 : 19 ; 29 : 27 ; 사사기 2 : 14 ; 열왕기상 11 : 19 ; 14 : 9, 15 ; 열왕기하 17 : 18.

8. 참조. 서인석,『성서의 가난한 사람들』, 왜관 : 분도출판사, 2001.

9. 출애굽기 22 : 21 – 24(표준새번역).

10. 아모스 5 : 7 – 12(표준새번역).

11. 참조. 창세기 2 : 17 ; 3 : 3, 22.

12. 게르하르트 폰 라트,『구약성서신학』제1권, 허혁 역, 왜관 : 분도출판사, 1976, 280.

13. 참조. 한스 발터 볼프,『구약성서의 인간학』, 184 – 190.

14. 오토 카이저,「구약성서와 초기 유대교에서 본 죽음, 부활, 그리고 불멸 – 종교사적인 고찰」, 47.

15. N. T. 라이트,『하나님의 아들의 부활』, 박문재 옮김, 고양 : 크리스챤다이제스트, 2005, 153.

16. 위의 책, 157.

17. 라이트는 통상적인 해석에 이의를 제기한다. 그에 따르면 셋째 입장은 분명히 몇 가지 점에서 첫째 입장을 뛰어넘고 있긴 하지만 야웨에 의해서 버려지는 것이 아니라 갱신되기로 되어 있는 현재의 피조 질서의 선함과 결정적인 중요성을 긍정한다는 점에서 첫째 입장과 만난다. 참조. 위의 책, 158.

18. 위의 책, 158 – 159.

19. 참조. 오토 카이저, 앞의 책, 46 – 47.

20. 욥기 21 : 23 – 26(표준새번역).

21. N. T. 라이트, 앞의 책, 162.

22. Theodore J. Lewis, "Abode Of The Dead," David N. Freedman ed., *The Anchor Bible Dictionary*, vol. 2, 101.

23. 참조. 위의 글, 101 – 105.

24. N. T. 라이트, 앞의 책, 163.

25. 참조. 게르하르트 폰 라트,『구약성서신학』제2권, 허혁 역, 왜관 : 분도출판사, 1977, 353 ; Walter Brueggemann, *Theology of the Old Testament : Testimony, Dispute, Advocacy*, Minneapolis : Fortress, 1997, 483f.

26. N. T. 라이트, 앞의 책, 209 – 210.

27. 위의 책, 194.

28. 위의 책, 343.

29. 참조. 이사야 2 : 2 – 4 ; 11 : 1 – 9 ; 42 : 1, 4 ; 61 : 1, 3f., 11 ; 65 : 11 – 25 ; 미가 4 : 1 – 3 ; 시편 72 : 1 – 4, 8, 12 ; 89 : 35 – 37 등등.

30. 참조. N. T. 라이트, 앞의 책, 178 – 184.

31. 오토 카이저, 앞의 책, 21.

32. N. T. 라이트, 앞의 책, 223.

33. 오토 카이저, 앞의 책, 106.

34. 마틴 헹엘, 『신약성서의 속죄론』, 전경연 역, 서울 : 대한기독교서회, 2003, 30.

35. 베른트 야노브스키, 『대속』, 김충호 옮김, 서울 : 한국신학연구소, 2005, 11.

36. 참조. 위의 책, 91.

37. 참조. 위의 책, 105.

38. 위의 책, 112.

2장

1. 참조. 레이몬드 브라운, 『십자가에 처형된 그리스도』, 이재수 옮김, 서울 : 성바오로, 1995.

2. 참조. 차정식, 『예수는 어떻게 죽었는가』, 서울 : 한들, 2006, 25-46.

3. 참조. 마틴 헹엘, 『십자가 처형』, 김명수 역, 서울 : 대한기독교서회, 1982.

4. 마틴 헹엘, 『신약성서의 속죄론』, 17.

5. 크리스챤 베커, 『사도바울 - 바울의 생애와 사상에서의 하나님의 승리』, 장상 옮김, 천안 : 한국신학연구소, 1991, 280.

6. 위의 책, 281.

7. Colin E. Gunton, *The Actuality of Atonement : A Study of Metaphor, Rationality and the Christian Tradition*, London · New York : T & T Clark, 1988, pp. 74ff. 필자는 이 책에서 그리스도의 사역, 특별히 그의 죽음을 악마와 죽음의 권세에 대한 승리와 그로부터의 해방으로 신약성서를 조망하는 데 큰 도움을 얻었다.

8. Cf. George B. Caird, *Principalities and Powers*, Oxford : Oxford University Press, 1956, p. 242.

9. F. F. Bruce, *Colossians*, Grand Rapids : Eerdmans, 1965, p. 239.

10. Cf. Raymond Pickett, *The Cross in Corinth : the Social Significance of the Death of Jesus*. Sheffield : Sheffield Academic Press, 1997.

11. 윤철호, 『너희는 나를 누구라 하느냐 : 통전적 예수 그리스도론』, 서울 : 대한기독교서회, 2013, 1070.

12. 참조. 마틴 헹엘, 『신약성서의 속죄론』, 17-18.

13. 위의 책, 63.

14. 참조. 위의 책, 45-46.

15. 참조. 위의 책, 17–80, 특히 78–79.
16. 이하의 내용을 위해서는 참조. 졸고, "예수 그리스도의 수난과 죽음에서 '생명의 부정'으로서의 죽음에 대한 이해," 286.
17. 마틴 헹엘, 『신약성서의 속죄론』, 88.
18. 참조. 에두아르트 로제, "신약성서의 죽음 이해," 오토 카이저 · 에두아르트 로제, 앞의 책, 126–146.

2부

3장

1. Irenaeus, *Against Heresies*, trans. Alexander Roberts and James Donaldson, The Ante-Nicene Fathers, vol. 1, Grand Rapids : Eerdmans, 1885. 이하에서 해당 권 · 장 · 절을 본문에 괄호로 표시할 것이다.
2. 아타나시우스, 「말씀의 성육신에 대하여」, 『후기 교부들의 기독론』, 염창선 · 원성현 · 임승안 옮김, 서울 : 두란노아카데미, 2011. 이하에서 해당 장을 본문에 괄호로 표시할 것이다.
3. 참조. N. 바실리아디스, 『죽음의 신비 – 동방정교회의 죽음 이해』, 박용범 역, 서울 : 동방정교회출판사, 2010, 115.
4. 참조. 위의 책, 210–219.
5. 아우구스티누스, 「자유의지론」, 『아우구스티누스 : 전기 저서들』, 공성철 옮김, 서울 : 두란노아카데미, 2011. 이하에서는 이 책의 해당 권 · 장을 본문 안에 괄호로 표시할 것이다.
6. Augustine, *Sermo* 27, 2 : 2 ; PL 38, p. 179.
7. 아우구스티누스, 「삼위일체론」, 『아우구스티누스 : 후기저서들』, 이형기 · 정원래 옮김, 서울 : 두란노아카데미, 2011. 이하에서는 해당 권 · 장을 본문 안에 괄호로 표시할 것이다.
8. 구스타프 아울렌, 『贖罪論 硏究』, 전경연 편집, 서울 : 향린사, 1964, 20.
9. Irenaeus, *Epideixis* 37 ; 위의 책, 23쪽에서 인용.
10. N. 바실리아디스, 앞의 책, 100–101.
11. 구스타프 아울렌, 앞의 책, 43.
12. 참조. N. 바실리아디스, 앞의 책, 130.
13. Origen, *Catechetical Oration* 22–26. A. S. Dunstone, *Atonement in Gregory of Nyssa*, p. 15, footnote 7.

14. 참조. N. 바실리아디스, 앞의 책, 151.

15. 참조. 구스타프 아울렌, 앞의 책, 51.

16. 참조. N. 바실리아디스, 앞의 책, 126.

4장

1. 사람의 죽음과 그리스도의 죽음에 대한 안셀무스의 해석이 『왜 하나님은 인간이 되셨나(*Cur deus homo*)』, 『스콜라 신학 선집 : 안셀름부터 오캄까지』, 최영근·김도훈 옮김, (서울 : 두란노, 2011)를 중심으로 소개되기 때문에 이하에서는 본문 안에 괄호로 권과 장을 표시할 것이다.

2. 안셀무스, 「동정녀 수태와 원죄」 7장, 위의 책, 240.

3. 참조. 안셀무스, 『연설』 1장, 위의 책.

4. 손은실, "하나님은 왜 그리스도의 죽음을 통해 인류를 구원하기를 원하셨는가?", 『중세철학』 제13호, 2007, 200, 각주 6.

5. Eugene Fairweather ed., *A Scholarstic Miscellany*, p. 283 ; 존 스토트, 『그리스도의 십자가』, 황영철·정옥배 옮김, 서울 : IVP, 1988, 298쪽에서 인용.

6. 참조. 「12세기 신학자들」, 서문, 『스콜라 신학 선집 : 안셀름부터 오캄까지』.

7. Cf. M. M. Levering, *Christ's Fulfillment of Torah and Temple : Salvation according to Thomas Aquinas*, Notre Dame : University of Notre Dame Press. 2002, p. 5.

8. 토마스 아퀴나스, 『신학요강』, 박승찬 옮김, 파주 : 나남, 2008. 이하에서 해당되는 장을 본문 안에 표기할 것이다.

9. 참조. 토마스 아퀴나스, 『신학대전 : 자연과 은총에 관한 주요 문제들』, 손은실·박형국 옮김, 서울 : 두란노아카데미, 2011, 188-193.

10. 토마스 아퀴나스, 『사도신경해설』, 손은실 옮김, 서울 : 새물결플러스, 2015. 이하에서 해당 항을 본문에 괄호로 표기할 것이다.

11. 참조. 위의 책, 131 역주.

12. 참조. 손은실, 앞의 글, 204.

13. 참조. 같은 글.

5장

1. 구스타프 아울렌, 앞의 책, 95-114 참조. 아울렌은 속죄론을 깊이 연구한 후에 루터의 해석에서 고전적 해석이 두드러지게 나타난다고 본다.

2. 참조. 파울 알트하우스, 『루터의 신학』, 이형기 옮김. 서울 : 크리스챤다이제스트, 1994, 248 – 252. 독일의 루터교 신학자인 알트하우스는 루터의 신학에서 라틴 서방의 이해가 더욱 두드러지게 나타난다는 대조적인 해석을 제시한다.

3. 참조. Martin Luther, Weimarer Ausgabe(이하 WA로 약칭) 18, p. 638 ; 파울 알트하우스, 앞의 책, 188.

4. Martin Luther, WA 23, p. 70 ; Luther's Work(이하 LW로 약칭) 37, p. 18 ; 위의 책, 186쪽 각주 2에서 인용.

5. 위의 책, 186.

6. Martin Luther, WA 31, p. 149 ; LW 14, p. 84 ; 위의 책, 190쪽 각주 32에서 인용.

7. 참조. 마틴 루터, 「갈라디아서 주석」, 존 딜렌버거 편집, 『루터 저작선』, 이형기 옮김, 서울 : 크리스챤다이제스트, 1994, 154.

8. 위의 책, 156.

9. Martin Luther, WA 39, p. 210 ; 위의 책, 164쪽에서 인용.

10. 참조. 파울 알트하우스, 앞의 책, 195 – 205.

11. 마틴 루터, 「서신 설교」, 휴 커어 편저, 『루터신학 개요』, 김영한 편역, 서울 : 대한예수교장로회총회출판국, 1991, 100.

12. 마틴 루터, 「죽음의 준비를 위한 설교」, 전경연 편집, 『靈魂不滅과 죽은 자의 復活』, 71.

13. 마틴 루터, 「하이델베르크 논제」, 존 딜렌버거, 앞의 책, 586.

14. 참조. 파울 알트하우스, 앞의 책, 235.

15. Martin Luther, LW 26, p. 278.

16. 마틴 루터, 「복음서 설교, 성금요일」, 휴 커어, 앞의 책, 103.

17. Martin Luther, WA 21, p. 264 ; 참조. 파울 알트하우스, 앞의 책, 231, 각주 5.

18. 참조. 마틴 루터, 「그리스도인의 자유」, 존 딜렌버거, 앞의 책, 104 ; 「열네 편의 위로문」, LW 1, pp. 168f. 참조. 휴 커어, 앞의 책, 104 – 105.

19. 참조. 구스타프 아울렌, 앞의 책, 95 – 96.

20. 마틴 루터, 「탁상담화」, 197장, 참조. 휴 커어, 앞의 책, 101 – 102.

21. 참조. 마틴 루터, 『그리스도의 수난과 부활』, R. H. 베인튼 편/김득중 역, 서울 : 컨콜디아사, 1992, 125 – 126.

22. Martin Luther, WA 10,1, p. 121 ; 참조. 파울 알트하우스, 앞의 책, 231, 각주 4.

23. Martin Luther, LW 36, p. 177.

24. Martin Luther, LW 51, p. 91.

25. 마틴 루터, 「서신설교」, 휴 커어, 앞의 책, 101.

26. 존 칼빈, 『기독교강요』, 김종흡 · 신복윤 · 이종성 · 한철하 공역, 서울 : 생명의 말씀사, 1988. 이 책의 권과 장과 절을 본문 안에 괄호로 표시할 것이다. 때때로 문맥을 고려해서 번역을 수정할 것이다.

27. 이형기 편저, 『세계개혁교회의 신앙고백서』, 서울 : 대한예수교장로회총회출판국, 1991, 82 – 83.

28. 참조. 위의 책, 258.

29. 참조. 윤철호, 앞의 책, 1039 – 40.

3부

6장

1. 임마누엘 칸트, 『이성의 한계 안에서의 종교』, 백종현 옮김, 서울 : 아카넷, 2011, 230.

2. 참조. 김진, "시간에서 영원으로의 이행," 김진 · 한자경 편, 『인생교과서 칸트 : 인간은 자연을 넘어선 자유의 존재다』, 파주 : 21세기북스, 2015, 207−213.

3. 임마누엘 칸트, 『실천이성비판』, 백종현 옮김, 서울 : 아카넷, 2002, 258−261 ; 참조. 한자경, "우리의 도덕성은 영혼불멸을 요청한다," 김진 · 한자경 편, 앞의 책, 214−218.

4. 위의 책, 259.

5. 테오도르 아도르노, 『부정변증법』, 홍승용 옮김, 서울 : 한길사, 1999, 495.

6. 참조. 임마누엘 칸트, 『이성의 한계 안에서의 종교』, 212 – 213.

7. 위의 책, 218.

8. 참조. 위의 책, 178 – 180.

9. 위의 책, 217, 215.

10. 참조. 위의 책, 217쪽과 각주 111.

11. 위의 책, 219.

12. 위의 책, 223.

13. 위의 책, 264.

14. 위의 책, 270 – 271.

15. 위의 책, 281 – 283.

16. 위의 책, 254, 255.

17. 위의 책, 265-267.

18. 위의 책, 263.

19. G. W. F. 헤겔, 『정신현상학 1』, 임석진 옮김, 서울 : 한길사, 2005, 121.

20. 위의 책, 68.

21. 참조. G. W. F. 헤겔, 『청년 헤겔의 신학논집』, 정대성 옮김, 고양 : 인간사랑, 2005, 93-95.

22. G. W. F. 헤겔, 『정신현상학 1』, 71.

23. 참조. G. W. F. 헤겔, 『정신현상학 2』, 임석진 옮김, 서울 : 한길사, 2005, 28.

24. 위의 책, 29.

25. G. W. F. 헤겔, 『종교철학』, 최신한 옮김, 서울 : 지식산업사, 1999, 289.

26. 위의 책, 293.

27. 참조. 위의 책, 294-295.

28. 위의 책, 313.

29. 위의 책, 314.

30. 위의 쪽.

31. 위의 책, 315.

32. 위의 책, 315-316.

33. 위의 책, 317.

34. 위의 책, 316.

35. 위의 책, 320-321.

36. 위의 책, 321.

37. 프리드리히 슐라이어마허, 『종교론 : 종교를 멸시하는 교양인을 위한 강연』, 최신한 옮김, 서울 : 대한기독교서회, 2002, 118.

38. 위의 책, 117-118.

39. 위의 책, 117.

40. 프리드리히 슐라이어마허, 『기독교신앙』, 최신한 옮김, 서울 : 한길사, 2006, 307.

41. 참조. 위의 책, 318-319.

42. 참조. 위의 책, 76절, 326-333.

43. 위의 책, 317 ; 참조. 330.

44. Friedrich Schleiermacher, *The Christian Faith*, trans. D. M. Baillie et. al., Edinburgh : T. & T. Clark, 1928, p. 244.

45. 프리드리히 슐라이어마허, 『기독교신앙』, 89절, 353, 356–358.

46. 위의 책, 92절, 367–369, 참조. 361.

47. 위의 책, 362.

48. 참조. 위의 책, 367–368.

49. 참조. 위의 책, 98절, 411–415 ; 특별 참조. 415.

50. 위의 책, 409–410.

51. 위의 책, 73절, 316.

52. 위의 쪽.

53. Friedrich Schleiermacher, *The Christian Faith*, p. 243.

54. 프리드리히 슐라이어마허, 『기독교신앙』, 317.

55. Friedrich Schleiermacher, *The Christian Faith*, §104, p. 451.

56. 위의 책, pp. 457f.

57. 위의 책, pp. 458ff.

58. 위의 책, pp. 460ff.

7장

1. Karl Barth, Church Dogmatics(이하 CD로 약칭) 3/1, trans. H. Knight et. al., Edinburgh : T. & T. Clark, 1958, pp. 372f.

2. CD 3/1, p. 366.

3. 리하르트 그루노브 엮음, 『칼 바르트의 신학묵상』, 이신건 외 3인 옮김, 서울 : 대한기독교서회, 2009, 247–248.

4. Karl Barth, *The Resurrection of the Dead*, trans. H. J. Stenning, Eugene, Oregon : Wipf & Stock, 2003(1993), p. 169.

5. CD 3/2, trans. H. Knight et. al., Edinburgh : T. & T. Clark, 1958, pp. 596, 597.

6. CD 3/2, p. 607.

7. CD 3/3, trans. G. W. Bromiley et. al., Edinburgh : T. & T. Clark, 1960, p. 310.

8. CD 3/2, p. 597.

9. CD 3/2, p. 598.

10. CD 3/2, p. 625.

11. CD 4/1, trans. G. W. Bromiley, Edinburgh : T. & T. Clark, 1956, pp. 513f.

12. CD 2/2, trans. G. W. Bromiley et. al., Edinburgh : T. & T. Clark, 1957, pp. 124f.

13. CD 2/2, pp. 125－27.

14. CD 2/2, pp. 163ff.

15. CD 2/2, pp. 748ff.

16. CD 3/1, p. 382.

17. Cf. CD 3/1, pp. 385, 387.

18. CD 3/2, pp. 602f.

19. CD 3/2, p. 600.

20. Cf. CD 3/2, pp. 600－607.

21. CD 3/3, pp. 365－368.

22. CD 4/2, trans. G. W. Bromiley, Edinburgh : T. & T. Clark, 1958, p. 292.

23. CD 4/1, pp. 217, 257, 310f.

24. Cf. CD 4/1, pp. 485－487.

25. CD 4/1, p. 554.

26. CD 4/2, p. 598.

27. CD 4/2, pp. 599f.

28. CD 3/2, pp. 613f.

29. CD 3/2, pp. 615, 629

30. CD 3/2, pp. 632f.

31. CD 3/2, p. 615.

32. CD 3/2, p. 640.

33. Cf. CD 3/2, p. 601. 바르트는 죽음에 대한 태도에 있어서 사도들과 초기 그리스도인 공동체가 "비관주의자들"이 아니라 "실재주의자들"이라고 평가하고 있다.

34. CD 3/2, p. 608.

35. Cf. Karl Barth, *The Resurrection of the Dead*, pp. 185－186, 187.

36. Ibid., pp. 190－191.

37. Cf. CD 3/3, pp. 311f.

38. 칼 라너, 『죽음의 신학』, 김수복 역, 서울 : 가톨릭출판사, 1980, 12.

39. 위의 책, 16.

40. 위의 책, 17.

41. 라너의 영혼과 육체의 분리에 대한 해석이 지닌 통전성에 대해서 졸고, "'죽음 이후의 삶'에 대한 생명신학적 탐구," 한국조직신학회 편, 『한국조직신학논총』, 제38집, 2014, 289–293 참조.

42. 참조. 칼 라너, 앞의 책, 30–31.

43. 참조. 위의 책, 34–35.

44. 위의 책, 35–39.

45. 참조. 위의 책, 41–48.

46. 참조. 위의 책, 48–58.

47. 위의 책, 50–51.

48. 위의 책, 55.

49. 위의 책, 61 ; 참조. 67.

50. 위의 책, 63.

51. 참조. 위의 책, 64–65.

52. 참조. 위의 책, 71–76.

53. 참조. 위의 책, 77–84.

54. 오스카 쿨만, "영혼불멸인가, 죽은 자의 부활인가," 『영혼불멸과 죽은 자의 부활』, 전경연 편집, 9.

55. 참조. 위의 글, 15–22.

56. 위의 글, 20.

57. 참조. 위의 글, 19 이하.

58. 위의 글, 23–31.

59. 위의 글, 24.

60. 위의 글, 13.

61. 위의 글, 20–21.

8장

1. 위르겐 몰트만, 『희망의 신학』, 이신건 옮김, 서울 : 대한기독교서회, 2002, 229–230.

2. 위의 책, 183.

3. 위의 책, 149.

4. 위의 책, 131.

5. Jürgen Moltmann, *The Coming of God*, trans. Margaret Kohl, Minneapolis : Fortress Press, 1996, p. 80.

6. 위의 책, p. 90.

7. 위의 책, p. 66.

8. 위의 책, p. 81.

9. 위의 책, pp. 76 – 77.

10. 참조. 위르겐 몰트만, 『하나님의 이름은 정의이다』, 곽혜원 옮김, 서울 : 21세기 교회와 신학포럼, 2011, 63 – 121.

11. 참조. 위르겐 몰트만, 『희망의 신학』, 221.

12. Jürgen Moltmann, *The Crucified God*, trans. Margaret Kohl, Minneapolis : Fortress Press, 1993, p. 184.

13. 위르겐 몰트만, 『희망의 신학』, 232. 번역문을 약간 수정했다.

14. Jürgen Moltmann, *The Way of Jesus Christ*, trans. Margaret Kohl, London : SCM Press, 1990, pp. 160 – 170.

15. Jürgen Moltmann, *The Crucified God*, p. 146.

16. 위의 책, p. 133.

17. 위의 책, p. 153.

18. 위의 책, pp. 33 – 35.

19. 위의 책, p. 179.

20. Cf. 위의 책, p. 277.

21. Cf. Jürgen Moltmann, *Jesus Christ for Today's World*, trans. Margaret Kohl, Minneapolis : Fortress Press, 1994.

22. 위르겐 몰트만, 『희망의 신학』, 229 ; 같은 저자, 『하나님의 이름은 정의이다』, 66.

23. 위의 책, 231 – 232.

24. Jürgen Moltmann, *The Coming of God*, p. 66.

25. 위의 책, p. 95.

26. 위르겐 몰트만, 『희망의 신학』, 225.

27. 위의 책, 231.

28. 참조. 위르겐 몰트만, 『하나님의 이름은 정의이다』, 70.

29. 참조. 위르겐 몰트만, 『희망의 신학』, 225 – 227.

30. 위의 책, 164.

31. Jürgen Moltmann, *The Crucified God*, p. 171.

32. 참조. 위르겐 몰트만, 『희망의 신학』, 221-222 ; 참조. 25.

33. Jürgen Moltmann, *The Crucified God*, p. 170.

34. 위의 책, p. 169 ; 참조. 같은 저자, 『하나님의 이름은 정의이다』, 70.

35. Jürgen Moltmann, *The Coming of God*, p. 69.

36. 위의 책, p. 75.

37. 위의 책, p. 91.

38. 참조. 이형기, 『알기 쉽게 간추린 몰트만의 후기 저서들』, 서울 : 여울목, 2016, 472 각주 2.

39. 위의 책, 380.

40. 참조. 위르겐 몰트만, 『하나님의 이름은 정의이다』, 95-96.

41. E. Jüngel, *Death : The Riddle and the Mystery*, trans. Iain and Ute Nicol, Glasgow : The Saint Andrew Press, 1975, pp. vii, 3, 11.

42. 위의 책, p. 4.

43. 위의 책, p. 109.

44. Cf. 위의 책, pp. 6-9.

45. 위의 책, p. 60.

46. 위의 책, p. 61.

47. 위의 책, p. 62.

48. 위의 책, pp. 74-75, 76.

49. 위의 책, p. 75.

50. Cf. 위의 책, pp. 76, 71-72.

51. 위의 책, p. 77.

52. Cited in ibid., p. 116.

53. 위의 책, p. 79.

54. 위의 책, pp. 80-81.

55. 위의 책, p. 84.

56. Cited in ibid., p. 116.

57. 위의 책, pp. 88-89, 94.

58. 위의 책, p. 87.

59. 위의 책, p. 91.

60. 위의 책, p. 41.

61. 위의 책, p. 42.

62. 위의 책, p. 45.

63. Cicero, *Tusculanae Disputaiones*, I, 74 ; cited in ibid., p. 46.

64. Cf. 위의 책, p. 50.

65. 가톨릭 신학자인 포그리믈러는 예수의 죽음을 극도로 충격적이고 부정적으로 부각하는 윙엘의 회의적인 태도를 비판한다. 헤르베르트 포그리믈러, 『죽음 – 오늘의 그리스도교의 죽음 이해』, 심상태 옮김, 서울 : 성바오로출판사, 1982, 88.

66. E. Jüngel, 앞의 책, p. 105.

67. 위의 책, p. 107.

68. 위의 책, p. 111.

69. 위의 책, pp. 108−114 ; cf. *God as the Mystery of the World : On the Foundation of the Theology of the Crucified One in the Dispute Between Theism and Atheism*, trans. Darrell Guder, Wipf & Stock Publishers, 2009, pp. 199−225.

70. 위의 책, p. 111.

71. 위의 책, p. 116.

72. 위의 책, p. 120.

73. 위의 책, p. 121.

74. 위의 책.

75. 위의 책, p. 127.

76. 참조. 헤르베르트 포그리믈러, 『죽음 – 오늘의 그리스도교의 죽음 이해』, 31−36.

77. 참조. 위의 책, 39−45.

78. 위의 책, 52.

79. 위의 책, 61.

80. 참조. 위의 책, 63−65.

81. 참조. 위의 책, 65−66.

82. 위의 책, 70.

83. 위의 책, 75.

84. 위의 책, 77.

85. 위의 책, 79 ; 참조. 84.

86. 참조. 위의 책, 79−82.

87. 위의 책, 93.

88. 위의 책, 100.

89. 참조. 위의 책, 101–104. 포그리믈러가 보기에 쉴레벡스의 해석은 르네 지라르의 희생양에 대한 주장을 승인한다.

90. 위의 책, 98.

91. 위의 책, 95.

92. 위의 책, 95–96.

93. 참조. 위의 책, 153–163.

94. 위의 책, 187.

4부

9장

1. 참조. 최준식, "한국인의 생사관 : 전통적 해석과 새로운 이해," 「종교연구」 10권(1994), 173–208 ; 박영호 외, "한국문학에 나타난 한국인의 우주관과 사생관 연구," 「동아시아문화연구」 30(1997), 7–246 ; 김열규, 『메멘토 모리, 죽음을 기억하라 : 한국인의 죽음론』, 서울 : 궁리, 2001 ; 김열규 외, 『한국인의 죽음과 삶』, 서울 : 철학과현실사, 2001 ; 조현범, "현대 한국의 죽음 의례와 젊은이들의 죽음 의식," 「한신인문학연구」 제4집(2003), 199–219 ; 한국종교학회 편, 『죽음이란 무엇인가』, 서울 : 창, 2004 ; 김수청, "죽음에의 접근 방법," 「石堂論叢」 第34輯(2004), 5–34 ; 송현동, "한국 사회의 죽음에 대한 태도," 「비교문화연구」 제11집 2호(2005) ; 유초하 외, 『한국인의 생사관』, 서울 : 태학사, 2008 ; 김명숙, "한국인의 죽음에 대한 인식과 태도에 대한 철학적 고찰," 「철학연구」 제22집(2010) ; 같은 논자, "한국인의 죽음에 대한 인식과 태도에 대한 철학적 고찰 II," 「철학논총」 제64집(2011), 43–69 ; 박재현 외, "한국인의 사생관에 대한 실증적 조사 연구," 「조사연구」 12권 3호(2011), 95–121 ; 이상목 · 김성연, "삶과 죽음에 대한 한국인의 인식 연구," 「생명윤리」 26(2012).

2. 참조. 황필호, "죽음에 대한 현대 서양철학의 네 가지 접근과 한국인의 접근," 한국종교학회 편, 『죽음이란 무엇인가』, 276–292 ; 정진홍, 『한국종교문화의 전개』, 서울 : 집문당, 1986, 96 ; 금장태, 『한국유교의 재조명』, 서울 : 전망사, 1972, 130.

3. 이시우, "『주역』의 죽음담론을 위한 시론," 「철학논총」 제69집(2012), 439–440.

4. 참조. 이용주, 『죽음의 정치학』, 서울 : 모시는사람들, 2015, 145–151.

5. 참조. 위의 책, 127.

6. 참조. 위의 책, 67–90, 143–158.

7. 참조. 위의 책, 119–121.

8. 참조. 위의 책, 177–184.

9. 참조. 정병석, "儒家의 죽음 담론을 통해 본 삶과 죽음의 連續,"「유가사상문화연구」51(2013), 63–90.

10. 참조. 전병술, "한국에서 생사학 건립을 위한 유가적 단초,"『양명학』제20호, 2008, 430–431.

11. 이용주,『죽음의 정치학』, 196.

12. 안양규,『불교의 생사관과 죽음 교육』, 서울 : 모시는사람들, 2015, 60.

13. 참조. 위의 책, 60–73.

14. 위의 책, 94쪽에서 인용.

15. 위의 책, 41.

16. 참조. 위의 책, 41–48.

17. 참조. 위의 책, 94–114.

18. 참조. 위의 책, 125–137.

19. 참조. 위의 책, 137–140.

20. 참조. 최길성,『한국 무속의 이해』, 서울 : 예전사, 1994, 153 ; 박일영,『한국 무교의 이해』, 왜관 : 분도출판사, 1999, 167.

21. 김태곤,『무속과 영의 세계』, 서울 : 한울출판사, 1993, 52.

22. 최준식, 앞의 글, 207.

23. 참조. 나희라, "고대 한국의 저승관과 지옥관념의 이해,"「韓國文化」38, 2006, 169–191. 나희라에 따르면, 불교의 영향으로 지옥 관념이 생겨났지만 의도적으로 무관심하거나 회피하는 태도를 취했을 가능성이 있다고 한다. 같은 글, 189.

24. 김정희,『조선시대 지장시왕도 연구』, 서울 : 一志社, 1996, 114–140 ; 참조. 나희라, 위의 글, 188.

25. 나희라, 위의 글, 185.

26. 참조. 조재현, "古典小說에 나타나는 저승계 硏究 – 閻羅大王의 地獄과 后土夫人의 冥司界를 중심으로,"「語文研究」제35권 제2호(2007), 167–193.

27. 참조. 김태곤, "한국 무속의 내세관,"『한국종교사연구』1, 한국종교사학회, 1972.

28. 마노 다카야, 이만옥 역,『도교의 신들』, 들녘, 2001, 4–5 ; 참조. 곽정식, "저승설화의 전승 양상과 현실주의적 성격,"「語文學」제101집, 2008, 59.

29. 참조. 황의동,『유교와 현대와의 대화』, 서울 : 예문서원, 2002.

30. 소인호, "저승체험담의 서사문학적 전개,"「우리文學硏究」27집, 2009, 115.

31. 참조. 곽정식, "저승설화의 전승 양상과 현실주의적 성격," 55−90.

32. 정진홍, "이승과 저승 : 한국인의 종교적 공간관의 모색," 위의 책, 108.

33. 소인호, "저승체험담의 서사문학적 전개," 105.

34. 이수자, "저승, 이승의 투사물로서의 공간," 한국종교학회 편,『죽음이란 무엇인가』, 서울 : 창, 2001, 59.

35. 참조. 장덕순, "저승과 영혼," 李相日 외,『韓國思想의 源泉』, 서울 : 養英閣, 1973, 129−173.

36. 참조. 최래옥, "저승설화 연구,"「국어국문학」93호, 국어국문학회, 1985, 459−462.

37. 최운식, "저승재물차용설화 연구,"『한국민속학보』11권, 한국민속학회, 2000, 111−134.

38. 이용범,「한국 전통 죽음의례의 변화 : 유교 상장례와 무속의 죽음의례를 중심으로」,『종교문화비평』16, 한국종교문화연구소, 2009, 23 ; 구미래,『존엄한 죽음의 문화사』, 서울 : 모시는사람들, 2015, 16.

39. 전병술, "왜 죽음 교육이 필요한가?,"『죽음맞이』, 한국죽음학회 웰다잉 가이드라인 제정위원회, 서울 : 모시는사람들, 2013, 131−132에서 인용.

40. 전병술, "한국에서 생사학 건립을 위한 유가적 단초," 426.

41. 이용주,『죽음의 정치학』, 15.

42. 정병석, "儒家의 죽음 담론을 통해 본 삶과 죽음의 連續," 78.

43. 이용주,『죽음의 정치학』, 219.

44. 안양규,『불교의 생사관과 죽음 교육』, 214.

45. 장현철, "한국불교의 시다림과 다비의례의 검토,"「한국불교사연구」제3호, 2013, 5.

46. 참조. 박일영,『한국 무교의 이해』, 176−177 ; 같은 논자, "무속의 사후 세계와 사령제,"『사목』166(1992), 한국천주교중앙협의회, 67−96 ; 이용범,「한국 전통 죽음의례의 변화 : 유교 상장례와 무속의 죽음의례를 중심으로」, 35−36 ; 같은 논자, "한국무속의 죽음이해 시론,"『한국학연구』38집, 2011, 289, 310 ; 홍태한, "서울 진오기굿의 죽음과 저승 인식,"『죽음의례와 문화적 기억』, 한림대학교 생사학연구소 엮음, 서울 : 모시는사람들, 2015, 193−222.

47. 구미래, 앞의 책, 16.

48. 권태효, "인간 죽음의 기원, 그 신화적 전개양상,"『韓國民俗學』43, 한국민속학회, 2006, 46.

49. 위의 글, 47−48.

50. 참조. 위의 글, 62−65. 이 논문의 필자는 특징을 네 가지로 정리하는 데 필자는 세 가지로 정리해 보았다.

51. 이용범, "한국무속의 죽음이해 시론," 289−290.

52. 위의 글, 290.

10장

1. 본 연구와 관련된 내용으로 유대·기독교 전통에서 두드러지게 나타나는 죽음의 부정성을 신학적으로 깊이 숙고하는 연구를 소개할 필요가 있다. 참조. 김균진, 『죽음과 부활의 신학』, 서울 : 새물결플러스, 2015. 곽혜원은 한국의 종교·문화 전통에 나타나는 생사관과 성서·신학 전통에 나타나는 생사관의 공통점과 차이점을 간략하게 정리해 주고 있다. 참조. 『존엄한 삶, 존엄한 죽음』, 서울 : 새물결플러스, 2014.
2. 참조. 졸고, "예수 그리스도의 수난과 죽음에서 '생명의 부정'으로서의 죽음에 대한 이해," 295−296.
3. 전병술, "왜 죽음 교육이 필요한가?," 130.
4. 참조. 졸저, 『죽음과 고통, 그리고 생명』, 2−3장, 41−89. 필자는 이 연구에서 죽음에 대한 부정과 불안과 배제를 비판하는 현대의 주요 연구들을 소개했다.
5. 참조. 오진탁, 『죽음, 삶이 존재하는 방식』, 서울 : 청림출판, 2004.
6. 참조. 전병술, "왜 죽음 교육이 필요한가?," 132.
7. 참조. 졸저, 『죽음과 고통, 그리고 생명』, 157−196.
8. 참조. 졸고, "예수 그리스도의 수난과 죽음에서 '생명의 부정'으로서의 죽음에 대한 이해." 283−287. 필자는 이 부분을 가져다가 더욱 심사숙고했다.
9. Cf. René Girard, 김진식·박무호 옮김, 『폭력과 성스러움』, 서울 : 민음사, 1993 ; Jacques Derrida, *The Gift of Death*, trans. David Willis, Chicago : The University of Chicago Press, 1995.
10. 참조. 조순, "예수의 십자가 죽음에 관한 연구 – 그리스도론의 관점에서," 「神學研究」 제41집 (2000), 302 이하 ; 같은 논자, "예수의 죽음의 본질," 「神學研究」 제46집(2004), 200 이하.
11. 참조. 졸고, "예수 그리스도의 수난과 죽음에서 '생명의 부정'으로서의 죽음에 대한 이해," 297−299. 필자는 위의 내용을 좀 더 가다듬었다.
12. 참조. 한국사회에서의 죽음의 폭력성에 대한 사회적이고 해석학적 성찰을 담고 있는 글들을 위해서는 아래의 책을 참고하기 바란다. 호남신학대학교 해석학연구소 엮음, 『죽음의 사회적 폭력성과 해석학』, 서울 : 한들출판사, 2007.

참고문헌

강사문. 『구약의 하나님』. 서울 : 한국성경학연구소, 1999.
곽정식. "저승설화의 전승 양상과 현실주의적 성격." 「어문집」 제101집(2013).
곽혜원. 『존엄한 삶, 존엄한 죽음』. 서울 : 새물결플러스, 2014.
구미래. "불교적 관점에서 본 공론화된 죽음에 대한 의례." 「불교학보」 제54집(2010).
권태효. "인간 죽음의 기원, 그 신화적 전개양상." 「한국민속학」 43(2006).
금장태. 『한국유교의 재조명』. 서울 : 전망사, 1972.
김균진. 『죽음과 부활의 신학』. 서울 : 새물결플러스, 2015.
김명숙. "한국인의 죽음에 대한 인식과 태도에 대한 철학적 고찰." 「철학연구」 제22집(2010).
_____. "한국인의 죽음에 대한 인식과 태도에 대한 철학적 고찰 Ⅱ." 「철학논총」 제64집(2011).
_____. "한국인의 행복과 좋은 죽음에 대한 표상과 인식의 특징." 「인문학연구」 86호(2012).
김열규. 『메멘토 모리, 죽음을 기억하라 : 한국인의 죽음론』. 서울 : 궁리, 2001.
김열규 외. 『한국인의 죽음과 삶』. 서울 : 철학과현실사, 2001.
김정희. 『조선시대 지장시왕도 연구』. 서울 : 一志社, 1996.
김종의. "한국인의 삶과 죽음." 「철학논총」 16(1999).
김 진. "시간에서 영원으로의 이행." 김진·한자경 저. 『인생교과서 칸트 : 인간은 자연을 넘어선 자유의 존재다』. 파주 : 21세기북스, 2015.
김태곤. "한국 무속의 내세관." 『한국종교사연구』 1. 한국종교사학회, 1972.
_____. 『무속과 영의 세계』. 서울 : 한울출판사, 1993.
김헌선. 『한국의 창세신화』. 서울 : 길벗, 1993.
나희라. "고대 한국의 저승관과 지옥관념의 이해." 「한국문화」 38(2006).
박영호 외. "한국문학에 나타난 한국인의 우주관과 사생관 연구." 「동아시아문화연구」 30(1997).
박일영. 『한국 무교의 이해』. 왜관 : 분도출판사, 1999.
_____. "무속의 사후 세계와 사령제." 『사목』 166(1992).
박재현 외. "한국인의 사생관에 대한 실증적 조사 연구." 「조사연구」 12.3(2011).
박형국. "죽음의 망각과 기억, 그리고 삶의 완성." 「종교연구」 제72집(2013).
_____. "예수 그리스도의 수난과 죽음에서 '생명의 부정'으로서의 죽음에 대한 이해." 「한국조직신학논총」 제36집(2013).

_____. "'"죽음 이후의 삶"에 대한 생명신학적 탐구.' 한국조직신학회 편,『한국조직신학논총』제 38집(2014).

_____.『죽음과 고통, 그리고 생명』. 서울 : 모시는사람들, 2015.

서인석.『성경의 가난한 사람들』. 왜관 : 분도출판사, 2001.

성종현. "영혼불멸과 죽은 자의 부활."「장신논총」제3집 (2010).

손은실. "하나님은 왜 그리스도의 죽음을 통해 인류를 구원하기를 원하셨는가? – 토마스 아퀴나스의 구원론 :『신학대전』제 3부를 중심으로."「중세철학」제13호(2007).

송현동. "한국 사회의 죽음에 대한 태도."「비교문화연구」제11집 2호(2005).

안양규.『붓다의 입멸에 관한 연구』. 서울 : 민족사, 2009.

_____.『불교의 생사관과 죽음 교육』. 서울 : 모시는사람들, 2015.

오진탁.『죽음, 삶이 존재하는 방식』. 서울 : 청림출판, 2004.

유초하 외.『한국인의 생사관』. 서울 : 태학사, 2008.

윤종갑. "불교의 생명관과 웰다잉."「철학논총」제60집(2010).

윤철호.『너희는 나를 누구라 하느냐 : 통전적 예수 그리스도론』. 서울 : 대한기독교서회, 2013.

이상목 외. "삶과 죽음에 대한 한국인의 인식 연구."「생명윤리」26(2012).

이수자. "저승, 이승의 투사물로서의 공간." 한국종교학회 편.『죽음이란 무엇인가』. 서울 : 창, 2001.

이시우. "『주역』의 죽음담론을 위한 시론."「철학논총」제69집(2012).

이용범. "한국무속의 죽음이해 시론."「한국학연구」38(2011).

이 욱. "제사의 종교적 의미에 대한 고찰."「유교사상연구」제16집(2002).

이은봉.『여러 종교에서 보는 죽음관』. 서울 : 가톨릭출판사, 2004.

_____.『한국인의 죽음관』. 서울 : 서울대출판부, 2000.

이형기.『알기 쉽게 간추린 몰트만의 후기 저서들』. 서울 : 여울목, 2016.

이형기 편저.『세계개혁교회의 신앙고백서』. 서울 : 대한예수교장로회총회출판국, 1991.

이희재. "죽음에 대한 유교의 인식."「공자학」15(2008).

장현철. "한국불교의 시다림과 다비의례의 검토."「한국불교사연구」제3호(2013).

전경연 편집.『靈魂不滅과 죽은 者의 復活』. 복음주의 신학총서 제5권. 서울 : 대한기독교서회, 1965.

전병술. "유가의 생명사상과 생명윤리."「양명학」제12호(2004).

_____. "한국에서 생사학 건립을 위한 유가적 단초."「양명학」제20호(2008).

정병석. "논어와 장자에 보이는 죽음관."「동양철학연구」55(2008).

_____. "유가의 죽음 담론을 통해 본 삶과 죽음의 연속."「유가사상문화연구」 51(2013).

정재현. "죽음에 대한 철학적−종교적 이해−삶과 죽음의 역설적 얽힘을 향하여."「가톨릭 철학」 12(2009).

정진홍. 『한국종교문화의 전개』. 서울 : 집문당, 1986.

_____. 『만남, 죽음과의 만남』. 서울 : 궁리, 2003.

정현채 외.『삶과 죽음의 인문학』. 서울 : 석탑출판, 2012.

조 순. "예수 십자가 죽음에 관한 연구−그리스도론적 관점에서."「神學研究」 제41집(2000).

_____. "예수 죽음의 본질."「神學研究」 제46집(2004).

조현범. "현대 한국의 죽음 의례와 젊은이들의 죽음 의식."「한신인문학연구」 제4집(2003).

차정식. 『예수는 어떻게 죽었는가』. 서울 : 한들, 2006.

최길성. 『한국 무속의 이해』. 서울 : 예전사, 1994.

최준식. "한국인의 생사관 : 전통적 해석과 새로운 이해."「종교연구」 10집(1994).

최태영. "죽음에 대한 신학적 고찰."「신학과 목회」 32(2009).

_____. 『죽음 너머 영원한 삶』. 서울 : 한들, 2011.

한국종교학회 편. 『죽음이란 무엇인가』. 서울 : 창, 2004.

한자경. "우리의 도덕성은 영혼불멸을 요청한다." 김진·한자경 저.『인생교과서 칸트 : 인간은 자연을 넘어선 자유의 존재다』. 파주 : 21세기북스, 2015.

호남신학대학교 해석학연구소 엮음.『죽음의 사회적 폭력성과 해석학』. 서울 : 한들출판사, 2007.

홍태한. "서울 진오기굿의 죽음과 저승 인식."『죽음 의례와 문화적 기억』. 한림대학교 생사학연구소 엮음. 서울 : 모시는사람들, 2015.

황인선. "『주역』의 '時'개념을 통해 살펴본 생사의 의미 연구."「철학논총」 제70집(2012).

황필호. "죽음에 대한 현대 서양철학의 네 가지 접근과 한국인의 접근." 한국종교학회 편.『죽음이란 무엇인가』. 서울 : 창, 2004.

Adorno, Theodor. 『부정변증법』. 홍승용 옮김. 서울 : 한길사, 1999.

Augustine, St. 『아우구스티누스 : 전기 저서들』. 공성철 옮김. 서울 : 두란노아카데미, 2011.

_____. 『아우구스티누스 : 후기 저서들』. 이형기·정원래 옮김. 서울 : 두란노아카데미, 2011.

Althaus, Paul. 『루터의 신학』. 이형기 옮김. 서울 : 크리스챤다이제스트, 1994.

Anselm. *Proslogion* (1077−78).『스콜라 신학 선집 : 안셀름부터 오캄까지』. 88−117. 최영근 옮김. 서울 : 두란노, 2011.

_____. *De Conceptu Virginali* (10).『스콜라 신학 선집 : 안셀름부터 오캄까지』. 230−250. 최영근 옮김. 서울 : 두란노, 2011.

_____. *Cur deus homo* (1094-98).『스콜라 신학 선집 : 안셀름부터 오캄까지』. 125-229. 최영근 옮김. 서울 : 두란노, 2011.

Aquinas, Thomas. 『신학요강』. 박승찬 옮김. 파주 : 나남, 2008.

_____. 『신학대전 : 자연과 은총에 관한 주요 문제들』. 손은실·박형국 옮김. 서울 : 두란노 아카데미, 2011.

_____. 『사도신경해설』. 손은실 옮김. 서울 : 새물결플러스, 2015.

Athanasius. 「말씀의 성육신에 대하여」.『후기 교부들의 기독론』. 74-142. 염창선·원성현·임승안 옮김. 서울 : 두란노아카데미, 2011.

Baillie, Donald M. *God Was in Christ*. London : Faber & Faber, 1961.

Barth, Karl. *The Resurrection of the Dead*. Trans. H. J. Stenning. Eugene, Oregon : Wipf & Stock, 2003(1993)

_____. *Church Dogmatics 2/2*. Trans. G. W. Bromiley et. all. Edinburgh : T. & T. Clark, 1957.

_____. *Church Dogmatics 3/1*. Trans. H. Knight et. all. Edinburgh : T. & T. Clark, 1958.

_____. *Church Dogmatics 3/2*. Trans. H. Knight et. all. Edinburgh : T. & T. Clark, 1958.

_____. *Church Dogmatics 3/3*. Trans. G. W. Bromiley et. all. Edinburgh : T. & T. Clark, 1960.

_____. *Church Dogmatics 4/1*. Trans. G. W. Bromiley. Edinburgh : T. & T. Clark, 1956.

_____. *Church Dogmatics 4/2*. Trans. G. W. Bromiley. Edinburgh : T. & T. Clark, 1958

Basiliades, N. 『죽음의 신비-죽음과 부활에 대한 정교회의 신학』. 박용범 역. 서울 : 정교회출판사, 2010.

Bainton, Roland H. Ed. 『그리스도의 수난과 부활』. 김득중 역. 서울 : 컨콜디아사, 1992.

Becker, Christian J. 『사도바울 — 바울의 생애와 사상에서의 하나님의 승리』. 장상 옮김, 천안 : 한국신학연구소, 1991.

Brown, Raymond E. *The Death of the Messiah : From Gethsemane to the Grave*. 2 Vols. New York : Doubleday, 1994.

_____. 『십자가에 처형된 그리스도』. 이재수 옮김. 서울 : 성바오로, 1995.

Bruce, F. F. *Colossians*. Grand Rapids : Eerdmans, 1965.

Caird, George B. *Principalities and Powers*. Oxford : Oxford University Press, 1956.

Calvin, John. 『기독교강요』상. 김종흡 외 3인 공역. 서울 : 생명의 말씀사, 1986.

Cullmann, Oscar. 『영혼불멸과 죽은 자의 부활』. 전경연 편. 서울 : 대한기독교서회, 1965.

Derrida, Jacques. *The Gift of Death*. Trans. David Willis. Chicago : The University of

Chicago Press, 1995.

Dillenberger, John. Ed. 『루터 저작선』. 이형기 옮김. 서울 : 크리스챤 다이제스트, 1994.

Dunn, James. 『바울신학』. 박문재 역. 고양 : 크리스챤다이제스트, 2003.

Franks, Robert S. *The Work of Christ : A Historical Study of Christian Doctrine*. London & New York : Nelson, 1962.

Friedrich, Gerhard. 『예수의 죽음. 신약성서의 이해』. 박영옥 옮김. 서울 : 한국신학연구소, 1988.

Girard, René. 『희생양』. 김진식 옮김. 서울 : 민음사, 1998.

그루노브, 리하르트(엮음). 『칼 바르트의 신학묵상』. 이신건 외 3인 옮김. 서울 : 대한기독교서회, 2009.

Hegel, G. W. F. 『종교철학』. 최신한 옮김. 서울 : 지식산업사, 1999.

_____. 『청년 헤겔의 신학논집』. 정대성 옮김. 고양 : 인간사랑, 2005.

_____. 『정신현상학 1, 2』. 임석진 옮김. 서울 : 한길사, 2005.

Hengel, Martin. 『십자가 처형』. 김명수 역. 서울 : 대한기독교서회, 1982.

_____. 『신약성서의 속죄론』. 전경연 역. 서울 : 대한기독교서회, 2003.

Janowski, Bernd. 『대속』. 김충호 옮김. 서울 : 한국신학연구소, 2005.

Jüngel, Eberhard. *Death : The Riddle and the Mystery*. Trans. Iain and Ute Nicol. Edinburgh : The Saint Andrew Press, 1975.

_____. *God as the Mystery of the World : On the Foundation of the Theology of the Crucified One in the Dispute Between Theism and Atheism*. Trans. Darrell Guder. Wipf & Stock Publishers, 2009.

Kant, Immanuel. 『실천이성비판』. 백종현 옮김. 서울 : 아카넷, 2002.

_____. 『이성의 한계 안에서의 종교』. 백종현 옮김. 서울 : 아카넷, 2011.

Kasper, Walter. 『예수 그리스도』. 박상래 옮김. 왜관 : 분도출판사, 1977.

Kerr, Hugh. 『루터신학 개요』. 김영한 편역. 서울 : 대한예수교장로회총회출판국, 1991.

Levering, M. M. *Christ's Fulfillment of Torah and Temple : Salvation according to Thomas Aquinas*. Notre Dame : University of Notre Dame Press, 2002.

Lewis, Alan E. *Between Cross & Resurrection : A Theology of Holy Saturday*. Grand Rapids, Michigan : Eerdmans, 2001.

Lewis, Theodore J. "Abode Of The Dead." David N. Freedman ed., *The Anchor Bible Dictionary*, vol. 2 : 101–105.

Lohse, Bernhard. 『마틴 루터의 신학』. 정병식 옮김. 천안 : 한국신학연구소, 2002.

Löwith, Karl. 『헤겔에서 니체에로』. 강학철 역. 서울 : 민음사, 1985.

Moltmann, Jürgen. 『희망의 신학』. 이신건 옮김. 서울 : 대한기독교서회, 2002.

_____. *The Way of Jesus Christ*. Trans. Margaret Kohl. London : SCM Press, 1990.

_____. *The Crucified God*. Trans. Margaret Kohl. Minneapolis : Fortress Press, 1993.

_____. *Jesus Christ for Today's World*. Trans. Margaret Kohl. Minneapolis : Fortress Press, 1994.

_____. *The Coming of God*. Trans. Margaret Kohl. Minneapolis : Fortress Press, 1996.

_____. 『하나님의 이름은 정의이다』. 곽혜원 옮김. 서울 : 21세기 교회와 신학포럼, 2011.

Pickett, Raymond. *The Cross in Corinth : the Social Significance of the Death of Jesus*. Sheffield : Sheffield Academic Press, 1997.

Rahner, Karl. 『죽음의 신학』. 김수복 역. 서울 : 가톨릭출판사, 1980.

Ricoeur, Paul. 『악의 상징』. 양명수 옮김. 서울 : 문학과 지성사, 1999.

Russell, D. S. 『중간시대 묵시문학』. 임태수 옮김. 서울 : 컨콜디아사, 1995.

Sanders, E. P. 『예수운동과 하나님나라 – 유대교와의 갈등과 예수의 죽음』. 이정희 옮김. 천안 : 한국신학연구소, 1997.

Schleiermacher, Friedrich. 『종교론 : 종교를 멸시하는 교양인을 위한 강연』. 최신한 옮김. 서울 : 대한기독교서회, 2002.

_____. *The Christian Faith*. Trans. D. M. Baillie et. al. Edinburgh : T. & T. Clark, 1928.

_____. 『기독교신앙』. 최신한 옮김. 서울 : 한길사, 2006.

Stott, John. 『그리스도의 십자가』. 황영철 · 정옥배 역. 서울 : IVP, 1988.

Wright, Nicholas T. 『하나님의 아들의 부활』. 박문재 옮김. 고양 : 크리스찬다이제스트, 2005.

Von Rad, Gerhard. 『舊約聖書神學』 제1권. 허혁 역. 왜관 : 분도출판사, 1976.

Vorgrimler, H. 『죽음 – 오늘의 그리스도교적 죽음이해』. 심상태 옮김. 서울 : 성바오로출판사, 1982.

Wolff, Hans W. 『舊約聖書의 人間學』. 문희석 옮김. 왜관 : 분도출판사, 1976.

삶과 죽음의 변증법
그리스도와 생명의 정의(正義)

초판인쇄	2018년 3월 20일
초판발행	2018년 3월 30일

지은이	박형국
펴낸이	채형욱
펴낸곳	한국장로교출판사
주　소	03129 / 서울특별시 종로구 대학로 19, 409호(연지동, 한국기독교회관)
전　화	(02) 741-4381 / 팩스 (02) 741-7886
영업국	(031) 944-4340 / 팩스 (02) 944-2623
등　록	No. 1-84(1951. 8. 3.)

ISBN 978-89-398-4307-3 / Printed in Korea
값 13,000원

편집장	정현선		
교정·교열	이슬기, 김효진, 김지웅	**표지·본문디자인**	남충우
업무부장	박호애	**영업부장**	박창원

※ 이 출판물은 저작권법에 의해 보호를 받는 저작물이므로 무단전재와 무단복제를 할 수 없습니다.